BRAND名牌志
VOL.70

亚洲最权威的钻石选购与投资圣经

行家 这样 买钻石

钻石4C分级鉴定知识、婚戒选购、彩钻投资、拍卖行情

汤惠民
亚洲顶级宝石畅销书作家

吴舜田 缪承翰
中国台湾最权威的钻石专家

著

北京联合出版公司
Beijing United Publishing Co.,Ltd.

汤惠民
集宝石理论及市场实务于一身的宝石奇才

台湾大学地质研究所硕士，从事翡翠（钻石）、宝石批发及零售近20年，深入中国大陆、中国台湾、中国香港、泰国、缅甸、斯里兰卡等珠宝市场，对整个亚洲地区的珠宝市场洞若观火，堪称亚洲地区顶级的宝石专家。

曾受邀在北京大学地空学院研究生院、中国地质大学（北京）珠宝学院、中国地质大学（武汉）珠宝学院、上海同济大学等院校演讲，接受过中央人民广播电台、北京电视台《财富故事》频道、北京广播电台、《芭莎珠宝》《中国宝石》《新浪尚品》《奢侈品中国》《翡翠界》等媒体专访，受邀为上海荣宝斋2012环球小姐培训宝石鉴赏课程，及担任"爱丽首届珠宝设计大赛"评委。

2011年至今，作品《行家这样买宝石》《行家这样买翡翠》陆续出版，位居收藏投资类图书销售榜前三名。2013年8月开始，汤惠民老师正式在清华大学开设收藏家高级研修班课程，指导培养新一代国际化收藏家。2014年被《珠宝世界》杂志票选两岸近10年珠宝界最有影响力20人之首。

博客：阿汤哥的宝石矿物世界
http://blog.sina.com.cn/ytopazs
微博：@ 阿汤哥宝石
http://weibo.com/1858394662
微信：t1371203421（阿汤哥的宝石派）
邮箱：1371203421@qq.com
Q Q：1371203421（阿汤哥）

钻石是最好的爱的礼物

最早接触钻石是在研究生时代。我在台湾大学地质系担任钻石分级班的助教，当时我的老师就是吴照明教授。记得最初学习时，我的指导老师谭立平教授告诫我多学一些钻石知识，或许将来有机会发展。时间荏苒，没想到当时老师一句话真的让我踏入这个行业。在众多的珠宝当中，钻石是最经常接触的，不管是结婚钻戒，还是珠宝旁的小配钻。钻石是这十几二十年来最不受大环境影响的珠宝，曾有一句电视广告名言"钻石恒久远，一颗永流传"，打动了多少待嫁女儿心。90 年代起，台湾结婚新人，从早期的黄金戒指与手镯，慢慢替换成晶莹剔透闪闪动人的钻戒，代表着一生一世永不改变的承诺；到如今拍婚纱、挑婚钻、宴客、蜜月旅行，已经成为全世界时下年轻人不可或缺的爱情记录。

钻石被当作爱情的见证，更是薪火相传的传家宝。那坚硬的内在，更是代表爱情经得起风雨与时间的考验，而且历久弥新。除此之外，火光闪亮熠熠动人，颜色五彩缤纷的彩钻，除了象征身份地位外，更是许多企业老总争相投资的标志性物品。在整个珠宝业，除了翡翠之外，已经没有任何宝石可以跟钻石竞相争辉。根据专家估计，在 1400 吨的钻石矿土堆中，才能挑选出一克拉的彩钻原矿。每一万克拉磨好的钻石裸石中，才有一克拉是彩钻。可想而知，能够出现在我们眼前的彩钻是多么的珍贵与稀少。也正因为珍贵，才使它成为贵族与土豪竞相争夺的宝贝。从每一年的苏富比与佳士得拍卖会就可以得知，近五年来最高成交价几乎都是粉红钻与蓝钻的天下。

市面上钻石的参考书籍不少，主要是介绍钻石成因、物理化学性质、产地、切磨过程、销售管道、真假钻石鉴定与钻石 4C 分级。这一年多来，欣见彩钻投资与收藏的书籍陆续出版，这对整个珠宝业来说都是一件好事。但是，如何让更多消费者在第一次购买结婚钻戒就能得心应手？挑选钻石应该注意哪些事情，有哪些陷阱？买钻石一定能保值升值吗？一克拉钻石一定不会赔本吗？钻石去哪儿卖最值钱？钻石成品该如何搭配才好看？⋯⋯对这些跟我们关系最大、我们最应该了解和关心的事项的钻石书籍却寥寥无几。而这正是我写这本书的初衷：让所有喜爱钻石的人士在买钻石与成品前对钻石的方方面面有了然于胸的概念。相信大家看了这本书，都能对选购钻石有一定的心得。

这本书能在短时间内付梓，得力于我的学长吴舜田与缪承翰两位台湾元老级的老师。他们都有超过三十年以上的教学经验，将其著作《实用钻石分级学》无私地奉献出来与内地学子分享。这本书曾创下台湾钻石鉴定入门、人手一本的销售纪录，几乎所有学珠宝鉴定的人都曾拜读此著作。有了两位前辈的加持，相信《行家这样买钻石》在理论基础上会更加扎实，更有可看性。

能与吴舜田及缪承翰两位老师一起合著这本书，是我个人无限的荣幸。每一位读者想知道的，都是我们该努力去解答与探寻的。然而所学有限，钻石的知识却是无限，有关钻石的所有问题并不能百分百满足所有读者，也敬请所有同行与前辈多多给予指导，让此书能够不断地修正到趋近完美，这就是大家的福气了。

最后祝福所有的夫妻都能永浴爱河，在钻石的见证下，爱情甜甜蜜蜜，执子之手，与子偕老。

汤惠民

2015/04/16 于北京

吴舜田

中国台湾文化大学地质系毕业

美国爱荷华州立大学地质研究所深造

美国宝石学院 GIA 宝石鉴定师 (G G) 资格

1981 年 -1989 年 南非奥特集团在楠梓加工区设立之特有钻石公司鉴定及市场部经理负责远东区销售业务

1981 年 -2002 年 中国台湾文化大学地质系教授宝石学

1988 年 -1989 年 担任 GIA 美国宝石学院校友会中国台湾分会会长

1991 年 -1996 年 De Beers 钻石推广中心讲师

1994 年 -1999 年 主持台湾矿物局"玉石的鉴定与产销调查报表"、"世界重要宝石产业资源系统之建立"及"红外光谱仪应用于宝石鉴定图谱资料库之建立"。

1996 年 高雄市宝石矿物研究学会创会长

1998 年 -1999 年 协助编辑中国地质大学出版社《珠宝首饰英汉 - 汉英辞典》

2000 年 -2004 年 辅仁大学流行设计系讲师

现任：

吴舜田国际宝石鉴定中心顾问

http://www.tenwu.com

两岸钻石教育永续推广

与承翰兄在 1991 年将平日的教学经验与鉴定信息出版了《实用钻石分级学》后广受各界欢迎至今，很荣幸的成为许多业者或教学中心必备的专业参考书籍，在接获惠民的提议欲整合专业知识与最新的钻石市场信息概念，不论对业者或者认真追求钻石信息的爱好者来讲，都是一大福音！

教学至今钻石的课程内容不断的更新，学生及鉴定客人的问题也层出不穷："为什么克拉数、成色、净度皆相同，车工都是 Excellent 也都附有 GIA 证书的钻石，价格仍有差异？""净度经过优化处理的钻石价格该怎么算？""花式切割的比例该如选择？""想开始收藏彩钻，什么颜色比较好？"……这些并不是不能说的秘密，而是了解者必须对钻石有一定的认识及基础，再吸收这些更进阶的资讯才算完整。而这也是这本《行家这样买钻石》从浅而精深的内容编排。

珠宝业界每过一段时间就会出现新面孔，世代交替的传承仍不断的转动着，因此追求钻石新信息的脚步更不能怠慢，现代人习惯上网找数据，殊不知网络上许多是道听途说，以讹传讹，也冀望能以多方面的管道将教学与鉴定经验分享出去，更期许整个钻石市场更加健全完善。

本人因一场大病之后身体状况不如从前，目前也逐渐退到幕后作协助与支持工作，鉴定所及教学中心已交由第二代来经营，看着惠民对推广钻石信息的热诚，让我再度对传承知识涌起动力，在研究上或许脚步顿慢了，因此文章内容缺失在所难免，恳切的希望各界专家给予批评指导。

吴舜田

2015/05/04 于高雄

缪承翰

1978 年于美国宝石学院取得宝石鉴定士（G.G）

1979 年回台湾后，创设承翰宝石鉴定研习中心，从事宝石教学及鉴定工作，多年来不仅桃李满天下，而且成为台湾地区北部从事珠宝行业者的先修班。是现今中国台湾最资深鉴定工作者之一。

历任：
- GIA 台湾校友会会长
- 台北市暨台湾区珠宝公会理监事及顾问
- DE BEERS 钻石推广中心讲师
- 新加坡设计奖评审等，为中国台湾最资深的宝石鉴定专家之一

现任：
- 承翰宝石负责人
- 国际宝石收藏家联盟 (IGCA) 总监察人

承翰宝石：www.michaelmiao.com
IGCA：www. 珠宝知识就是财富 .tw

作者序

珠宝知识就是财富

当各位读者愿意从茫茫书海中翻开《行家这样买钻石》，心中一定抱持许多期待，可能为了解珠宝知识或是掌握钻石投资讯息，抑或是阅读完毕后，期许自己成为钻石行家。然而无论如何，在各位读者阅读完《行家这样买钻石》之后，您应该更加了解"珠宝知识，就是财富"这句箴言。

笔者成长于中国台湾、香港两地珠宝世家。1978 年毕业于美国宝石学院 (GIA)，学成归国后正式进入家族企业工作，尔后设立承翰宝石及承翰宝石鉴定研习中心，以卓越的眼光与独到的视野，描绘承翰的企业蓝图。营业据点遍及亚洲各大先进城市中国台北、上海、成都、香港、日本东京等地。

2006 年将承翰宝石鉴定研习中心捐赠予国际宝石收藏家联盟 (International GEM Collector Alliance)。IGCA 为非营利机构，旨在提升宝石市场整体素质，分享宝石市场的正确投资讯息，善尽保护消费者责任。另一方面，IGCA 致力培养我国宝石鉴定专才，提供开放式的研究平台，希望打造更完备的宝石学教育，让更多宝石人才投入相关的研究领域。愿大家都能从《行家这样买钻石》一书中分享到更多关于钻石的知识。

缪承翰

2015/05/07 于台北

钻石代表大爱

钻石恒久远，一颗永流传。虽然钻石演绎了一个个浪漫的故事，但是很多人对钻石文化并不十分了解，尤其在中国大陆。

改革开放之前，很多人只知道钻石的工业用途，这和中国传统消费喜好有关系。钻石最早传入中国，是印度的佛教僧人，在传教中带来了金刚石，所以才有《金刚经》的译名。金刚石就是钻石，它代表了这个地球上最坚硬的东西。佛家的修行就是要有金刚石一般的毅力，要有金刚石般的清净无染，以及对大地的感恩——无私的大爱。

改革开放以后，中国和国际大接轨，西方的文明和习俗慢慢地传入中国。今天每年两千万结婚的人士，钻石婚戒成为了必需品。据上海钻石交易所的统计，2014 年中国进口钻石的金额已经达到了 22.36 亿美元，连续成为世界上第二大钻石进口国。

记得我买第一颗钻石是在 1996 年 2 月，那时我在美国学习结束准备回家的时候，在纽约曼哈顿珠宝街给我太太选了一颗 77 分的钻石。回到上海很多朋友都很惊讶。因为当时中国的钻石市场还不是很大。改革开放三十年后的今天，西方的很多文化习俗已经在中国的大地上生根发芽，钻石也已经成为了人们生活的一部分，它已经不再是一种奢侈品的象征，而是人们对爱的一种理解和表达。

在 90 年代末我们开始了筹建上海钻石交易所的工作。这是中国唯一的钻石交易和进出口平台，在这个平台上所有钻石的交易都是按照国际通行的规则来进行的。我们也很快成为世界钻石交易所联盟的会员，成为世界钻石行业的重要一员。至今我们拥有三百七十多家会员，他们来自几十个国家和地区。

钻石见证了中国改革开放的步伐，成为中西文化交流的载体，但是很多内地人对钻石只是觉得贵重而已。就文化而言，内地人不仅对西方文化需要学习，对于中华传统也需要一个回归的过程。

　　有幸认识了中国台湾的汤惠民先生，他做了很多珠宝文化的宣传工作。我是第一次看到一本全面讲解钻石文化的书籍。承蒙厚爱邀我作序。

　　我希望每一个钻石的拥有者，不仅是拥有一种财富，而是要赋予它爱心和感恩之念，这才是钻石的灵魂。从钻石本身我们可以看到大地的无私奉献，看到自然对人类不求回报的大爱。钻石让我们明白爱对人类的重要。中国传统文化就是教人如何爱自然、爱他人、爱其他生物。中国人需要补课。

　　我经常给准备结婚的朋友讲：可以选择有一点瑕疵的钻石，因为夫妻的生活不可能永远是美好的，包容彼此的缺点，共同创造美好的未来，感恩互助，常常呵护，才能使家庭之爱永葆钻石的光芒。

　　我希望读者看了这本书都有所收获，更能从钻石文化的细节里，领会钻石的美妙，从而获得人生的哲理，更好地生活、自在地生活。

上海钻石交易所副总裁　颜南海 博士

2015/05/04 于上海

一本实用的钻石选购指南

　　钻石是大自然的奇迹，是世界上最古老、最稀少、最纯净的宝石。千百年来，钻石在无数人心中有着特殊的地位和象征意义。钻石自从约4000年前首次在印度被发现以来，就被看作是勇敢、尊贵、纯洁的象征。500多年前，奥地利大公马克西米连送给勃艮地玛丽公主一枚镶有钻石的戒指，从此开创了用钻石表达忠贞爱情、象征婚姻的传统。

　　钻石从诞生之日起，就等待着被人去发现，发现她的"出身之地"、发现她的美丽、发现喜欢她的人。由于钻石的稀少、珍贵和恒久品质与价值的稳定，钻石也成为人们投资、收藏的重要选择。钻石自身的魅力与属性，使得钻石成为了无数人，尤其是爱美女性心中的梦想，而且钻石会使拥有者"上瘾"，人们会一直迈着追寻钻石的脚步而去。但是，总体来说，钻石是西方文化与传统的代表，对于中国人来说，钻石这"舶来品"有一点生疏。需要有一本可靠的、公正的指导书，帮助钻石爱好者实现其钻石梦想。

　　中国台湾的三位资深业界专家联袂为两岸读者奉献《行家这样买钻石》，全面、深入浅出地介绍了钻石历史、钻石的开采、钻石切磨、钻石4C评价、钻石仿冒品的鉴别、合成钻石方法与鉴定、钻石证书的解读、婚钻挑选、婚博会介绍、钻石投资、国际钻石拍卖分析、钻石饰品配戴、钻石设计师、星座＆五行与钻石的关系，甚至还包括了"如何经营钻石店"可谓含金量最高的"钻石小百科"。

认识吴舜田、缪承翰二位师长，应是二十年前，机缘巧台我当时也在 **De Beers** 钻石推广中心（中国）担任人才培训导师。他们俩合著的《实用钻石分级学》成为业内中文版最全面介绍钻石的教材之一，后来也多次在珠宝学术交流会上聆听吴先生、缪先生关于台湾钻石市场以及专业学术报告。汤惠民先生则是近年活跃于两岸的资深宝石学家、教育家和珠宝知识的传播者。台湾的钻石市场起步比内地早、也比内地更成熟，他们三位长年浸染台湾珠宝业，具备深厚的理论知识和丰富的实战经验，是真正意义上的"钻石行家"，由他们三位鼎力合作的这本《行家这样买钻石》一定可以为钻石爱好者排疑解惑，成为您实现钻石梦想的"拐杖"，使您成为"聪明的钻石行家"，更可以培养更多的钻石爱好者。

NGTC 上海实验室副主任　刘厚祥 博士

2015/05/04 于上海

世间万物的终极意义往往不在表面

现如今收藏大热。但凡珠宝古玩市场，在最显眼的位置总有几家书店，满满当当地陈列着数十种珠宝收藏书籍，品类繁多、彩图篇篇、价格不菲。当人们咬牙跺脚地把这些书当"珠宝圣经"买下，再把他们按图索骥收藏的"宝贝"满心欢喜地送到我们实验室，却得到了和卖家不尽相同的结论，难免一脸讶异和困惑，"我的东西不是和这本书上的这件东西差不多一样吗？"所以，一本真正的珠宝书，其养分不在于图片有多精美，而在于选图是否"正确"；不在于文字有多华丽，而在于表述是否"准确"。也正因为这样，对于初涉珠宝的朋友，我往往是建议先买珠宝教科书，再买珠宝收藏书。

作为一个也在编书写书的人，看到阿汤哥的书如此畅销，说不羡慕妒忌那是假的。而我更在意的、更愿意在心底探究的是：写珠宝书的人那么多，为什么是他能长期占据畅销书排行榜？现实中，没有人能随随便便成功，不同的经历成就不同的精彩。阿汤哥既长期在境内外多所学府授课，又常年转战全球各类珠宝市场，他了解珠宝产业上下游最鲜活的信息。读他的书，既像坐在课堂，又如亲临市场。

对读者而言，书的作者就好比一位老师，通过将枯燥的专业理论转化为生动有趣的文字，来完成非面对面的教学，这实际上是一项极考究作者"翻译"功力的过程。书的成功与否，就在于那些无声的字里行间能否让阅读者食而消化——这是我们这些站在讲台上的教师们毕生都在追求的目标。阿汤哥的"行家系列"书成功地将工具性和趣味性不露声色地融合在了一起，这对汉语珠宝书籍来说的确影响深远。

　　跟着行家一路看下来，终于到了钻石。作为所有宝石品类中理论体系最严谨的一种，我一直很好奇阿汤哥将用怎样的方式来"翻译"钻石。当我收到初稿后，迫不及待地翻阅了一遍，果然是一如既往地容易看懂，却也能让人深深地思考和回味。所以，当阿汤哥邀我为这本新书写序时，我几乎是不假思索地应承了——也算让自己的名字，终于在最畅销的书籍上，出现了一回。

　　世间万物的终极意义往往不在表面，正如珠宝本无法满足人们的温饱需求，所以其价值并不在于物质属性，而在文化内涵。当我们欣赏美丽的珠宝首饰时，借由阅读一本好书能看透它背后的文化韵味，这既是我们教书育人的意义所在，更是著书立作者们的幸事！

　　　　　　　　　　　　　同济大学宝石中心（TGI）主任　周征宇　博士

　　　　　　　　　　　　　　　　　　　　　　　　2015/03 于上海

薪火相传　钻石文化的传承与创新

因为一些机缘巧合，与同济大学同侪的汤惠民先生相识，汤先生先后出版了一系列针对普及大众的珠宝玉石类科普丛书，面向没有专业宝石鉴定课程基础的珠宝爱好者，讲解了从佩戴到投资的鉴别知识。在《行家这样买钻石》出版之前，我就听闻惠民兄和另外两位台湾专家——吴舜田先生与缪承翰先生，正在筹备一本关于钻石的科普图书，便欣然允诺合作，由钻石小鸟提供本书的部分素材。

作为一个在珠宝行当磨砺了近20年的从业人，当自己的企业走过了13个年头，我越来越真切地感受到了消费者对于珠宝的追求越来越高，从单纯对于克拉数的要求到现在对切工方面有着更高的标准，我们的消费者在不断成长，同时也推动了产业链的成长。

消费者不再停留在单一的"进店—购买"的环节，互联网时代的到来让他们的信息源更加丰富，但是与此同时出现的问题就是信息渠道的可靠程度。钻石小鸟在过去的十余年中都会在自己的多个平台向消费者进行一些钻石概念的输出，我们拿出了全球权威的GIA证书，也是为了将这样一种概念引入国内，现在GIA证书"火了"，但我认为对于钻石这样具有情感价值的宝石，还是需要一本百科全书级别的丛书。也正逢惠民兄在此时即将出版这本《行家这样买钻石》，他找到我希望能和钻石小鸟对这本书的内容和素材进行一些支持，这无论对我，还是对惠民兄来说都是一个千载难逢的机会。

我和钻石小鸟在过去十余载都专注于钻石这一领域，我对钻石很有感情，很多时候我也秉持着"钻石精神"——坚定，专一。钻石从上个世纪进入中国，一直都是年轻男女对于情感的寄托，象征着永恒的承诺、甜蜜的幸福，继而渐渐地，钻石还成了一种投资渠道。相比于黄金，我认为钻石还有一些不同。所以我希望这一本《行家这样买钻石》不仅能告诉我们的消费者"行家是怎么买钻石"的，更加能够以专家的身份对消费者传播钻石之美。在钻石作为舶来品进入中国之后，经过几代人的传承与创新，以及对钻石品质的坚持，不断诠释着钻石的经典价值。

　　钻石这一领域，即使我已经从业近 20 年，仍然还会拜倒在其璀璨的火彩下。很多时候，我都会觉得工匠们对于切割、火彩的追求如宇宙一般无尽无穷。希望本书的读者在书中不仅能够通达钻石的入门鉴别技巧，更能对钻石的历史与文化有独有的见解。

钻石小鸟创始人及联合 CEO　徐磊

2015/04 于上海

目录 Contents

入门篇

出门篇

实战篇

18K 金几何切割 黄色彩钻戒指（图片提供 钻了小鱼）

入门篇

1 钻石从开采到销售的流程图

看过《血钻石》这部电影的人一定知道钻石的得来不易，当我们驻足珠宝店鉴赏它的闪耀美丽时，也一定不会忘了钻石从开采到面市之中如此粗粝艰辛的过程，因而才更懂得珍惜大自然给人类的馈赠，珍惜人们寄托于它的爱与永恒的盼望，让钻石、希望与和平陪伴我们到天荒地老。

钻石需要先从矿区开采出来，筛选后送到钻石切割工厂，根据钻石原石的形状设计以最优化的形状来切割，保留最大的重量。

切割抛光后，送到世界各大钻石交易中心买卖，全球各地珠宝商从钻石批发商手里买到裸钻后，经过珠宝设计，送去镶嵌制作成各种款式。然后在各地珠宝店、会所、百货商场、婚博会中销售。顾客经过挑选出自己心爱的钻戒，成为一辈子的幸福记录。

❶ 山东沂蒙钻石矿区开采（图片提供 于方）

❷ 分出各种不同结晶形态的钻石，准备销售

❸ 安特卫普钻交所（图片提供 钻石小鸟）

❹ 钻石厂商与钻石切磨技师讨论如何能切出获利最大的钻石（图片提供 钻石小鸟）

❺ 利用激光将钻石剖开（图片提供 六顺斋）

❻ 用放大镜检查切磨好的钻石（图片提供 六顺斋）

❼ 各种不同切割形状、不同颜色的钻石裸石
（图片提供 钻石小鸟）

❽ 激光切割钻石的仪器（图片提供 六顺斋）

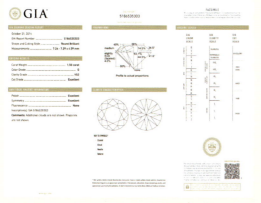

❾ 送去 GIA 鉴定钻石分级（图片提供 李兆丰）

❿ 钻石花胸针成品效果（设计师 李雪莹作品）

⓫ 在婚博会现场选购钻石裸石（图片提供 钻石小鸟）

⓬ 将钻石镶嵌在戒台（图片提供 王进登）

⓭ 婚礼当天佩戴上选购的婚戒（图片提供 钻石小鸟）

⓮ 在生日或者结婚纪念日送给挚爱（图片提供 钻石小鸟）

2 钻石的基本知识

钻石的历史

人类使用石器的历史极为悠久，但何时发现并使用钻石并无明确的历史记载，就目前所得资料看来，印度人是第一个发现钻石的民族，印度也是世界最古老的钻石产地。

佛教的经典中记载着释迦牟尼的头冠是用钻石镶造的，可推知纪元前五一前六世纪就已经使用钻石。

在《旧约·圣经》中的《出埃及记》第二十八章及第二十九章中，记载着祭司的胸前配饰十二个宝石中，就有钻石。而《旧约》的《耶利米》书也曾记录："犹大的罪以铁笔、金刚石尖端所记着，雕在其心碑与祭坛之角。"所以从《旧约·圣经》中可看出人们已知道利用钻石的高硬度了。

两千多年来，印度一直是世界主要钻石的来源。到了 12 世纪钻石的交易还只是限定在东方和地中海的东部。一直到东西方之间战争的爆发，才使得当时东西方奢侈品的交易中心意大利的威尼斯和埃及、叙利亚的接触建立起来，而造成欧洲对钻石的需求。

简约造型、雷地恩切割、黄色彩钻戒指（图片提供 钻石小鸟）

大约在那时候，欧洲早先的钻石技师尝试着用较复杂的器具和方法来切磨钻石，使它闪烁最大的光芒，新的钻石切磨技术因而风行了整个欧洲，也使得安特卫普渐渐形成钻石切割中心。

1600年初，当时的欧洲贸易中心——伦敦，开始形成钻石交易中心。东印度公司击败了它的对手荷兰。伦敦和东方之间的贸易打通了。由于当时珊瑚在印度是一种地位的象征，东印度公司在马赛、热内亚和那不勒斯收购的珊瑚运往印度，再将卖得的款额在印度购买钻石出口到伦敦。这种垄断交易一直持续到1600年中期，东印度公司才被迫放宽政策，让伦敦私人公司和印度交易。1664年英国自印度进口钻石为免税。正当印度矿量渐减而威胁到钻石流通时，恰巧巴西的淘金者发现了新矿，钻石由这个新矿源到伦敦流通了150年，才逐渐失去重要性（至今印度及巴西仍产有少量钻石）。

世界名钻 库利南一号（Cullinan 1）重530.20克拉，1905年在南非发现，是目前已切磨好的钻石中最大的一颗，它的原石重3106克拉。1907年献给英王爱德华七世之后，初分割为九颗主要钻石，其中最大的别名"伟大的非洲之星"，被切磨成梨形，镶在英国皇家权杖上直到今日。

18世纪中，工业革命横扫全球，由于个人所得增加，使得钻石需求增长，但价位仍然稳定，因为供需平衡。

19世纪中，由于许多私人滥采巴西地表钻矿，使得钻石供应锐减，迫使钻价上涨。

1866年南非发现钻石，掀起了钻石历史上最大的热潮。1880年，由于私人开采钻矿太多，且竞相削价求售，产量超过需求，危及市场稳定性，更因国际经济不景气等因素，钻石市场一片漆黑。

由于钻石的产销不能配合，造成钻石业长久的混乱，这种混乱的局势，经过整合后终于产生了两股力量：由罗德士 (Cecil Rhodes) 领导的戴比尔

库利南二号（Cullinan 2）重 317.40 克拉，切磨成枕垫型，镶在英王的皇冠上。目前这两件宝物，都陈列于伦敦塔博物院的皇家珠宝收藏室，供人观赏，许多外地游客到伦敦都会到伦敦塔一睹其风采。

世界名钻 摄政王钻石（The Regent）重140.50 克拉，有一段迷人的历史。它在印度被发现，经历了神秘的旅程到达欧洲。它在英国被切磨，以庇特钻石之名为人所知。1717 年，汤玛士庇特将它售予法国统治者奥尔良公爵菲利浦。重新被命名为摄政王，成为法国皇家珠宝的一分子。在法国大革命和法皇拿破仑一世时期，又经历了许多事件。最后于 1877 年逃过皇家珠宝被拍卖的命运，被陈列于罗浮宫博物馆，直到今日。

摄政王钻石镶嵌在拿破仑的剑柄上

斯矿业公司 (De Beers Mining Company) 及由班纳德 (Barney Barnato) 控制的金伯利中央矿业公司 (Kimberley Central Mining Company)。

　　1888 年在极其激烈的斗争后，罗德士终于和班纳德达成协议，两个公司合并成戴比尔斯联合矿业公司（De Beers Consolidated Mines Limited），罗德士为总裁，班纳德为终身理事。

　　钻石的主控公司——戴比尔斯联合矿业公司于是诞生。

19世纪末金伯利矿山，正值开采钻石的鼎盛时期，当年用来在矿坑内，运送钻石的小货车，将矿土倾倒入大圆桶内，再运送到工厂去筛选分类。而此矿坑因矿竭于1914年封闭。

祖母绿切割、四爪镶嵌、黄色彩钻戒指（图片提供 钻石小鸟）

控制钻石市场的理念

钻石具备了奢侈品的特性，所以不同于一般民生必需品，在新矿源不断被发现的情形下，它将会因供过于求而造成价格暴跌，失去它高贵永恒的形象，对生产者、切磨商、珠宝制造商，甚至消费者将造成极大的伤害，所以如果由一个强而有力的公司来控制它的产销，将可稳定市场，保持它永恒的象征。

罗德士创立了戴比尔斯联合矿业公司，为钻石矿产的统售建立了一个模式，而其继任者奥本海默爵士更进一步设立了中央统售机构（Central Selling Organization，C.S.O）来贯彻这一理想。

奥本海默爵士16岁时离开德国到伦敦定居，开始接触钻石行业，由于他工作认真，很快成为一位卓越的钻石专家，1902年罗德士逝世时，他被所在的一家英国钻石公司派遣到南非的金伯利工作。

联合矿业公司起初是很成功的，但在20世纪初不断发现新矿，使得联合矿业公司的财务状况受到严峻的考验。发现的新矿在南非有 1902 年的 Premier；1925 年的 Lichtenburg；1927 年的 Namaqualand。其他发现新矿的国家则有纳米比亚（1908 年），安哥拉（1912 年），刚果民主共和国（1916 年），加纳（1919 年）。而这些新矿中，除了 Premier，都是易于开采的冲积矿。

奥本海默在金伯利较稳固后，开始转移注意力到在约翰内斯堡迅速发展的金矿，他成功地投资金矿，并在 1919 年成立了一个由美国部分投资的安哥拉—亚美利坚公司 (Anglo American Corporation)，而在他的心中早以盘算未来将以此公司作为发展钻石工业的领导者。

世界上最硬的矿石——钻石的原石，未经切磨的原石是那么地不起眼，但是经过切磨师的智慧与精巧手艺，立即呈现了璀璨夺目的光彩，成为人们称美的焦点，高贵的表征。为了要维持它高贵永恒的形象，避免产销的失衡，罗德士创立了戴比尔斯联合矿业公司，为钻石的统售建立了一个模式，而其继任者奥本海默爵士更进一步设立了中央统售机构来贯彻这理想。（图片提供 HRD）

棕、红、黄、绿、灰缤纷色彩彩钻手链，不同的切割形状、
不同的颜色搭配在一起，非常难得。（图片提供 钻石小鸟）

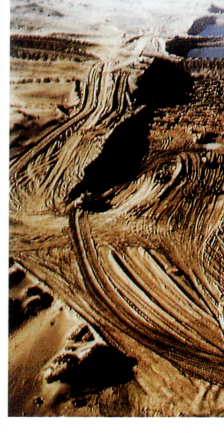

在非洲博茨瓦纳金伯利管状岩脉中采矿的作业情形，金伯利管状岩脉采矿的成本比冲击矿高。

在非洲海边采掘冲击矿层中的钻石，一般而言，冲击矿的钻石因为经过大自然力量的淘选，品质比较平均，而且矿藏也比较集中。

1920年安哥拉—亚美利坚公司成为戴比尔斯联合矿业公司最大的股东。1929年奥本海默终于实现他年轻时的愿望，成为戴比尔斯联合矿业公司的总裁。

1934年奥本海默成立钻石交易公司（Diamond Trading Company）以作为钻石来源估价及销售的管道，而中央统售机构的概念也由此孕育而成。

年复一年，越来越多的新矿被发现，加上经济不景气，愈发感到需要

Cecil John Rhodes(1852—1902)罗德士先生，戴比尔斯联合矿业公司的创始人。

Sir Ernest Oppenheimet(1880—1957)奥本海默爵士，设立了中央统售机构贯彻钻石统一销售的理念。

在澳大利亚发现的世界级大钻矿——阿盖尔钻矿。这个钻石矿在1989年上半年就生产了1650万克拉的钻石，其中55%是工业用；40%是近乎宝石级；5%是宝石级；包括很多粉红色及棕色彩钻。

一个有秩序的管销，以维持市场正常的营运。非洲几个国家陆续有新矿发现，如1930年塞拉利昂共和国；1940年坦桑尼亚；1967年博茨瓦纳也发现了极大的钻石矿。1948年苏联钻矿的发现对整个钻石市场的影响更是深远。

　　所幸由于戴比尔斯公司对整个管销控制得宜，钻石才不致因新矿的发现而价格暴跌，形成市场的混乱。

钻石的形成及产地

过去的传说，认为天上打雷地下会长钻石；也有人说只有沙漠才会产钻石。事实上，根据地质学家的研究，钻石是在地底深处高温高压下形成，后来经过火山活动将含钻的岩浆带至地面，熔融状态的岩浆冷却后变成管状矿脉。

但是并非所有的火山都含有钻石，只有一种叫金伯利岩 (Kimberlite) 的火山岩中才有希望找到钻石，这种火山岩在岩石学上叫"角砾云母橄榄岩"，是属于一种超基性火成岩，也就是它所含铁镁矿物很多，由于它的外观呈深蓝色和中国台湾垦丁国家公园的青蛙石的颜色极相似，所以一般都俗称"蓝土"，钻石常在"蓝土"中呈散点状分布。

含钻的"蓝土"露在地表受风化，将变成黄色，一般称之为黄土，露在地表的钻石受到风雨等大自然营力的搬运，可能被带离原生地至河边或海边等其他地方堆积下来成矿，所以原生的火山矿以外的地方也可能发现产量丰富而且品质很好的钻石矿，这种矿床我们称之为冲积矿或次生矿。

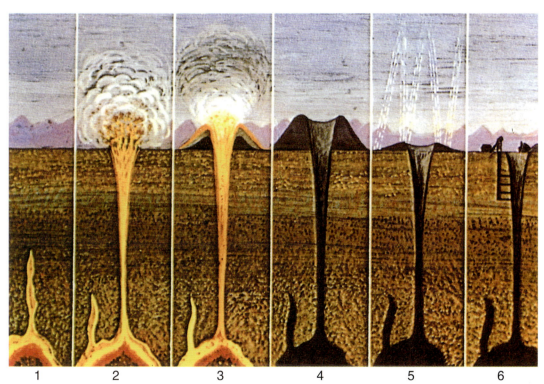

1. 岩浆在地底深处沿着地壳裂缝上升
2. 岩浆上升到地表
3. 形成火山锥
4. 喷发完成
5. 火山经过大自然的营力完全风化
6. 金伯利火山岩脉被发现，采掘钻石

这种冲积矿中所发现的钻石都已经过大自然营力的淘选，所以品质及矿藏量反而比原生火山矿脉还好。根据最近南非开普敦大学的地质化学教授古尔莱博士（Dr.John Gurney）研究证据显示，大约在一亿年前金伯利矿脉定位时，最高部分的矿脉受到侵蚀，在南非橘河流域，已有超过30亿克拉的钻石自金伯利矿脉，被侵蚀流到大西洋，而在1980年以前，已有7500万克拉的钻石自西岸回收。

世界有哪几个国家为主要的钻石出产国呢？就以产量来说，1988年第一位为澳大利亚；第二位为刚果民主共和国；第三位为博茨瓦纳；第四位为俄罗斯；第五位为南非共和国。

◇ 澳大利亚

澳大利亚虽然在1884年就有20万克拉的年产量，但就整个钻石产量而言，是微不足道的，一直到发现了阿盖尔钻石矿才使它一跃成为世界第一位，以量计阿盖尔是世界最大的钻矿，在1989年上半年，该矿处理了240万吨矿石，得到1650万克拉钻石，但该矿所产钻石55%是工业用，40%是近乎宝石级，只有5%是宝石级，也就是品质较差。工业用及近乎宝石级的有25%通过阿盖尔钻石公司于安特卫普销售，其余的75%及所和宝石级钻石都经由中央统售机构销售，每年只留6000克拉宝石级钻石在Porta的切磨厂加工。值得一提的是阿盖尔钻石矿产很多粉红色及棕色的彩钻。

澳大利亚阿盖尔钻石矿产的钻石有很多粉红色与棕色的彩钻

澳大利亚矿区俯瞰图

不同大小的钻石原矿

非洲钻石矿区

◇ 非洲

非洲产钻石的国家有南非共和国、博茨瓦纳、纳米比亚、安哥拉、刚果民主共和国、坦桑尼亚、中非共和国、加纳、科特迪瓦、利比亚、塞拉利昂共和国及几内亚。

在非洲这几个国家中，南非共和国是最早而且最重要的产钻国家，Premier、Jagersfontein 及 Koffiefontein 是过去最著名的三个老钻矿，目前最重要的四个大矿为 Bulfontein、De Beers、Dutoitspan 及 Wesselton。南非所产的钻石品质都很好，结晶形大都为八面体及十二面体，也就是说以宝石级为主。

南非

南非产钻石非常有名，但产量并不是最多，非洲曾经产量最多的是刚果民主共和国及博茨瓦纳。刚果民主共和国所产的钻石 80% 为工业用。博茨瓦纳于 1966 年独立时，是世界两个最贫穷的国家之一，这个国家⅔的土地是荒凉的卡拉哈里沙漠，但是卡拉哈里沙漠下蕴藏的丰富钻石矿，使

在南非一个最著名的金伯利火山岩钻矿，经过不断地挖掘，直到1914年停止采矿，目前形成一个大的人工湖，深1097米，宽463米。

得博茨瓦纳跻身非洲最富裕国家之列，该国出口收入八成来自钻石。戴比尔斯公司和博茨瓦纳政府联营的Debswana拥有三个钻矿，其钻石产量在1986年时比南非总产量超出330万克拉。

安哥拉

安哥拉钻石产量80%为宝石级，钻石也使得该国成为非洲最富有的国家之一，但内战使得国内浪费了数百万美金。

坦桑尼亚

坦桑尼亚最著名的钻石矿Williamson于1940年由美国著名的地质学家Williamson在离Victoria湖150公里处的Mwodi山发现，开采至今。但最近因缺乏资金运转，营运不理想，产量大减。

钻石冲积矿，当地人在河边采矿作业情形

中非共和国

中非共和国的钻石矿都以冲积矿为主，分布在干燥的地区，但原石形状及品质都不错，该国并未做有系统的开发，目前大约有两万多原石挖掘者分布在矿区，而其首都也有许多原石买卖经纪商。这几年的产量也是减少，而且走私情形很严重。

加纳

加纳境内河流流域有大的冲积矿，25%为宝石级钻

世界钻石中心与钻石产地地图

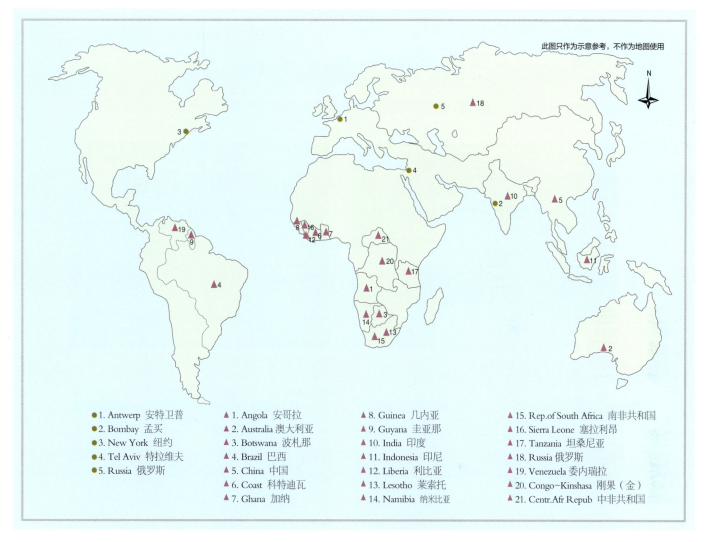

（此图仅为示意参考，不作地图使用）

石，钻石的开采在该国已有数十年的历史，这几年的产量也是减少。

塞拉利昂共和国

塞拉利昂共和国由于冲积矿床的采掘渐尽，产量也减少许多，走私的情形仍然很严重。

科特迪瓦

科特迪瓦开采的量虽然不多，但一直很稳定。

利比亚

利比亚产量也很稳定，但主要为工业钻，宝石级的品质较差。

几内亚

几内亚产的钻石90%是宝石级，品质非常高。自1986年起该矿钻石每克拉卖价节节上升；1988 年每克拉卖到美金 315 元的高价。

◈ 欧亚大陆

俄罗斯

俄罗斯虽然在 1829 年于乌拉尔山就发现有少量的钻石，但一直到 1954 年，两位女性地质学家于西伯利亚台地发现了大的金伯利岩脉，才使得俄

俄罗斯 Alrosa 公司钻石拼图

俄罗斯雅库茨克联合矿地表部分鸟瞰图

俄罗斯雅库茨克和平矿地表部分鸟瞰图（局部）

俄罗斯雅库茨克联合矿地表部分近景

纳米比亚海滩冲积矿鸟瞰图

钻石矿挖掘机

（图片提供 苑执中博士）

罗斯摇身一变成为产钻大国。

西伯利亚台地据调查有450个金伯利岩脉，但由于当地环境极差，严冬最低可达-70℃以下，而短暂的夏天温度又高达60℃。工作不易，目前只有少数几个矿在开采，但俄罗斯钻石产量已占世界的20%左右，钻石也成为该国重要外汇来源。

俄罗斯是国际上非常重要的钻石产出国，2006年至2010年俄罗斯天然毛坯钻石（包括天然宝石级与工业级金刚石）的总产量一直居于世界首位，总产值排列全球第二。显然，了解俄罗斯钻石及其产业对了解世界钻石供求关系及国际金伯利进程框架下钻石产地来源的研究均有重要意义。

中国

我国在1965年发现金伯利岩脉钻石矿，主要矿区在山东省与辽宁省，产量尚无官方统计数据，1977年12月21日中国山东省临沭县，农业作业队常林大队的女作业员魏振芳，在耕作的土中发现了一颗大晶体，将上面的砂土除去后极为亮丽夺目，于是呈献给上级，经鉴定结果是重158.786克拉的中国第一大钻石，取名为"常林钻石"。下图为山东出产，重158.786克拉的"常林钻石"。1985年戴比尔斯联合矿业公司的地质专家已加入我国钻石的勘探行列。

我国在1965年发现金伯利岩脉钻石矿，主要矿区在山东省与辽宁省，产量尚无官方统计数据，但1985年戴比尔斯联合矿业公司的地质专家已加入我国钻石的勘探行列。图为内地山东出产，重158.786克拉的"常林钻石"。

山东沂蒙钻石矿区（提片提供 于方）　　　　　　当地人在矿区作业淘选钻石（提片提供 于方）

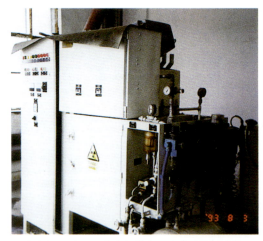

瓦房店钻石矿以 X 光分机将钻石和其他矿石分开

瓦房店第 50 号钻矿

瓦房店钻矿挖出的 50 克拉、30 克拉等大钻石

瓦房店钻石淘选过程

最后一道人工淘选工作

据说 1937 年在靠近临沭县的郯城县就曾发现过钻石，但是金伯利岩脉钻矿一直到 1965 年才被发现。目前内地主要的金伯利岩脉钻矿在山东省和辽宁省。1981 年在山东省郯城县发现了第二大钻石重 124 克拉。

辽宁省瓦房店钻石矿最早发现于 1972 年，到了 1982 年共发现 103 个含钻金伯利岩岩体，其中 42 号岩管规模最大，储量超过 400 万克拉。目前正在开采的 50 号岩管储量超过 350 万克拉，平均品位 1.5 克拉 / 立方米，宝石级占 60%，其中无色系列的钻石又占约 50%，品位极高，1991—1992 年平均售价每克拉 140 ～ 150 美金。该岩管所发现最大的钻石重 65.8 克拉。

其他地区，如湖南省、河北省、河南省及新疆自治区都有钻石矿的发现，但是产量多寡并无官方统计数据。目前内地的钻石切磨工业正在迅速发展中，许多外国公司纷纷到内地投资设钻石加工厂，据报道内地现有约八十家的切磨厂和四千多名切磨人员。

印度

印度是世界最古老的钻石产地，约在公元前五六世纪就由 Dravida 族探掘钻石，在 1725 年巴西发现钻石之前，印度是世界唯一的钻石产地。而到目前为止印度所采掘的钻石都来自冲积矿床的角砾岩或砂石中，尚无金伯利岩脉的发现。所产的钻石品质、形状都非常好，但目前产量都很少。

印度尼西亚

印度尼西亚的婆罗洲是仅次于印度的古老钻石产地之一，在公元500—600 年就有小规模的开采。目前主要在西方的岛屿及东南方冲积矿床中有品质极为优良的钻石产出，但量并不多。

◆ 美洲

巴西

在美洲，巴西于 1725 年发现钻石矿后，就取代印度成为最重要的钻石产地。巴西的钻石都来自冲积矿床，其开采并未受戴比尔斯的控制，都是自由开采，目前最重要的钻石矿是 Minas Gerais 和 Mato Grosso。

委内瑞拉

委内瑞拉于 1910 年开采钻石至今，仍被认为是一个很富有潜力的产地，主要的钻石开采都是由挖掘者自冲积矿床的碎石中挖取，该国政府希望有国外投资者来做有系统而具体的开发。

美国

美国虽然幅员广阔，但并无大钻矿发现，仅在内华达山脉的西南方及西方，阿肯色州的 Murfress boro 金伯利岩脉有少数产量，但才几千克拉，微不足道。美国最大的钻石重 23.75 克拉，1857 年发现于弗吉尼亚州。

加拿大

加拿大西北地区靠近 Lac de Gras 的地方发现 200 个金伯利岩脉，其中12 个具有经济价值，Ekati 矿于 1998 年 10 月开始生产，年产量约 300 万克拉至 400 万克拉，总值 5 亿美元，约占全球产量的 6%。

圭亚那

圭亚那是过去英属殖民地，虽然有一些老矿，但最近产量不到一半，许多矿工都转去开采黄金。

世界十大名钻

1. 非洲之星

　　非洲之星钻石为一颗天然钻石"库利南"（Cullinan）加工而成。水滴形，重 530.02 克拉，它有 74 个刻面，如今镶在英国国王的权杖上。"库利南"于 1905 年 1 月 21 日发现于南非普列米尔矿山。它纯净透明，带有淡蓝色调，是最佳品级的宝石金刚石，重量为 3106 克拉。一直到现在，它还是世界上发现的最大的宝石金刚石。由于南非当时是英国的殖民地，钻石被献给爱德华七世国王。1908 年英王亲自选定荷兰著名钻石分割专家将这块举世无双的"库利南"钻石分割成三颗大钻。其中最大的一颗钻石取名为"库利南 1 号"，即"非洲之星"，说起钻石之王，"非洲之星"当之无愧。

非洲之星

2. 光之山

　　"光之山"，有最古老历史记录的钻石，重 105.6 克拉。原产于印度戈尔康达，700 年来，它就像折射历史的一面镜子，引发了无数次的血腥屠杀，许多拥有它的君主则难逃厄运。1849 年英国在战争中把它掠夺过来，1895 年被献给英国女王维多利亚，钻石镶嵌在英国女王母后王冠上，保存在伦敦塔。印度有句谚语曾如此警告："拥有这颗钻石的男人将拥有全世界，但也会厄运上身，只有上帝或女人戴上它才能平安无事。"2009 年 2 月，印度独立领导人甘地的曾孙图沙尔呼吁英国归还英王冠上的"光之山"钻石，但却遭到拒绝。

3. 艾克沙修

　　艾克沙修钻石，是著名的钻石之一。发现于南非，重达 995.20 克拉，被命名为"高贵无比"。它的质量绝佳，为无色透明的净水钻，在日光下由于紫外线照射发出微弱的蓝色荧光，故略带淡蓝色。1903 年，由宝石商亨利将"高贵无比"的原石劈开，琢磨成 6 粒梨形、5 粒卵形和 11 粒较小的正圆形钻石，它们的重量由 69.7 克拉至不足 1 克拉，总重量为原石的 37.5%。

4. 大莫卧儿

1304年间发现于印度可拉 (Kollur) 矿山。大莫卧儿根据泰姬陵的建造者沙迦汗命名。原石重787旧克拉，加工成玫瑰花型后重240旧克拉（一说280克拉）。1665年法国旅行家塔韦尼埃 (Tavernier) 在印度王宫服务时曾目睹这颗钻石，但是，这颗钻石后来失踪了，传说后世的"奥尔洛夫"和"光之山"钻石都是从大莫卧儿钻石分割出来的。

5. 神像之眼

"神像之眼"又称为"黑色奥洛夫"，扁平的梨形钻石，大小有如一颗鸡蛋。"神像之眼"重70.2克拉。据说持有这颗黑钻的人便被下诅咒，三名前任持有人最后都跳楼自杀。为了破除传说中的诅咒力量，"神像之眼"被分割成三块，辗转被民间收藏家收藏，直到1990年才在纽约的拍卖会重现。也有传说认为它是当年拉什塔公主被劫持土耳其后印度人的赎金。正如它出现时的神秘一样，"神像之眼"至今不知所踪。总之，"神像之眼"是一系列传奇、神秘、幻想的完美结合体，它的故事包含了崇拜、盗窃、掠夺、神秘失踪等变幻莫测的事迹。"神像之眼"传闻虽然不可考，但是这样的传奇性让它成为珠宝界中一颗名钻。

6. 摄政王

"摄政王"钻石一听名字就知道又是一颗与皇室贵族关系密切的珍宝。这颗钻石是1701年由在印度戈尔康达矿区工作的印度奴隶发现的，原重410克拉。几经切磨后，重140.5克拉，无色，古典形琢刻形状，现收藏于法国巴黎卢浮宫阿波罗艺术馆。摄政王钻石是一颗美丽、优质的钻石，以其罕见纯净和完美切割闻名，它无可争议当属世界最美钻石。

摄政王钻石

7. 奥尔洛夫

"奥尔洛夫"钻石是目前世界第三大切割钻石。18世纪前发现于印度，并被镶嵌在印度塞林加姆庙的神像头上，像半个鸽子蛋，一边有缺口，重 189.62 克拉。它有着印度最美钻石的典型纯净度，带有少许蓝绿色光彩，可谓沙俄名钻。如今，"奥尔洛夫"几经辗转被焊进一只雕花纯银座里，镶在了俄罗斯权杖顶端。有着传奇经历的钻饰使权杖的威严令人震慑，"奥尔洛夫"成为钻石库中最重要的藏品之一。

8. 希望蓝钻

"蓝色希望"钻石是世界上屈指可数的钻石王之一。原产于印度西南部，重 44.53 克拉，深蓝色，椭圆形琢刻形状。伴随"蓝色希望"的是奇特而悲惨的故事，每位拥有它的人都难以抗拒人财两空的厄运。1958 年，"希望"蓝钻石被占有它的最后一个主人——美国珠宝商哈利·温斯顿捐赠给了华盛顿史密斯研究院，在该院的珠宝大厅里，"希望"蓝钻石陈列在一个防弹玻璃柜里，与各国帝王加冕礼上用过的珠宝媲美。

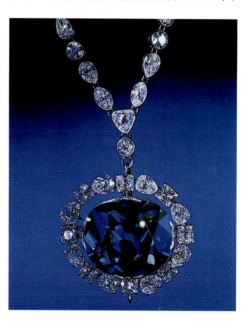

蓝色希望

9. 仙希

"仙希"源自于印度，浅黄色，重达 55 克拉，双重玫瑰车工的梨形世界名钻，据说它是被切割成拥有对称面的第一大钻石。最初属于法国勃艮第"大胆的查尔斯"公爵，直至今日此钻石仍在法国政府手中，可在法国罗浮宫博物院见到。

10. 泰勒·伯顿

1966 年发现于南非的普列米尔矿山，梨形钻石，未加工前重 244 克拉，随后被切成 69.42 克拉的梨形钻石。好莱坞传奇影星理查德·伯顿为妻子伊丽莎白·泰勒花 110 万美元买下了这颗钻石，给它重新取名为"泰勒·伯顿"。

注：由于世界十大名钻的图片涉及版权问题，取得困难，在此不便提供图片，请感兴趣的读者到网上去查看。笔者在此致歉！

关于十大名钻资料可以参考：Http://blog.renren.com/share/246538294/7158780929

钻石的交易场所

目前，全世界有14个钻石交易市场，主要在伦敦、安特卫普、特拉维夫、阿姆斯特丹、纽约、上海、中国香港等国家和地区。

1. 伦敦"中央统售组织"

位于伦敦贸易中心附近 Charterhouse Street 的中央统售机构 (CSO) 是控制全世界钻石原石的大本营，由戴比尔斯联合矿业有限公司开办，世界各地钻矿所出产的原石，大部分都送到中央统售机构来分选，该机构里有受过高度训练的专业人员，将钻石加以分类并估价，并全部以最新科技电脑化贮藏管理。它不仅控制了全球绝大部分钻石矿，实际也控制了世界钻石毛坯的价格，当钻石供应量太多时，它就减少供货，以此维持钻石价格稳定，并每年都有一定程度的增值。可以说，中央统售机构的主要功能在

位于伦敦市中心地带的中央统售机构（CSO）（右边建筑物），可以说是钻石业的枢纽，在奥本海默爵士的努力下，数十年来已经成为一个强有力的钻石行销机构，每年由这个机构出售的钻石原石金额在数千亿美金以上，控制了全球近80%钻石原石的产销市场。

于代表大多数的原石生产者来销售钻石，并以雄厚的财力贮存任何在市场上无法消化的过多原石，而在适当的时机销售到市面上，所以它是控制整个钻石市场的龙头。

特写镜头下的尚未分类的钻石原石

由全世界各地收购而来的钻石原石，全部送到位于伦敦的中央统售机构，由该机构内的专家依原石的大小、形状、品质及成色将之分为5000多种级别，并将此资料输入电脑贮藏管理。

LEE CHEONG (GOLDSMITHS & JEWELLERS)
Head Office: 422, Jalan Tun H.S. LEE, 50000 Kuala Lumpur &
10 - 14, Lebuh Pudu, 50050 Kuala Lumpur. Tel. (03) 2380217, 2383958, 2386585. Cable "LECCO"
Branch: Lot 1.15, 1st Level "THE ATRIA", Damansara Jaya, 47400 Petaling Jaya
Klang Branch: 21, Jalan Tengku Diauddin, 41000 Klang, Selangor. Tel. (03) 3311097

A diamond to express your love forever

The diamond wedding ring.

在中央统售机构里，有一个协助珠宝零售商，以提升钻石销售业绩的部门。在世界各重要城市都设有办公室，负责宣传教育与推广的工作，它有一个统一的名称"钻石咨询中心"。每年都会举办各种活动，来提升消费者的钻石意识。本图是钻石咨询中心1990年在东南亚推行的结婚钻戒活动的杂志广告之一。

2. 比利时安特卫普交易所

安特卫普是比利时最重要的商业中心和港口城市，从15世纪中叶起就一直是一个钻石加工与贸易的中心，素有"钻石之都"的美称。目前安特卫普拥有4家钻石交易所和1000多家钻石加工与贸易公司，其中一些公司的规模名列世界前列。安特卫普佩利坚街是世界瞩目最富有的钻石街。交易是定期举行，卖家将钻石摊开让买家随意挑选。买家挑选好钻石双方可以讨价还价。成交之后，双方握手为礼，交易就算完成。安特卫普年成交额约为200亿美元，控制着全球80%以上的钻石原石和一半的抛磨钻石。并且这里还有着严格的交易制度，用来维护交易市场的正常秩序。

安特卫普还有各种跟钻石有关的博物馆和展厅。钻石博物馆介绍钻石的历史和原产地说明，以及原石的展示。在这里可以了解到从矿石加工成钻石的过程，参观世界著名的钻石制品，还有机会观看工匠现场加工钻石。

比利时安特卫普共有四个钻石交易中心，有的以成品为主，有的以原石为对象，而有的则成品与原石皆有。本图的交易中心名为 Beurs Voor Diamanthandel，成立于1904年，是安特卫普最早的一个交易中心，目前有2000个会员，要加入此交易中心会员，必须缴年会费750元美金，由三位会员推荐，经全体检查无异议通过后，才能加入，若有重大违规者，不仅取消资格，而且通知全世界交易中心。

安特卫普交易大厅

安特卫普钻交所内，犹太人正在进行钻石交易

安特卫普钻交所门外

（以上图片提供 钻石小鸟）

3. 以色列钻石交易所

以色列钻石交易所位于特拉维夫，是世界钻石交易市场的后起之秀，据说已赶上或超过了安特卫普。这里的钻石交易使钻石加工成为以色列的主要工业。几十年来，以色列已逐渐发展成为世界最大的钻石加工国。以色列对世界半数的钻石毛坯进行切磨加工，它加工出口的钻石每年总值超过 5 亿美元。

4. 纽约钻石交易中心

纽约第五街和第六街之间的第四十七街的一段"钻石区"，为全球最著名的钻石饰物工场和饰物交易中心。这里钻石成交靠口头承诺。这里的商人多是犹太人，做生意时常会与买家讨价还价，他们的胸袋里常装有用纸包着的钻石。这里的商人并不是只做大生意，小笔的生意也做，据说这些"地摊"上的钻石比正规珠宝店便宜 20% ～ 50%。

5. 上海钻交所

上海钻石交易所是中国内地唯一的钻石进出口交易平台。上海钻交所是世界钻石交易所联盟（WFDB）成员，按照国际通行的钻石交易规则运行，为中外钻石交易商提供一个公平、公正、安全并实行封闭式管理的交易场所。

中国钻石交易中心（图片提供 徐立）

上海钻交所钻石进口环节税收状况

钻交所是全国一般贸易项下的钻石进出口的唯一通道。所有从钻交所进口国内的毛坯钻石和成品钻石免征关税。

纳税人自钻交所销往国内市场的钻石，毛钻免征进口环节增值税，成品钻石进口环节增值税原为17%，现实际税负为4%，其余13%的部分由海关实行即征即退。进DT业用钻，征收进口关税和进口环节增值税。

对国内加工的成品钻石，通过钻交所销售的，在国内销售环节免征增值税；不通过钻交所销售的，在国内销售环节按17%的税率征收增值税。

国内加工的成品钻石进入钻交所，视同出口，不予退税。自钻交所再次进入国内市场，其进口环节增值税实际税负超过4%的，实行即征即退。

钻石在钻交所内交易，不征收增值税。对进口到国内市场的钻石的消费税：在零售环节对未镶嵌的成品钻和钻石饰品按5%税率征收消费税。对加工贸易项下钻石进出口：执行国家对加工贸易的相关税收政策。

	2002年6月前	2002年6月至2006年6月	2006年7月至今
关税	毛坯钻石3% 成品钻石9%		0%
进口环节增值税		17%	毛坯钻石0% 成品钻石4%

2002～2006 上海钻交所钻石进口环节税率

上海钻交所会员状况

截至2011年12月31日，钻交所会员已从最初的41家发展到326家，其中外资会员215家，分别来自印度、以色列、比利时、南非、美国、日本以及中国香港、中国台湾等16个国家和地区，约占会员总数的65%。在国家钻石税收优惠政策的推动下，依托钻交所这个我国唯一的钻石进出口交易平台，越来越多的钻交所会员单位脱颖而出，目前会员中有50家已成为全国著名的珠宝品牌；有25家在全国拥有知名加工企业，目前中国每年钻石来料加工进出口总额达40多亿美元，其中80%是钻交所会员贡献的；有些会员企业甚至建立起了独立的贯穿珠宝设计、珠宝加工及零售等各个环节的钻石产业园区，全方位、多层次提升了自身的竞争力，为今后更好地参与国际竞争奠定了基础。

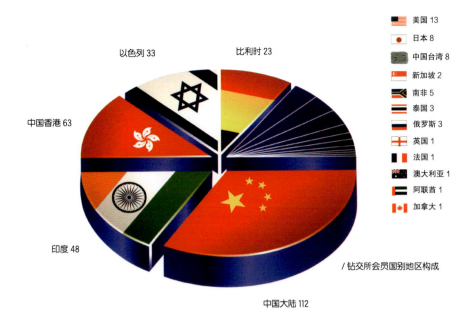

美国 13
日本 8
中国台湾 8
新加坡 2
南非 5
泰国 3
俄罗斯 3
英国 1
法国 1
澳大利亚 1
阿联酋 1
加拿大 1

以色列 33　比利时 23

中国香港 63

印度 48

中国大陆 112

/ 钻交所会员国别地区构成

上海钻交所钻石交易发展情况

　　上海钻石交易所的钻石交易量在过去的十年中以年平均 40％左右的速度逐年递增。2010 年更是达到了 28.86 亿美元，相比 2009 年增长 91.9％。其中钻石进口为 13.1 亿美元，相比 2009 年同期增长 87.5％。2011 年，钻交所实现钻石交易总额 47.07 亿美元，相比 2010 年增长 63.1％，其中一般贸易项下成品钻进口额为 20.33 亿美元，照上年同期增长 56.1％。自 2000 年成立至 2011 年 12 月 31 日，钻交所累计实现钻石交易总金额已近 133 亿美元。

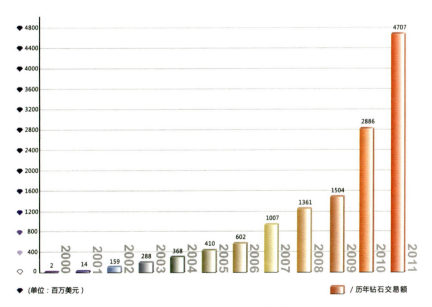

4800 4707
4400
4000
3600
3200
2886
2800
2400
2000
1600
1504
1361
1200
1007
800
602
410
400 368
288
159
2 14

2000 2001 2002 2003 2004 2005 2006 2007 2008 2009 2010 2011

（单位：百万美元）　　　　　　　　　　/ 历年钻石交易额

上海钻交所历年钻石交易情况

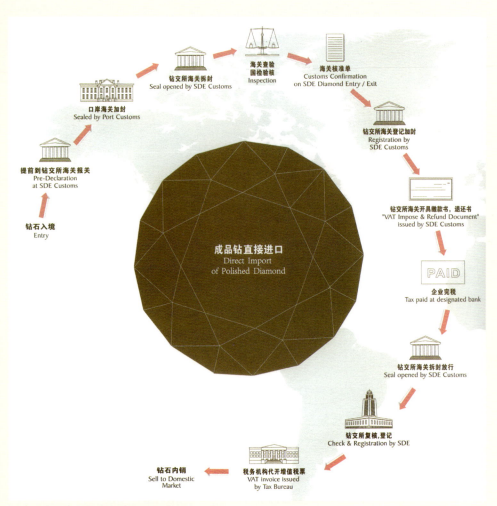

钻石入境
Entry

提前到钻交所海关报关
Pre-Declaration
at SDE Customs

口岸海关加封
Sealed by Port Customs

钻交所海关拆封
Seal opened by SDE Customs

海关查验
国检验核
Inspection

海关核准单
Customs Confirmation
on SDE Diamond Entry / Exit

钻交所海关登记加封
Registration by
SDE Customs

钻交所海关开具缴款书，退还书
"VAT Impose & Refund Document"
issued by SDE Customs

PAID

企业完税
Tax paid at designated bank

钻交所海关拆封放行
Seal opened by SDE Customs

钻交所复核，登记
Check & Registration by SDE

税务机构代开增值税票
VAT invoice issued
by Tax Bureau

钻石内销
Sell to Domestic
Market

成品钻直接进口
Direct Import
of Polished Diamond

上海钻交所成品钻直接进口流程图

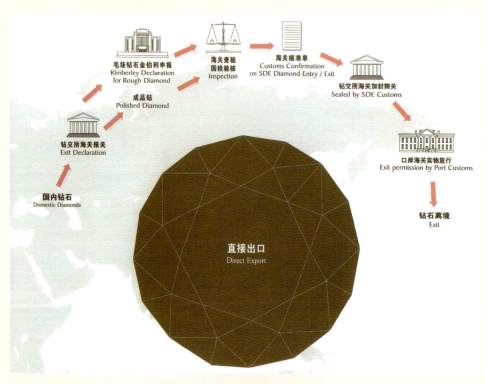

国内钻石
Domestic Diamonds

钻交所海关报关
Exit Declaration

毛坯钻石金伯利申报
Kimberley Declaration
for Rough Diamond

成品钻
Polished Diamond

海关查验
国检验核
Inspection

海关核准单
Customs Confirmation
on SDE Diamond Entry / Exit

钻交所海关加封转关
Sealed by SDE Customs

口岸海关实物放行
Exit permission by Port Customs

钻石离境
Exit

直接出口
Direct Export

上海钻交所成品钻直接出口流程图

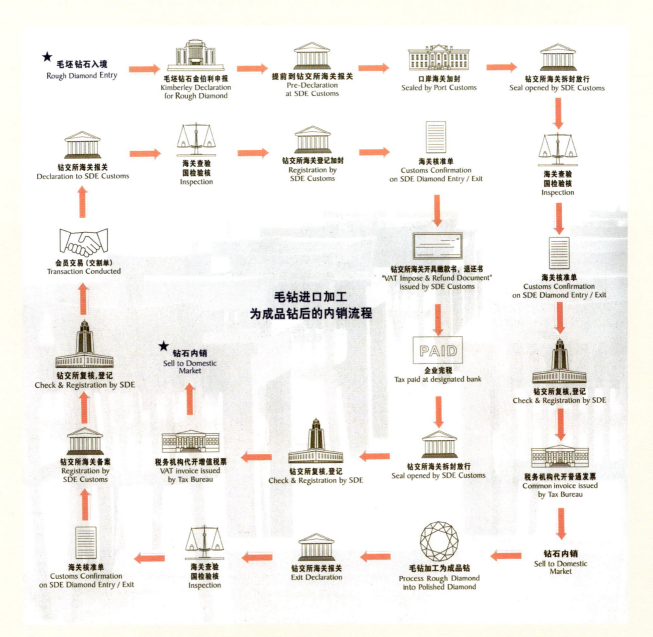

上海钻交所毛钻加工为成品钻内销流程图

（诚挚感谢上海钻交所提供以上图片、文字信息）

6. 香港钻石交易市场

　　香港钻石交易占有重要地位，由于对钻石减免税，其价格低于其他国家和地区。香港钻石总会致力于钻石的批发、零售及加工，目前拥有 350 多名会员。香港还有"钻石集散地"的美称，将大量未经琢磨的钻石毛坯打磨加工后再远销东南亚及欧美各国，东南亚的钻石商人大多喜欢到香港采购钻石。

心形艳彩黄色彩钻戒指，周围搭配水滴形白钻，造型精致奢华（图片提供 钻石小鸟）

树叶造型白钻套链（图片提供 钻石小鸟）

钻石的特性

　　钻石在珠宝上一直被认为是代表永恒的信物，而在工业上的用途更是广泛，一个国家或地区的工业越发达，钻石的消耗量越大。台湾地区工业钻的消耗量在 1978 年为 500 000 克拉，到 1989 年则成长为 8 000 000 克拉。钻石到底有什么魅力让人们对它如此重视呢？主要因为它具备了下列的特性：

一、硬度最高

　　所谓硬度指的是结晶构造对机械破坏的抵抗力。我们一般常用的莫氏硬度是指一种物质可以刮伤另一种物质的能力。钻石是目前地球上所发现的物质中硬度最高的一种，在莫氏硬度表中它居于最高十度。

　　事实上，莫氏硬度表只是一种相对硬度表，所代表的意义是十度的钻石可以刮其他九度的矿物，并不是说钻石的硬度是一度滑石的 10 倍。如果以 Rosival 法测试绝对硬度，可发现钻石约为水晶的 800 倍。

　　我们经常利用钻石这种特性来做切削工具或打钻的材料，甚至在太空梭上作为光窗，以避免被外来陨石撞击而破裂。

美国影星伊丽莎白·泰勒，佩戴全套豪华钻石首饰，熠熠生辉。

钻石除了用于做珠宝外，也被用在工业上。利用钻石硬度极高的特性，做成钻石锯片，用以锯开其他的石头。（（图片提供 HRD））

各种矿物硬度比较

矿物名称 / 硬度标准 起用年份		Mohs 1820	Rosival 1892	Knoop 1939	Winchell 1945
Talc	滑石	1	1	2	4
Gypsum	石膏	2	0.3	32	46~54
Calcite	方解石	3	5.6	135	75~120
Fluorite	萤石	4	6.4	163	139~152
Apatite	磷灰石	5	8.0	360~493	
Feldspar	长石	6	59	490~560	
Quartz	石英	7	175	710~790	666~902
Topaz	黄玉	8	194	1250	1040
Corundum	刚玉	9	1000	1600~2000	1700~2200
Diamond	钻石	10	140000	8000~8500	

二、最高热传导率

钻石的热传导率是已知物质中最高的，Ⅰ型与Ⅱ型的钻石其值又有不同：

20℃　Ⅰ型　9Watts/degree/cm

Ⅱ型　26Watts/degree/cm

与热传导率极高的代表物质铜之 4Watts/degree/cm 相比，为数倍之高。钻石这种特性已被用来区别模仿品。而今科技进步，已可利用低压合成钻石，以此技术合成之钻石薄膜应用到积体电路工业方面，可避免积体电路单位面积内电子零件数目愈多，所产生的热量愈大，而影响到正常运作，甚至损坏的问题。

三、最大压缩强度

压缩率值极小的钨钢，其压缩系数为 $3.3 \times 10^{-7} \text{cm}^2/\text{kg}$，而钻石更小为 $1.7 \times 10^{-7} \text{cm}^2/\text{kg}$。在钻石高压砧中，我们利用钻石这种特性，作为制造超高压力的环境，并配合这种高压设备，以进行高温高压的材料研究。

四、很低的热膨胀率

钻石的线热膨胀系数

$-100℃：0.4 \pm 0.1 \times 10^{-6}$

20℃：$0.8 \pm 0.1 \times 10^{-6}$

100℃ ~ 900℃：$1.5 \pm 4.8 \times 10^{-6}$

可见温度的变化对它体积大小的变化影响很小，不会因温度骤变而产生破裂。

五、对化学物品的反应

许多珠宝商教导客人，清洗钻石时既不可用酸也不能用较强的清洁剂，事实上，钻石在化学上性质极为稳定，任何强酸或其他化学药品对它都不起作用。唯一例外是在高温成为酸化剂的药品，在一般压力下，1000℃以内即可侵蚀钻石。

六、石墨化

在研磨钻石时，经常会发现钻石表面有如雾状的疤痕，而且洗刷不掉，这是钻石因遇高温石墨化所造成。钻石表面这种石墨化，一般称为烧伤，它是怎么形成的呢？烧伤形成的原因很多，简单地说，如果烧伤范围很大的话，可能是钻石内部排列发生错位，一般称为晶结，研磨方向不同而造成烧伤。如果烧伤范围非常小，限定在一刻面的某部位，则可能是钻石夹具上有钻石粉，由于研磨时速度快，高频率的振动，使得夹具变成超音波锥子，因而磨损钻石甚至造成烧伤。

一般而言，钻石在空气中约690℃ ~ 875℃时即石墨化，真空中约1200℃ ~ 1900℃，而十二面体钻石较八面体钻石容易石墨化。

七、电气性质

大部分的钻石包括Ⅰ型和大多数Ⅱa型都是绝缘体，其电阻系数为(20℃) 10^{16}ohm/cm，而含微量不纯物硼的Ⅱb型，则为半导体，其电阻系数为(20℃) $10 \sim 10^{3}$ohm/cm，目前许多研究单位已在努力开发Ⅱb型钻石薄膜的应用。

八、表面特性

钻石具亲油性，所以在筛选原石时，我们就利用这种特性，将钻石原石和其他矿石加以区分。

长方形切割黄色彩钻戒指（图片提供 钻石小鸟）

钻石的切磨过程

在钻石的特性中，我们已经介绍过它是当今世上最硬的矿物，其主要的组成元素是碳原子，钻石中的碳原子呈面心立方紧密排列（如图1），其基本结晶体为立方体、八面体和十二面体（如图2），在结晶学上属于等轴晶系，而一般宝石级钻石均呈八面体或十二面体结晶。

钻石晶体的硬度并非是均质一致的，平行于八面体晶面的方向硬度最高，而平行于十二面体晶面的方向硬度最低，由于钻石晶体的特性及其方向硬度的差异，所以它的切磨和其他宝石或人造模仿品大不相同。

钻石的切磨过程简单可分为划线、锯开、打圆及研磨四大步骤，在钻石切磨前，分选者依其形状、颜色、瑕疵和大小加以分类。在形状上，首先要分出不可锯的 (Bolle) 和可锯的 (Sawnstones)，并由划线者将不可锯的钻石在决定做桌面的地方用红笔做记号，直接送到研磨部门，研磨者根据其所做记号先磨出桌面后，再送去打圆部门及研磨部门依次磨各刻面。

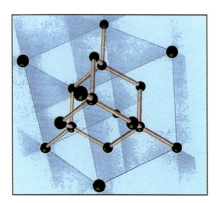

图 1 钻石中的碳原子呈面心立方紧密排列

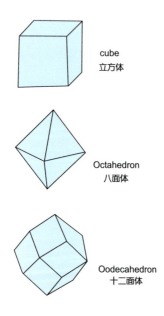

cube
立方体

Octahedron
八面体

Oodecahedron
十二面体

图 2 钻石的基本结晶体为立方体、八面体和十二面体

划线

可锯的钻石，划线者用尖笔沾印地安墨水 (Indian Ink) 划线，在划线之前要先研究其形状，继而观察其瑕疵的性质，如果是一张力破裂，则应避开，如果是结晶包体则依其特性设计划线，同时要考虑其位置所在，不可将瑕疵留在尖底，以免造成反射而降低其品质等级。划线者更应常用莫氏量尺 (Moe Gouge) 找出钻石最大直径，以期获得最大重量，所以划线者在下判断前必须考虑许多因素，因为他对未来每颗钻石成

品的大小、形状和品质负有很大的责任。

对于一些解理很发达的钻石，为了避免锯开时造成破碎，可用一薄铁板自解理面以铁槌轻敲铁板，让钻石自解理面劈开，称之为劈理(Cleaving)。

割线的人用来量钻石原石的莫氏量尺

据开

划线后的钻石送到锯部，锯部根据所划的线锯开钻石，因为除了钻石本身外没有其他物质可以锯开钻石，所以用钻石粉加橄榄油涂在薄如毛发的磷青铜锯片上，以此涂有钻石粉的铜锯片来锯开钻石，通常一位锯部专家大约需要两小时又十五分钟来锯开一颗一克拉重的钻石，当然这和锯台的转速、钻石本身的性质及所用锯片的厚薄有密切的关系。

打圆

锯开后的钻石变成两个金字塔形的样子，它们的底部有四个尖角，于是送到打圆部用另一颗钻石将这钻石的四个尖角磨圆，使之成为一陀螺状，打圆后则送到研磨部。

各种钻石原石的结晶特写

十二面体　菱形十二面体　菱形八面体　菱形八面体

菱形十二面体　双晶　十二面体

钻石的研磨

研磨钻石时，将钻石固定在一磨具（Tang）上，所用磨盘是一种钢制的圆盘，上面涂以钻石粉，用这些钻石粉来研磨并抛光钻石。

钻石因各方向硬度不一致，如八面体晶面方向硬度最高，最不易研磨，所以在研磨时要把握住钻石的石纹即生长纹理，才能研磨得动。同时研磨者也应当知道这颗钻石是以哪一个方向为桌面，一般研磨者将钻石分为四尖 (Four point)、三尖 (Three point) 及两尖 (Two point) 三大类：所谓四尖钻石是指以立方体 (001) 晶面为桌面的钻石，也就是将一颗八面体钻石锯成两个金字塔状后，以金字塔底部为桌面，因为它有四个尖点，所以称为四尖。三尖是指以八面体（111）晶面为桌面的钻石，因为有三个尖点，所以称为三尖，两尖是以十二面体（110）晶面为桌面的钻石。（图 1）

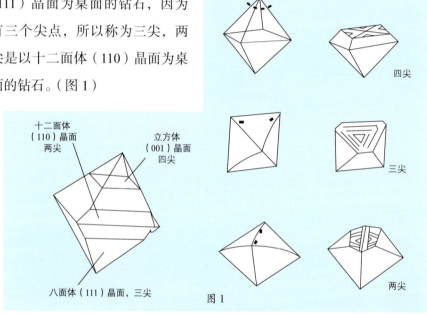

图 1

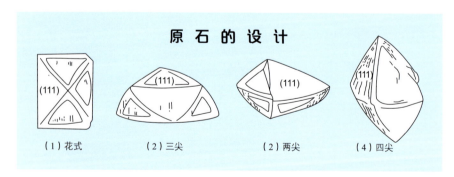

（1）花式　（2）三尖　（2）两尖　（4）四尖

同一颗钻石可依其不同的方向做不同的设计：
（1）设计为花式切割，锯开可做成两颗祖母绿切割形钻石。
（2）以（111）为桌面，可以做成一颗成品。
（3）两尖钻石是以八面体棱线为桌面，做成一颗成品。
（4）四尖钻石，锯开后，可做成两颗成品。

最新电脑科技应用于钻石设计上。左图用电脑自动对中心，并做三度空间设计；右图为一原石在电脑上计算出加工之切割方式及重量等。

◆ 标准型圆钻切割 (Round Brilliant Cut)

研磨的过程中，首先底层做八大面，继而做十六个刻面，这样底层一共有二十四个刻面，连尖底则有二十五个刻面，而在做十六小面之前先由打圆部门做细圆的工作，细圆是将腰部做得更圆，并消除一些由解理所造成如须般的毛边现象。

接着冠部做八大面和桌面，并由此延伸做出三角小面、风筝面及上腰面等各刻面，冠部完成时，一共有三十三个刻面，这样一颗钻石完成时连尖底共有五十八个刻面，这种切磨式的钻石，我们称之为标准型圆钻 (Round Brilliant Cut)。这是目前市面上最普遍的一种切磨方式。

◆ 花式切割 (Fancy Cut)

有些形状较不规则的钻石，为了保留最大重量乃根据它原来结晶的形状做出其他切割形状的钻石，如梨形、椭圆形和祖母绿切割形等，统称花式切割 (Fancy Cut)。

◆ 钻石切磨原则及现状

钻石由于其结晶的特性，价值的高昂，所以切磨过程较一般宝石复杂，研磨之前更要了解其结晶特征加以设计，以期获得最大利益，而在整个切磨过程中尤应注意保留最大重量、除去瑕疵及得到最佳切磨形状三大原则。

随着科技的进步，许多新的技术已应用在钻石的切磨上：对于一些比较不易锯开的钻石，已可用镭射来锯开，而且比较精确。打圆技术方面，则有自动打圆机，可先将预定打圆后直径大小输入电脑，然后由机器自动打圆至预先设定的大小即停止，而整个打圆过程可直接由荧光幕来监视，一个人可控制4～5部自动打圆机。研磨方面已发展由自动研磨机来处理，而且它的磨盘是用较耐用的钻石磨盘，对于有晶结的钻石一样可研磨，只要设定好钻石，机器就会自动研磨，一台机器可以同时磨数颗钻石，而4～5台机器只要一个人监视控制即可。

这些自动机器的发展，主要目的在于减少对人力的依赖，同时使钻石切磨更加精确、迅速。在先进的国家，自动化机器已渐渐取代传统的机器，但整个切磨过程还是无法完全自动化，钻石的切磨仍是世上技术性最高的艺术工作之一。对于钻石切磨的详细流程，可参考后页的说明图片，图2的表格有助于对本章做进一步的了解。

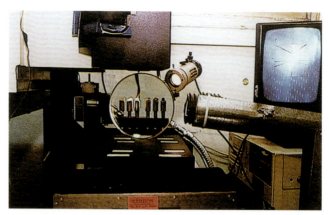

利用最新镭射科技切割钻石 （图片提供 以色列钻石研究所）

自动打圆机结合最新电脑科技，可使钻石打得更圆，并消除毛边等不良现象。 （图片提供 以色列钻石研究所）

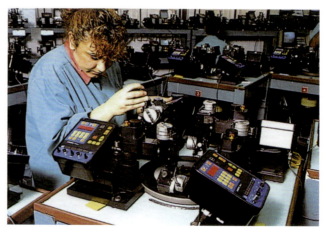

自动研磨机，一次可研磨数颗钻石，节省人力。（图片提供 以色列钻石研究所）

钻石切磨过程展示

1. 钻石原石首先依其形状、品质、颜色、大小分选

2. 研究钻石特性后加以画线

3. 有解理裂纹的钻石将之劈理

4. 依据设计师画线锯开钻石

5. 用一颗钻石去将另一颗钻石的尖角磨掉，称之为打圆

6. 在钢制圆盘上涂钻石粉，来研磨钻石的刻面，一般标准型圆钻共磨了五十八个刻面

（图片提供 HRD）

钻石切磨过程

形状 SHAPE　品质 CLARITY　颜色 COLOR　大小 SIZE

分　选	SORTING
割　线	MARKING
切　锯	SAWING
粗　圆	BRUTING
底层八大面	BLOCKING
细　圆	RONDIST
底层十六面	BOTTOM LAP
冠部八大面	8-SIDE
桌　面	TABLE
星面（三角小面）STAR	
风筝面及上腰面 TOP HALP	
鉴定分级	GRADING

图 2

CARAT　　CUT　　CLARITY　COLOR

克拉　　切割　　品质　　颜色

钻石切割的形状

1. 圆明亮形（Round）

  圆形钻石，是目前最流行最普遍也是发展最悠久的形态，占销售钻石的 75% 以上。一百年来，钻石切工师尝试了许多工艺来促使钻石的火彩和光度达到最佳。在选择钻石时，圆形钻石在平衡切工、颜色和净度方面也会让你有更多灵活性。圆形明亮式切割 (Brilliant) 反射最大部分光线，亦被称为最闪耀即最具火彩的切割方式。明亮式切割圆形钻石具有 58 个刻面。选圆明亮形钻石的人最多，市场流通也最多，多数人第一个钻石都是圆明亮。

2. 公主方形（Princess）

  公主方形钻石是最受欢迎的非圆形钻。它美丽的光彩和独特的切工成为求婚戒指的最佳选择。公主方形钻石采用明亮式切割并留有锋利的未雕琢的尖角，此种切割方法采用垂直方向的冠部和亭部替代了阶梯型水平刻面。形状通常是正方形的，也有一些是矩形的。你可以通过比较公主方形钻石的长宽比来选择和你的订婚戒指最相配的钻石。若选择正方形的公主方形切割钻石，长宽比应在 1 ～ 1.05 之间；若选择矩形的公主方形切割钻石，长宽比应当大于 1.10。

圆明亮形切割白钻（图片提供 钻石小鸟）

公主方形切割（图片提供 钻石小鸟）

3. 祖母绿形

（Emerald）

祖母绿形切工是典型阶梯型切工 (Step)。所有切面均平行或垂直于钻石的方形外腰围。外形呈矩形，之所以与众不同是因为它的亭部（Pavilion）被切磨成直角的切面从而创造出独特的外表。亭部和冠部较扁，底尖收成线状。鉴于它一般形状较大，这种切割需要钻石具有很高的净度。典型的祖母绿形，其长宽比例在 1.30 和 1.40 之间。因常用于宝石祖母绿的车工，所以才称为此名。

祖母绿形切割（图片提供 钻石小鸟）

4. 上丁方形（Asscher）

这种美丽的形状接近于祖母绿形，但它是方形的。上丁方形钻和祖母绿形钻一样有着独特的亭部（Pavilion），其被切磨成直角的切面从而创造出独特的亮光。同祖母绿钻一样，这种上丁方形也特别强调钻石的净度。

所有的上丁方形钻石均接近正方形，长宽比例在 1.00 ~ 1.05 较为合适。

上丁方形切割（图片提供 钻石小鸟）

5. 椭圆形（Oval）

椭圆形钻石有着与圆钻一样美丽的光辉色彩，因其长度更能突出女士手指的纤细，所以也是一种极受大众喜爱的钻形。

椭圆形明亮式切割钻石外形轮廓要肩部对称，避免"领结效应"。切工主要考虑长宽比的要求，长度和宽度之比在 1.33:1 ~ 1.66:1 的比例被普遍认为是最合意的形状。

椭圆形切割（图片提供 钻石小鸟）

6. 梨形（Pear）

梨形明亮式切割钻石，切工主要考虑长宽比的要求，长度和宽度之比应在 1.50:1 ~ 1.75:1 之间，这被普遍认为是最合意的形状。梨形钻石的长度和宽度比要避免小于 1.50:1，不然形状会太胖。

梨形切割（图片提供 钻石小鸟）

7. 橄榄形（马眼形）（Marquise）

橄榄形明亮式切割钻石又称马眼钻，切工主要考虑长宽比的要求，一般长宽比在 1.75:1 ~ 2.25:1 之间为最好，这种切工的原石留存率较低，其特色在两端尖角处，此处的包裹体能够被较好地遮掩，并且尖角处的闪亮度极高。

马眼形切割（图片提供 钻石小鸟）

8. 心形（Heart）

心形钻石是完全的爱的象征符号。心形钻石的车工是最难切磨的一种形状，它上面的凹形必须有特殊挖槽的工具及难度极高的技术才能做好。

心形切割 这颗心形钻石的每一部分都达到理想的境界，是一颗可遇不可求的车工。（图片提供 钻石小鸟）

心形钻石最好的外形长宽比是1:1，左右要对称，两肩要圆润，下端的尖形须呈削尖状，尖底的位置应在近三角外形的几何中心，台面大小应稍小，冠底角应接近圆钻Excellent车工，整个钻石的光彩应均匀、闪烁。现实中，有很多人都是心形控。

9. 雷地恩形（Radiant）

雷地恩形类似于4个角被磨平的正方形，采取两种不同混合式切割法：冠部采取八边形截角的祖母绿阶梯式切割法，亭部采取圆钻明亮式切割法。这种独一无二的切割方式使钻石拥有绝佳冠角、亭角与亭深（各项完美的钻石反射角度），因此拥有无与伦比的光彩。雷地恩形切割的钻石火光最好，多数人买彩钻选择雷地恩形切割，也是会损耗很多重量。

方形的雷地恩形钻石，长宽比例在1～1.05之间。若选择矩形的雷地恩形钻石，长宽比应当大于1.10。

雷地恩形（图片提供 钻石小鸟）

附：中英切割形状对照表

英文	中文
Round	圆钻形
Pear	梨形
Princess	公主形
Marquise	橄榄形
Emerald	祖母绿形
Asscher&Sq.Emerald	方形祖母绿
Sq.Emerald	方形祖母绿
Asscher	方形祖母绿
Oval	椭圆形
Radiant	辐射形
Sq.Radiant	方形辐射形
Trilliant	三角形切割
Heart	心形
European Cut	欧洲切工（双玫瑰形）
Old Miner	老矿工切割
Cushion(all)	垫型
Cushion Brilliant	垫型明亮式
Cushion Modified	垫型变型
Baguette	长方形
Tapered Baguette	圆锥状长方形
Kite	风筝
Star	星形
Half Moon	半月形
Trapezoid	梯形
Bullets	子弹
Hexagonal	六角形
Lozenge	菱形
Rose	玫瑰形
Shield	盾形
Square	方形
Triangular	三角形
Briolette	水滴形
Octagonal	八边形
Tapered Bullent	圆锥形

钻石镶嵌款式

　　钻石镶嵌是一种精密工艺，它融入了美学，也是一种艺术工艺，至于工法也有数种，不仅赋予每颗钻石生命，并且把钻石的光芒都完整呈现出来，也表达出工艺师们从设计到制作过程的用心，并可看出工艺师们精湛的技术、修养、品德以及内涵。

　　钻石镶嵌方式有夹镶、爪镶、中式包镶、欧式包镶、意大利爪镶、密钉镶、起钉镶、城堡微镶、密钉微镶、隐秘式镶嵌等。

一、夹镶

　　是以金属两侧相互夹住钻石来达到镶嵌效果。

　　工法：一般先在镶嵌处金属内侧使用飞碟工具车出单点槽或排状槽等两种形沟槽来放入钻石并以夹住钻石。

圆钻夹镶（图片提供 王进登老师金工教室）

二、爪镶

爪镶有分单爪、双爪、三爪、八爪不等，依钻石形状大小判断使用爪数，进行镶嵌爪托住钻石。

工法：车工面钻石以四爪镶嵌为例，先测量钻石高度之后，在适当长度爪子内侧以锯弓锯出 7 型，再放入钻石用四支爪子夹紧，爪子往内下压扣紧；镶嵌蛋面钻石以底座为基准，爪子不能过短，多余剪除并爪子顶端面洗圆完成。

四爪镶圆明亮白钻戒指（图片提供 Enzo珠宝公司）

六爪镶圆明亮白钻戒指（图片提供 钻石小鸟）

三、中式包镶

依主石的大小来取材金属，以长宽高包围镶嵌钻石。

工法：金属分内外两层，依钻石形状取材塑型，内层是钻石实际大小作为底座，外层依附钻石形状比内层高度高（以钻石形状大小而定），再把内外两层焊接一起成为台座就可以镶嵌钻石。

主石中式包镶，小钻密钉微镶（图片提供 王进登老师金工教室）

中式包镶圆钻戒指（图片提供 侯桂辉）

四、欧式包镶

欧式包镶简称欧洲镶，K 金座比钻石大一些的镶嵌方式。

工法：K 金座比钻石大一些，在 K 金座的上缘起向下 0.3 ~ 0.4mm 车出内沟，以钻石腰围处一边放入内沟后，使用夹子下压另一边钻石桌面镶入沟槽内。

欧洲镶（图片提供 王进登老师金工教室）

58

五、意大利爪镶

K金座比钻石大一些并以边缘金属起爪，爪粗如针、细如发丝的镶嵌方式。

工法：K金座尺寸比钻石稍大一些，钻孔直径也比钻石稍大些，并以钻石面上边缘金属起爪抓住钻石，爪子有粗如针、细如发丝状，以不影响钻石并可镶住为原则的大小即可。

意大利爪镶（图片提供 王进登老师金工教室）

六、密钉镶

密钉镶是以小钻为主排列方式组合镶嵌。

工法：依外形而定，基本以小钻石镶配为主，用排列组合起爪钉，大小尺寸均可配置。

密钉镶复古钻戒（图片提供 匡时拍卖公司）

密钉镶钻石手链（图片提供 侯桂辉）

密钉镶（图片提供 王进登老师金工教室）

（图片提供 匡时拍卖公司）

◆ 起钉镶

起钉镶（简称钉镶）大多数以长条形态出现，常见于共享爪或四爪镶嵌。

工法：小钻数量多并直线排列，在钻石面边缘金属运用两颗共享一爪镶嵌或四爪镶嵌，再修斜边并加上滚珠状修饰完成。

起钉镶小钻

起钉镶小钻

起钉镶

起钉镶

（图片提供 王进登老师金工教室）

◈ 微镶

　　所谓微镶是使用显微镜在镜下进行镶嵌动作，大多数镶嵌法都可以使用微镶作业，目前还是以密钉微镶、城堡微镶为主。现今市场大多已用显微镜镶嵌取代传统镶嵌，制造出金属面少、钻石面大且更精致细密的视觉效果。

密钉微镶与城堡微镶

小钻密钉微镶

小钻城堡微镶

小钻城堡微镶

（图片提供　王进登老师金工教室）

将宝石夹进框架里（图片提供 Jasmine 冯）

◈ 隐秘式镶嵌

隐秘式镶嵌，是法国品牌梵克雅宝在上个世纪初发明并推广，也成为梵克雅宝品牌最有标志性的杰出作品。隐秘式镶嵌对宝石色彩搭配有很严格的尺寸要求和切工要求，工艺烦琐。所以它的镶嵌费用会比普通的镶嵌贵几倍。隐秘式镶嵌是工业时代无法取代的纯手工艺珠宝制作，奇妙的过程美妙的结果，每一个隐秘式镶嵌就像一朵不败的花。

需注意事项：

1. 选石，注意颜色的深浅 一定要同一个色系，石头尺寸一定是相同才可以对齐，一定选择标准公主方切工的宝石，而且宝石不可以过厚。

2. 车坑需要注意坑的深浅，高低都要一致。

3. 镶嵌注意紧密不能见金，排石要整齐，如果有细微的不合适，镶石的师傅需要随时轻微车掉一些边上的石头。

隐秘式镶嵌红蓝宝花朵形戒指
（图片提供 Jasmine 冯）

隐秘式镶嵌钻石戒指（图片提供 Jasmine 冯）

3 简单鉴别钻石及其仿冒品的方法

　　1937 年德国矿物学家在变晶锆石中发现天然等轴结晶二氧化钴 (以下简称为方钴石)，这种物质由于其熔点非常的高 (纯的二氧化钴熔点达 2750℃)，合成不易。1969 年法国科学家提出，已可制成大于 15 毫米的二氧化钴晶体；1973 年苏联国家科学院 Lebedev 物理研究所中的四位科学家经改良后以所谓的 Skull Melting 法制成了 2.5 公分的大结晶，而且可以大量生产，供应市场。由于它的亮光、七彩和硬度等特性酷似钻石，且较其他钻石模仿品好，所以在 1976 年初推出市场成为钻石模仿品后，需求量就不断增加，独霸市场 30 年。

　　1998 年 6 月美国 C3 公司推出一种新的钻石模仿品——碳硅石 (又叫莫桑石或摩星石)，它的各种特性比苏联钻更接近钻石 (表一)，折射率佳、色散都比苏联钻强，且硬度更高达 9.5。尤其它的导热性很好，所以我们使用常用的导热探针来测验，其反应和钻石一样，因此许多业者被骗，下面我们介绍几个简单的方法和步骤来区别钻石和其模仿品。

宝石名称	一般俗称	化学成分	折射率值	色散	比重	莫氏硬度
Diamond	钻石	C	2.417	0.044	3.52	10
Cubic Zirconia	苏联钻	ZrO_2	2.150	0.060	5.40	8.5
Strontium Titanate	瑞士钻	$SeTeO_3$	2.410	0.200	5.13	5.5
Yttrium Aluminum Gamet	美国钻	$Y_3A_{l5}O_{12}$	1.834	0.028	4.57	8
Rock Crystal	水晶	SiO_2	1.544-1.553	0.013	2.65	7
Moissanite	碳硅石	SiC	2.65-2.69	0.104	3.22	9.5

表一　钻石及其模仿品特性对照表

外观判别

　　表一所列是台湾市场可见的一些钻石模仿品及钻石特性的比较，这些模仿品具备了如钻石一样的美，钻石的美主要来自它对光所产生的特殊效果，这种光的效应就是我们常称的**亮光**、**火光**和**闪光**。

　　亮光，就是由钻石内向外部射出的白光，它和宝石的折射率有关，宝石的折射率越高则亮光越强，由表中可见钻石、"苏联钻"、"瑞士钻"和"碳硅石"的折射率值都相当，所以亮光也差不多，"美国钻"和"水晶"折射率较小，所以亮光较差。"碳硅石"比钻石略高，所以亮光会比钻石强。

火光，又称彩虹光，也就是光学上所称的色散，即白光分散各色的能力，由表中可见钻石和"苏联钻"的色散相当，"美国钻"较差，而"瑞士钻"约为钻石的 5 倍，所以极为艳丽，很容易和钻石区分出来。"碳硅石"是钻石的 2.6 倍，所以火光比钻石好。

闪光则主要来自宝石的刻面的反射光，刻面越多，闪光也越多，因为模仿品的刻面数和钻石一样，所以闪光大致相当。

综上所述，可知"美国钻"和"水晶"的亮光及火光都远不及钻石，所以外观上比较没有光彩，很容易区别。"苏联钻"由于亮光及火光和钻石相当，所以不像其他模仿品那么容易区别。"碳硅石"的这些物理特性和钻石相当，所以要从外观上判别更困难。

可看透性

这是一般业者常用的方法，就是将裸石桌面朝下、尖底朝上放置纸上，如果很明显可以见到纸上的字，必是模仿品，相反，如果从底部看不透，则可能是真钻。

因为折射率高的宝石，所有射入宝石内的光必会折射上来，折射率低的宝石，光进入宝石后会自冠部漏出而见到底下的字。

钻石、"碳硅石"和"瑞士钻"，因折射率高，所以都不具可看透性，"苏联钻"折射率较差一点，略具可看透性，"美国钻"和"水晶"折射率低，可以很明显见到底下的字。(如图 1)

此方法主要用于圆钻，对于其他切割形状则不适用。而圆钻如果切割比率有所差异的话，也可能略具可看透性。

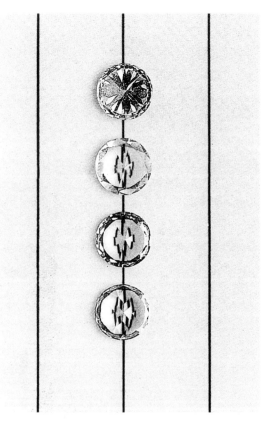

图 1 钻石模仿品常具可看透性，可见到底下直线下方，真钻则不具可看透性（图中上方第一颗为真钻）。另一点要注意的是，钻石如果沾到液体，如水、酒精等，则会具有可看透性。

水中七彩光比较法

将宝石置入透明的杯子中，并加水盖过宝石，尖底朝上以笔灯垂直照射，将可见到"碳硅石"七彩光极强，而钻石、"苏联钻"因为色散较低，所以只能见到白色光芒。(详见图 2、3)

图 2　钻石的色散值为 0.044，将其置入有水的烧杯中，用笔灯照射即可见到钻石的七彩光。色散值越高，七彩光则越强。

图 3　碳硅石（摩星石）的色散值比钻石高，因此七彩光比较强。

用直径与高度计算公式

由于一般钻石的切割比率都较有色宝石标准，所以我们可用公式来算出它的重量，模仿品则因为比重较大，所以算出来的重量和实际重量会相差很大，相差 20% 以上的话，大概是模仿品。（如表二）

1. 圆钻　重量 = 平均直径^2 × 高度 × 0.0061
2. 椭圆钻 重量 = 平均直径^2 × 高度 × 0.0062
3. 心型钻 重量 = 长 × 宽 × 高 × 0.0059

	长 / 宽 比
4. 祖母绿型　重量 = 长 × 宽 × 高 × 0.0080	(1.00:1.00)
0.0092	(1.50:1.00)
0.0100	(2.00:1.00)
0.0106	(2.50:1.00)

	长 / 宽 比
5. 马眼型　重量 = 长 × 宽 × 高 × 0.00565	(1.50:1.00)
0.00580	(2.00:1.00)
0.00585	(2.50:1.00)
0.00595	(3.00:1.00)

	长 / 宽 比
6. 梨型　重量 = 长 × 宽 × 高 × 0.00615	(1.25:1.00)
0.00600	(1.50:1.00)
0.00590	(1.66:1.00)
0.00575	(2.00:1.00)

表二　钻石计算公式表

利用圆钻的直径与重量对照表

大多数模仿品的比重都较钻石重，同样尺寸的模仿品将比钻石重很多，比方说 6.5 厘米的真钻约为一克拉，而“苏联钻”则为一克拉半左右。(如表三)

“碳硅石”的比重因为和钻石相当，所以用直径与高度计算公式或直径与重量对照表无法分辨两者。

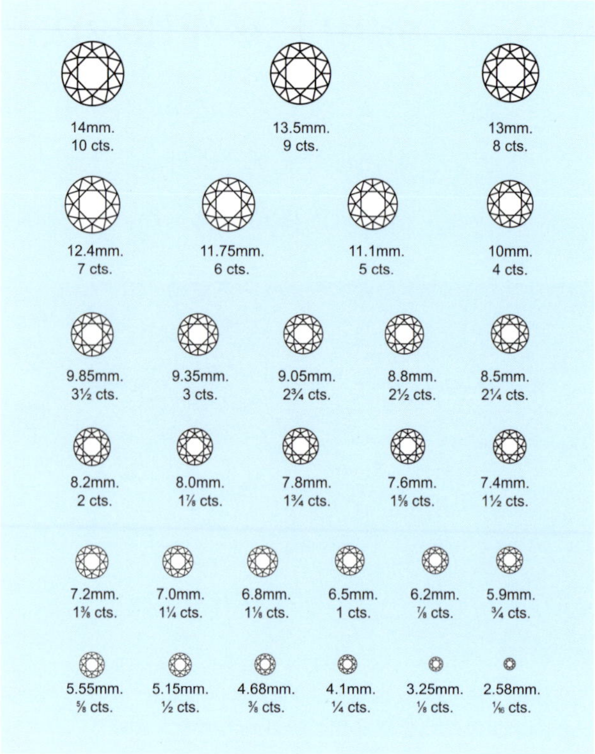
14mm.
10 cts.
13.5mm.
9 cts.
13mm.
8 cts.
12.4mm.
7 cts.
11.75mm.
6 cts.
11.1mm.
5 cts.
10mm.
4 cts.
9.85mm.
3½ cts.
9.35mm.
3 cts.
9.05mm.
2¾ cts.
8.8mm.
2½ cts.
8.5mm.
2¼ cts.
8.2mm.
2 cts.
8.0mm.
1⅞ cts.
7.8mm.
1¾ cts.
7.6mm.
1⅝ cts.
7.4mm.
1½ cts.
7.2mm.
1⅜ cts.
7.0mm.
1¼ cts.
6.8mm.
1⅛ cts.
6.5mm.
1 cts.
6.2mm.
⅞ cts.
5.9mm.
¾ cts.
5.55mm.
⅝ cts.
5.15mm.
½ cts.
4.68mm.
⅜ cts.
4.1mm.
¼ cts.
3.25mm.
⅛ cts.
2.58mm.
1/16 cts.
表三　标准圆钻重量与直径对照表

放大观察特征

钻石由于硬度较高，在研磨后刻面将极为光滑，而且刻面与刻面之间的棱线接点非常锐利。一般模仿品，则因为硬度低，刻面没有那么光滑，而且棱线接点也较圆钝，甚至会有许多碰伤缺口 (图 4) 。“碳硅石”的硬度虽高达 9.5，但还是远不如钻石，所以刻面棱线仍然不及钻石那么锐利。

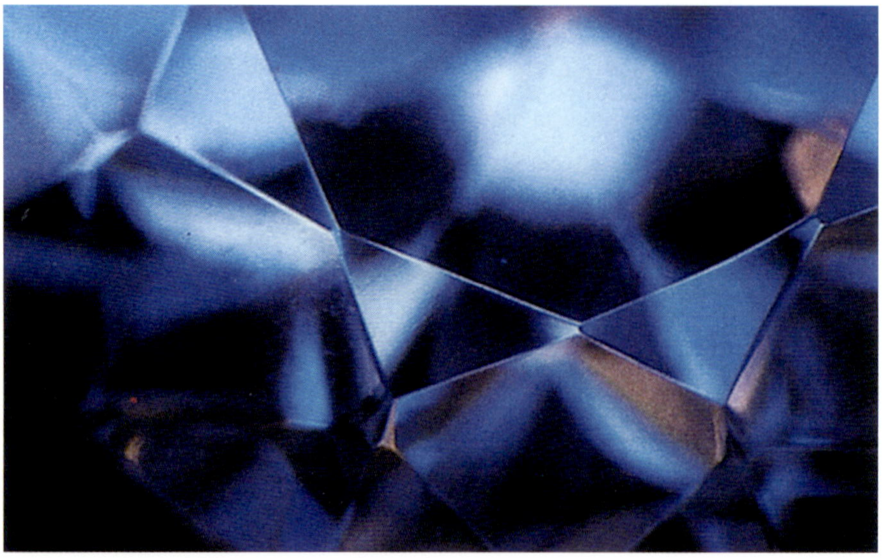
图 4　人造模仿品刻面棱线接点较圆钝

钻石和"苏联钻"都是单折射，而"碳硅石"为双折射，且两个值相差很大，因此会产生复影，即刻面棱线会产生两个影像 (图5)。但"碳硅石"在切割方面常会把没有复影的方向（即光轴方向）垂直桌面，所以必须倾斜一个角度或由侧面观察才能看出复影现象。

区别钻石与模仿品的另一个特征是腰部，一般钻石在打圆后成毛玻璃状，如果腰打得太粗的话，可能会用滚圆机再滚圆，而成玻璃状，有的则更精细地磨成刻面 (如图6)。模仿品也可以经过处理和钻石具有一样的特征，但因为目前模仿品很便宜，所以大都未经特别处理，以至于腰部成粗糙毛玻璃状，有的在腰部范围内会有斜纹，所以如果在腰部范围内有斜纹则是模仿品 (图7)。

真钻的腰部会有哪些特征呢？钻石在打圆过程中，如果所施压力过大，会使腰部形成如发状的小裂纹，这是模仿品所没有的，所以如果腰部见到如毛发状的毛边 (Bearded)，必是真钻 (图8)。

又钻石在切磨过程中，为保留重量，在腰部下方经常可见到一些钻石原来的结晶面，简称原晶面 (Natural)，包括有八面体上的三角凹痕 (Trigons) 及十二面体的平行槽痕（Parallel Grooves）。（图9）

钻石内常含有角状矿物或有裂纹等特征，"碳硅石"则常含类似针状物的特征 (图10)，而其他模仿品则内部可能含有圆形气泡 (图11)。

图5 硅石复影

图6 刻面腰部（美国车工）

图7 钻石模仿品腰部范围内常可见到斜纹

图8 真钻腰部常可见到毛边

图9 真钻在腰部下方常保留原来的结晶面,简称原晶面,可谓鉴别真伪之证据

图10 碳硅石内常含有针状物

图11 人造模仿品中有时会有气泡

表面反射度测试仪

这是利用宝石的外部对光反射强弱来区别,和宝石表面抛光好坏有关,所以可能会产生误差,而且对于镶在戒台上的小钻无法区别,所以渐渐被导热性探针所取代(图12)。

导热性探针

钻石对热的传导是各种物质中最高、最好的,远比金、铜等金属高。利用此特性可以用仪器来区分,不仅正确而且迅速。钻石不论大小,原石或是成品,都可用此探针来鉴别。(图13)

但由于"碳硅石"和钻石的导热一样好,所以此

图12 表面反射度测试仪

仪器无法分辨钻石或"碳硅石"，必须再用"碳硅石"导热性探针来加以分辨。（图14）

然而并不是所有的仪器都能精确地测出钻石或模仿品，有些会因为人为操作不当而有所误差，所以仪器数据也只能提供参考，辨别真假得以仰赖有经验的工作者。

图13 传统导热性探针，无法测出碳硅石。

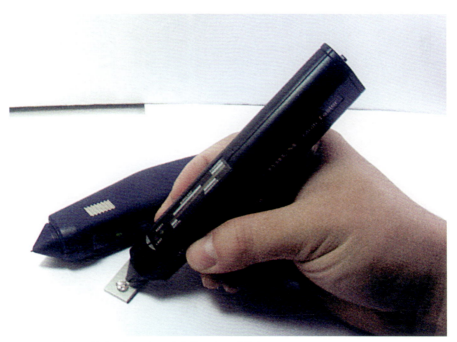

图14 碳硅石导热性探针是目前最普通的一种鉴定仪器

近紫外光的鉴别

C3公司除了销售"碳硅石"外，也发明了可区分钻石和"碳硅石"的590型检测仪。该仪器测出的是近紫外光区的相对透明度。对近紫外光，近无色的钻石是透明的，而"碳硅石"则吸收。但钻石内若含包体太多，则因光无法穿透钻石而发生误差。

比重液

二碘甲烷比重液，比重为 3.32，钻石为 3.52，因此钻石在此比重液中会沉下去，"碳硅石"为 3.22，会浮起来，所以如果通过导热探针测定为钻石，检测之后应再以比重液，则可确信无误。

荧光灯

在荧光灯长波照射下，"苏联钻"呈橘黄色反应，而钻石的反应则不一，或紫蓝色，或黄绿色，甚至没有反应，对于整批的钻石，可以用荧光灯照射看看，若混有"苏联钻"，则可迅速分辨出来。

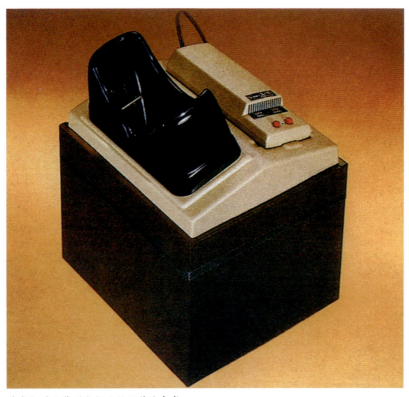

荧光灯对于鉴别大批小钻可作为参考

火烧法

以打火机烧宝石，"碳硅石"会立即变黄，但退火后又恢复原状，"苏联钻"则变棕色，退火后仍是棕色，而钻石火烧后颜色不会改变。注意玻璃填充的钻石火烧后可能因为胶流出来而现出裂纹。除非万不得已，一般不要尝试这个方法，以免产生纠纷。

4 钻石的处理方法

吴舜田 / 文

　　从 1999 年底开始，不断有媒体报道钻石优化处理的消息。许多业者、消费者纷纷来电或以电子邮件询问有关钻石处理的问题。综合这些问题，一般人想知道的是钻石的处理有几种方法？为什么要处理？有无简易的判别法？选购钻石时应注意哪些事项？

净度处理

一、镭射穿洞

　　钻石是天然矿石，内部常含深色矿物包裹体或碳点，这些瑕疵对净度分级影响很大时，可用激光穿入并将之去除，但会造成穿孔现象。镭射穿洞算是钻石的内部特征之一，一般而言，此种特征很容易用显微镜观察出来。

二、玻璃充填

　　1980 年，以色列研发出一种技术可将表面的裂缝以高折射率值的玻璃充填，使裂缝不易察觉，而改善其净度等级。此种玻璃充填钻石推出市场时，曾一度造成恐慌，但经详细研究发现要充填必须有裂缝，因此此种钻石常有裂缝延伸至表面，以显微镜观察，轻微转动钻石，从暗背景到较明亮背景时，可见到裂缝处会产生从橘黄的干涉色变为闪光般的蓝色、绿色或粉红色等，称之为"闪光效应"。再仔细地检查充填物中可能会形成气泡或类似指纹状物或龟裂等的构造。

未充填处理前钻石可见到很大的裂纹裂到表面。
（图片提供 Mr Daniel Koss）

玻璃填充后钻石的裂纹不见了。
（图片提供 Mr Daniel Koss）

从侧面观察玻璃填充钻石，裂缝处会产生粉红色的"闪光效应"。

镭射穿洞的钻石。

成色处理

一、蓝墨水染色

早期曾有人在钻石的腰部或底层涂以蓝墨水之类的液体，使整个颜色反射到钻石，改善钻石外表的颜色。但这种染色处理用酒精或清洁液，甚至清水即可除去而现出原形。

二、真空镀膜

1988年此种真空镀膜钻石曾在日本行骗过一阵子而造成轰动。笔者鉴定所曾碰到过几次此种钻石。这种处理据报道是用薄膜形成材料在真空状态下，使其蒸发附着在钻石的表面，其目的在于掩盖住原来的黄色，使成色提高级数，价格也相对提升好几成。这种钻石用酒精或清洁液无法去除，但用一种含三氧化二铝微粒子的磨光布可去除，或用王水也可以洗净，甚至用刀子可刮伤而察觉。以显微镜反射光观察，可察觉出其表面有如斑点状的特征。

三、放射性处理

完美的钻石由于内部碳原子键结极为强劲，可见光没有足够的能量来影响它们，因此它不吸收光，而呈现透明无色。有些钻石之所以会有颜色，是因为含不纯物如氮、硼等，或内部原子排列有缺陷，这些缺陷或不纯物会吸收部分光，而让其他色光通过，乃形成钻石的颜色。因为如此，所以我们要改善钻石的颜色只有设法造成钻石内部结晶的缺陷，而要达到此目的，必须用高能量放射线去处理。**商业上常用来改变钻石颜色的方法有两种：**

（一）在核子反应炉中产生快速中子撞击钻石中碳原子，使碳原子被迫移位，而在结晶格子中形成空位，使钻石变成绿色。

（二）由高压电子加速器的高能量电子予以放射处理，这些电子都是电价粒子，它们有小的穿透深度，可造成空位产生颜色，由电子放射处理的钻石呈蓝绿色或蓝色。

这些经放射性处理的钻石颜色可经由热处理再改变。热处理时，由放射性处理所造成的空位将重新组合，形成新的颜色，而其新颜色的变化乃决定于钻石的类型，如 Ⅰa 或 Ⅰb 等。经放射性处理的钻石，其颜色常极深而不自然，以显微镜观察，常有色斑，或有雨伞般的色域，也可以分光仪来观察其吸收线。

最常见的颜色：非常好的蓝色、金黄色、绿色。粉红、棕红则比较少见。

放射性处理的彩钻最常见蓝、黄、黄绿、橘黄、棕黄、绿，而且颜色都非常好。粉红、紫红、棕红则很少见。

四、高温高压改色处理

（一）棕色转变为白色

1999 年 3 月丽泽钻石公司 (Lazare Kaplan) 宣布该公司将在市场推出一种由奇异公司 (GE) 以高温高压方式处理，将棕色转为白色的钻石，市场简称为 GE POL 钻石。

此种钻石属 Ⅱa 棕色钻石，内部不含氮或含极微的氮，仪器不易测，其棕色成因乃是钻石结构塑性变形造成。此种棕色钻石产量极少，约只占钻石产量的百分之一。此 Ⅱb 钻石特性之一即是可被短波紫外线 250mm 穿透，SSEF 利用此特性制造了一简单型的漂白钻石侦测器 (SSEF Ⅱ2 Diamond Spotter)，此探测器只有一小孔，将钻石置于小孔上，并以短波荧光照射，如果光可穿过钻石则会在其背后产生一绿点，而钻石则可能是经过高温高压处理的漂白钻石，可作为初步鉴定的依据。

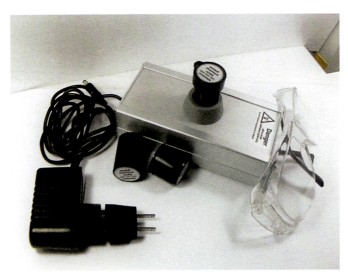

SSEF II2 DIAMOND SPOTTER（专门测试 H.P.H.T 钻石）

这种钻石经由一些宝石研究单位如 GIA、SSEF 研究后虽然找到一些特征，但迄今仍在研究一种可确信的鉴定方法。该公司目前已将这种处理过的钻石都送往 GIA 鉴定室鉴别后，在腰部以镭射刻字 "GEPOL" 以为区别。

根据报道，这种钻石约 80% 都是花式切割，这和原来 IIa 型钻石的晶型有关，而成色也有 80% 呈 D—G 色，但有些会略带灰棕，净度约 80% 介于 IF ~ VS2 之间。以显微镜观察其内部有指纹状的包裹体、卷云状的生长线、棕色生长线、碳物质外包白色物以及腰部有如爆裂的现象等。而以长波紫外线照射 80% 的 GEPOL 钻石无反应。

（二）棕色转变为黄绿色钻石

1999 年 12 月犹他州的 NOVA TECH 公司宣布可将棕色钻石以高温高压方式处理成黄绿色。而根据报道此种技术早在 1990 年奇异公司就已研究出来，经过多年的研发，最后成功地研究出，使得颜色达到最佳稳定状态。

这些由奇异公司处理的黄绿色钻石有一种令人感兴趣的特性，就是在高温处理作用下会产生颜色的变化，这些处理钻石加热至 550℃ ~ 650℃ 时，会由黄绿色转变成祖母绿般的绿色，但如果把钻石降温至常温，这种绿色的外观将持续 10 ~ 15 分钟后，又回复成原来颜色。

这种将钻石处理为黄绿色的公司除了上述的 NOVA TECH 和奇异公司外，据报道瑞典也有一家公司从事相关的处理工作。

自然界黄绿色或会变色的钻石是非常稀有的，而这些处理的钻石在显微镜下常可见到明显的色带和棕色到黄绿色的八面体生长纹。而长波紫外线下显现极强绿色荧光，短波下则较弱。分光仪下可见到 503nm、986nm 和弱的 637nm 吸收线。

业者、消费者虽然不用去深入研究处理的钻石，但应该知道这些处理的讯息以及简单的判别法，以免吃亏上当。如 1988 年的碳矽石上市，许多当铺业就因为缺乏这方面的资讯而被骗。

而一般消费者选购时应注意下列几点：（1）不买来路不明的钻石；（2）找信誉良好有口碑的珠宝公司；（3）选购的钻石要附有鉴定公证的鉴定公司开立之鉴定报告书。如此才能买得安心，买得愉快。

钻石类型及其颜色变化

一般我们根据钻石结晶的缺陷，将它们分为几个类型：

◈ Ⅰ型

此型钻石为内部含有氮不纯物，又可分为下列两种：

Ⅰa 型

大多数宝石级钻石属于此一型态。此类钻石晶体内的碳原子被较多的氮原子不纯物所取代，且氮原子成聚合状，因此这些钻石会呈现一般我们说的**黄色系列**（Cape Series），其色浓度由极白到彩黄色。此类钻石最常用来放射处理，使其黄色特性消失，变成蓝色或绿色，如再经加热则变成深黄或橘色。

黄色彩钻胸针（图片提供 钻石小鸟）

Ib 型

几乎全部的合成钻石及少部分的天然钻石都是此一型态。

此类钻石其不纯物为单独的氮原子。当钻石形成时，所有的钻石包含的氮原子都是这种类型，氮原子在钻石的结晶格子中以不规则方式存在，而大部分天然钻石埋藏于地底深处，在极高温高压的环境下，使得氮原子形成聚合状，于是在地底下形成天然钻石，由此 Ib 型转变为 Ia 型。

相反，合成钻石在形成后立即由反应炉中取出，氮原子没有足够的时间来形成聚合，所以合成钻石还是保留在原来的 Ib 型。

此型钻石，依氮原子的集中状态，可形成棕色、深黄色、橘黄色和强橘棕色。但如经放射性处理将变成蓝色至绿色，再热处理则变为粉红至紫色。

◆ II型

此型为不含氮原子的钻石，又可分为下列两种：

IIa 型

此类钻石不含氮原子，但因为碳原子由它正常的位置错移而造成缺陷，形成粉红色或棕色，此类钻石经放射性处理后，将变成蓝色至绿色，但再以热处理则回复至原来颜色。

IIb 型

这类钻石含极少量的硼，而使钻石形成铁蓝色。一般钻石是绝缘体，但此型钻石为半导体，可以导电。将此型钻石放射性处理后，将变成蓝色至绿色，再加热处理则又回到原来颜色。

由于红色、粉红色、蓝色等彩钻价值较高，所以如果将价值较低的黄钻以放射性或高温高压处理等方式改变其颜色，变成高价值的彩钻，将可获暴利。但这些处理过的彩钻与天然彩钻由于所属类型不同，形成彩钻的因素不一样，所以可依其吸收光谱来区别，这种鉴别法因为较复杂，一般业者与消费者不易了解，这也可能是彩钻在国内较不流行的原因之一。

在钻石的处理方法中，我们可以了解许多新的科技已投入宝石的处理中，也带给我们极大的困扰。对于业者来说，要不断地接受新的资讯，小心采购，以免吃亏上当，商誉受损。对消费者而言，则要记住售后服务的重要性，在国内买到有问题的珠宝尚可找到卖主要求更换，到国外选购高价值的珠宝，一旦买到处理品或赝品，则只有自叹倒霉了。

钻石类型及其颜色变化

类型	含氮情形	颜色	放射处理	放射处理后加热
Ia	碳原子被氮取代，氮在钻石中呈聚合状不纯物	无色到深黄色（一般天然钻石黄色系列比属此）	形成蓝色到绿色	深黄色到橘色
Ib	碳原子被氮取代，但氮在钻石中呈单独的不纯物存在	无色到棕色、黄色（全部合成钻石及少数天然钻石属此）	形成蓝色到绿色	粉红色到黑色
IIa	不含氮，但碳原子因位置错移造成缺陷	无色到棕色、粉红色（极稀少）	形成蓝色到绿色	回到原来颜色
IIb	含少量硼	蓝色（极稀少）	形成蓝色到绿色	回到原来颜色

HPHT 改色总结

自然界 95% ~ 98% 都属于 I 型，主要是含有中度到高度的氮，外观颜色为黄色或黄褐色。从 cape(黄色) 变成浓黄色、绿色、橘色 (橙) 等。

在自然界里也有 2 ~ 5% 的钻石属于 II 型，其中氮含量稀少，主要颜色为不同深浅咖啡或棕色与浅橘色调。II 型经过高温高压改色加温到 2700℃左右，大概 15 ~ 20 分钟，通常会由棕色或咖啡色变成价值极高的无色，近无色 (E ~ H 色居多)。若是再经过辐照处理 (irradiation) 就可以变成粉红色与蓝色钻石。

HPHT 改色钻石售价

通常钻石的售价在大盘商都是透过 Rapaport 报价，打折扣七折到九折不等。网络零售可以八折到加一成左右，品牌珠宝店就要加三成到七成。经过 HPHT 处理成的白钻通常零售价约 Rapaport 报价三折到七折，越小颗折扣越大，颜色越白 E ~ F 折扣越少。

5人造钻石（合成钻石）的生长原理及对未来市场的影响

苑执中 / 文

人造钻石的定义

市场上钻石的分类如下：

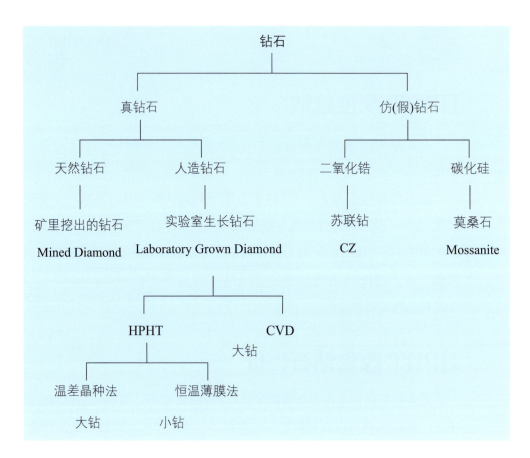

（此篇文章中的"人造钻石"就是通常意义上的"合成钻石"）

天然钻石的生成及未来

天然钻石在地球内部约200公里深的地方，必须同时有着特定的温度、特定的压力、一定含量及比率的铁族金属和石墨或碳，才会生成钻石，再加上刚好有火山爆发，才能将钻石带到地表。地球的四十亿年历史中，最后一次带有钻石的火山爆发发生在四千万年前，绝大多数的火山爆发没有带钻石上来。随着人类科技的进步，全地球陆地上的钻石矿几乎都被找到，海底地层因为地壳太薄，不会生成钻石。

地球上钻石的总储藏量约为 25 亿克拉，其中 1/5 左右为宝石级，现在每年的开采量约 1 亿克拉，所以再过几十年后天然钻石将开采殆尽。

人造钻石生长原理

人造钻石的生长分做高温高压 HPHT 法及化学气相沉积 CVD 法。

◇ 高温高压 HPHT 法

高温高压生长单晶金刚石的方法有欧美压带法、俄罗斯分裂球法、中国六面顶法三种，经过数十年的竞争、交流、改进，中国的六面顶法成为最后赢家，六面顶法生产的低端及中高端的工业钻砂占了全世界 99% 以上的产量，温差晶种法生长的大钻也可做到 10 毫米的尺寸，另外恒温薄膜法长出 3 毫米以下的单晶是另两种方法没有做到的。

高温高压生长单晶金刚石是仿照天然钻石在地下约 200 公里深处的温度、压力，将石墨在铁族金属触媒的作用下转化成钻石，它使用的温度约为 1300℃ ~ 1500℃，压力约为 4 万 ~ 6 万个大气压力。其晶形与天然钻石极为类似，主要是八面体、六面体、六八面体聚形，另在低压下，可生成菱形十二面体。

◇ 化学气相沉积 CVD 生长金刚石原理

碳氢化合物如甲烷在气态条件下和同时存在的氢气受等离子体的高能解离，生成碳原子层级的离子沉积在加热的固态基体表面，进而制得多晶或单晶钻石的工艺技术，称为化学气相沉积法合成钻石。

等离子体来源：微波；直流电弧喷射；热丝；射频。

晶种基板：多晶钻石可在硅、钼或钨板上生长，单晶钻石可在天然、HPHT 或 CVD 合成金刚石切成平行于（100）晶面的薄片上生长。

气体：H_2，CH_4，O_2 或 N_2

温度：700℃ ~ 1000℃

真空度：1/10 大气压力

生长效率：1 ~ 50 微米 / 小时

用微波 CVD 在 (100) 面的单晶钻石片基底上生长单晶钻石，再经 HPHT 或 LPHT 处理，将其颜色改为近无色，再切磨成首饰钻石。掺硼生长可得蓝色彩钻，掺氮可得黄色彩钻。另经辐照处理及热处理，可得绿、蓝、粉红、紫红、红等颜色彩钻，如图 1。

图 1　CVD 合成无色及粉红色钻石

人造钻石证书

人造钻石在市场已销售多年，故需要鉴定证书的评级以定价格，故各国际鉴定公司均有人造钻石鉴定并签发证书的业务，人造钻石在国际钻石界被称作实验室生长钻石（Laboratory Grown Diamond），美国珠宝学院 GIA 及其他知名鉴定单位所签发的人造钻石证书上所用的名称就是这样。

人造钻石的未来市场

高温高压 HPHT 法生长金刚石从 1954 年由美国 GE 公司研发成功至今，几经改进，多年以来市场上有黄色及各种彩色 HPHT 人造钻石销售，因是彩色，市场接受度不高，1998 年俄罗斯生长成功无色人造钻石，但因净度不好且价格高，市场亦无法销售。高温高压法生长的无色小钻于 2014 年中上市，品质及价格符合市场需求，如图 2。

化学气相沉积 CVD 法生长多晶金刚石膜，在 20 世纪 80 年代中期问

图 2　高温高压恒温薄膜法生长的无色小钻原石

世，单晶 CVD 金刚石在 20 世纪 90 年代末开始有人研发，至 21 世纪初成功，2012 年初由新加坡的 IIa 公司将微波等离子体化学气相沉积法生长出的无色高品质、从小钻到克拉级的首饰钻石商品化，其售价为同级天然钻石的 2/3 ～ 1/2，引起了天然钻石市场的震动。

市场上需要且可见到的无色 / 近无色，HPHT 以温差晶种法生长的大钻、恒温薄膜法生长的小钻及 CVD 法生长的大钻互相比较及未来展望，如下表：

	HPHT温差晶种法生长大钻	HPHT恒温薄膜法生长小钻	CVD法生长大钻
钻石颜色	无色/近无色	无色/近无色	无色/近无色
净度	较差	较差	好
成本较天然钻石	高	稍低	低很多
未来展望	不好	可接受	好

综上所述，天然钻石的开采会破坏地球环境、耗费大量资源，存在"血钻"的道德问题，价格高昂。人造钻石在实验室生长是一个绿色作业，不会破坏生态，使用能源有限，没有"血钻"的问题，价格低廉，CVD 钻石未来售价只有天然钻石的几分之一。高温高压恒温薄膜法生长的无色小钻将以低于天然小钻的价格大量供应市场。

未来天然钻石的稀缺，使得天然钻石价格高昂；鉴别仪器、技术的普及使得天然、人造的大、小钻石都容易鉴别，往后就会有许多人造钻石的专卖店打着"实验室生长的真钻石"的名号，大量占有钻石市场，终将超过天然钻石市场的规模。

（诚挚感谢 苑执中 博士分享"人造钻石分析成果"文字）

苑执中

中山大学地球科学系博士，中国地质大学（武汉）珠宝学院教授，获得美国宝石学院（GIA）的研究宝石学家 (G.G.) 学位，获得英国皇家宝石学会 (Gem-A) 钻石会员 DGA 学位。2009 年 7 月创办台钻科技（郑州）有限公司迄今。
网址：http://www.taidiam.com

6 合成钻石的鉴别

吴舜田 / 文

早在 18 世纪之前就有科学家研究发展各种设备，试图合成钻石。但一直到 1954 年才由 Hall.H.T 成功地合成第一颗钻石。1970 年美国奇异公司合成宝石级钻石，接着日本的住友电子公司和钻石的主控者戴比尔斯公司相继地合成宝石级钻石，但是它们合成的目的在于工业上的应用，而不是以珠宝饰品市场为着眼点。1992 年美国的恰丹 (Chatham) 公司宣布他们已和苏联的公司合作合成宝石级钻石，并以恰丹创造的钻石 (Chatham Created Diamond) 为名行销全球。恰丹公司宣称它们将以天然钻石 1/10 的价格供应市场，引起全球钻石市场的注目，大家纷纷探究鉴定合成钻石的方法，戴比尔斯公司也投入大量研究经费，成功地研发出两种鉴定仪器 Diamond Sure 和 Diamond View，可以准确而快速地鉴别合成钻石。

合成钻石的鉴别

一、颜色：虽然合成钻石可以制造出无色、黄色及蓝色的钻石，但目前主要合成的都是棕黄的钻石，这是因为在合成的过程中，空气中的氮容易进入钻石中形成黄色，而且颜色分布常不均匀或有一定的图形。

二、生长构造：天然钻石八面体上常有三角凹痕的溶蚀生长构造，合成钻石则常形成珊瑚状或树枝状构造。

三、荧光反应：在长波荧光下，天然钻石有些会有反应，有些则没有，而且以蓝色最常见。合成钻石则刚好相反，在长波下没有反应，而短波则为强至弱的反应，且呈现黄绿色，分布也不均匀。

四、光谱仪：大多数天然钻石为 Ia 型，而合成钻石为 Ib 型，对于这两种类型可用红外线光谱仪来区分，如果是 Ia 型则必为天然钻石。而天然钻石在可见光谱下常可见到开普系列 (Cape Series) 的吸收线 (即 415nm，423nm，435nm，452nm，465nm，478nm)，其中以 415nm 吸收线最明显。合成钻石并没有 415nm 吸收线，但如果置入高温高压中 (2350℃，85Kbars)，可能会产生 415nm，然而经过这种处理的钻石会产生裂纹，所以依目前的技术仍无法得到 415nm 而不影响其净度的，也就是说在可见光谱中能见到 415nm 吸收线必为天然钻石。

五、比重：天然钻石比重约 3.52，合成钻石约 3.50 ~ 3.51，但其内部若含金属较多，则比重较重。

六、导电性：天然的钻石除了 IIb 型的蓝色钻石外都不具导电性，但合成的钻石因加入硼或其他助熔剂如镍而致部分会导电。

七、磁性：天然钻石不具磁性，合成钻石为了降低熔点等因素常加入铁、镍等合金而具有磁性。但其磁性不强，所以要用强力磁棒如漠纳门磁力棒 (Hanneman) 才能吸附，对于磁性较弱的合成钻石要用不具磁性的绳子吊起或置于 3.52 的比重液中比较才能看出效果。

八、偏光效应：交叉偏振光下，天然钻石常呈现全暗或波状消光的伪多折射效应，而合成钻石则可能出现类似风扇叶的黑十字。

九、放大检查：天然与合成钻石的形成环境是不同的。天然钻石形成的环境较复杂，因此内部特征也不同，可以由内含物的差异来区分。

（一）**金属助熔剂**：合成钻石中常含钴、镍等助熔剂，有些形如助熔法合成红宝中的粒状助熔剂，有些则无一定的形状。

（二）**数量繁多的小白点**：合成钻石中常含许多小白点和天然钻石中的云状物极相似，有些顺着生长线排列，因为天然钻石中也有相同特征，所以无法成为判别的依据。

（三）**扫帚状物**：晶种和合成钻石之间，垂直晶种的方向，有时会有扫帚状物的出现。

（四）**色带**：平行十二面体的方向有时会有一无色脉状的区域，这种色带是天然钻石中没有的。

（五）**生长纹**：合成钻石外部生长线常呈类似"铁十字勋章"的构造，内部生长线则呈沙漏状的图形。

合成钻鉴别的仪器

天然钻石与合成钻石虽然有这些特性上的不同可以区别，但若非有经验的宝石学家实在也不容易去区分，因此针对天然及合成钻石的光谱及生长结构的不同，戴比尔斯公司于 1996 年推出最近研发的两种简单鉴别仪器 Diamond Sure 及 Diamond View。Diamond Sure 是用来鉴别天然钻石的 415nm 吸收线。因为大多数的天然钻石为 Ia 型，具 415nm 吸收线，合成钻石则无此吸收线，可借此区分。但有些天然粉红色及黄色彩钻也可能没有 415nm 吸收线，而无法百分之百确定。但它操作容易，颇适合一般业界

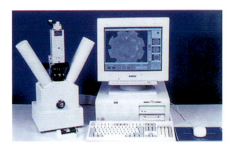

Diamond View

Diamond Sure

人造合成钻石比较常见的是棕色和橘金黄色，深粉红色和暗蓝色比较少见

做初步的简易测试。

Diamond View 则能较精确地鉴别出天然及合成钻石，但其原理和操作则较复杂。

钻石晶体在生长过程中受到温度、压力、助熔剂等的影响会有不同的晶形产生：温度愈高愈易形成八面体，温度低则以立方体为主（如图1）。合成钻石是加铁镍合金为助熔剂，因此不用像天然那么高温即可形成钻石，所以形成的晶体和天然不同，而加入的助熔剂也会影响合成的结晶特性，图一是采用镍做触媒的合成钻石相图，若改用其他金属则可能产生十二面体或偏方面体 {113}。若使用钴做触媒，则会造成大量氮的存在，为了减少氮含量常加入硼，但会造成偏方面体 {115} 的出现。又合成钻石在不同生长区杂质含量不相同，比方说 {111} 生长区中氮的含量是 {100} 区的两倍。

金属助熔剂和 TV 荧幕状之包体

人造合成钻石的生长纹理

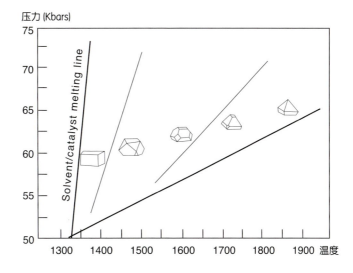

（图 1）合成钻石的晶型及合成温度、压力的关系图

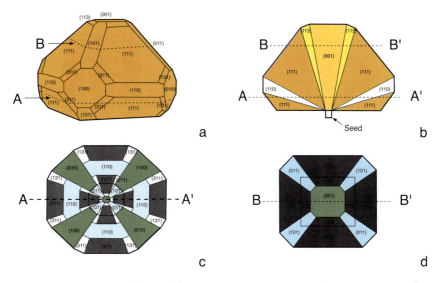

（图 2）合成钻石的原石示意图，其中 b 图为纵剖面图；c、d 图为横剖面图

图 2 为合成钻石的横纵刻面，可以见到不同区的颜色不同。

Diamond View 乃利用低于 230nm 的紫外线照射钻石以激发钻石内部能量的间隙而产生荧光，由于上述天然与合成钻石成长机制的不同所产生的荧光图形亦不相同，可以正确地区分。

目前合成钻石在市场上仍不普遍，而且价位高于一般天然钻石，但恰丹公司宣称未来可以以天然钻石十分之一的价位供应市场，因此业者不能不注意其在市场上的发展。而唯有了解其特性才能正确地鉴别出天然与合成钻石，不致造成市场上的恐慌。我们也相信戴比尔斯公司为了维护其自身的利益，将会不余其力地去进行这方面的研究，以避免合成钻石对市场造成的冲击。

小颗粒合成钻石的福音

最近几年，合成钻石在市场上大量出现，给消费者和厂商带来很大的损失，尤其是几分～小几十分合成钻石的出现，由于鉴定仪器的匮乏，极大地影响了消费者购买的热情。

如今，小颗粒钻石自动排查仪器（AMS）面世了，这让小颗粒合成钻石无所遁形。

那么，你可能会问：什么是小颗粒钻石自动排查仪器（AMS）呢？AMS是一种以光谱仪系统为基础的用来自动排查可能是合成或者是钻石仿制品的仪器，用于筛选和排查大包的小颗粒钻石。

AMS由安装有专利软件系统的电脑控制，钻石通过进料斗送入仪器内，然后被自动放置于连接了两台光谱分析仪的光纤探头上读取光谱数据。根据不同的检测结果，钻石将会被分配至5个不同的盒子中。

AMS能够排查介于1分至20分的、无色或接近无色的、圆形明亮式切割的钻石；还可以检测出所有的合成和钻石仿制品，天然钻石的通过比例是大于98%，不宜用来筛选加工处理过的天然钻石。

目前，我国包括香港在内的所有企业及个人客户可以直接将钻石货品送至国家珠宝玉石质量监督检验中心位于上海、深圳和香港的实验室进行排查检测。

（关于"AMS"的文字参考《中国宝石》99期孙晓辉报道）

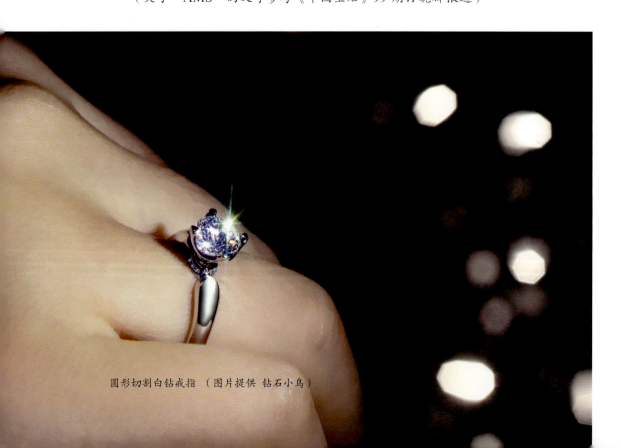

圆形切割白钻戒指 （图片提供 钻石小鸟）

7 钻石的 4C 分级

钻石的成色（颜色）（COLOR）

　　宝石的色彩，是人们最直接感受其美的焦点，也是其成为宝石的原因，所以颜色是宝石最重要的特征之一。宝石为什么会有颜色呢？

　　我们知道白色光是由红、橙、黄、绿、蓝、靛、紫七种有色光组成，当白光照到宝石的时候，由于宝石内部原子的不同排列及其化学成分的差异，尤其所谓微量元素，如铁、铜、铬和镍等的影响，造成其对这些有色光的吸收程度不同。宝石吸收了某些有色光，而其他未被吸收的光通过后组合起来，照射到我们的眼睛，给予我们的感受就是这颗宝石的颜色。比方说一颗红色的宝石就是因为除了红色光外，其他有色光均被吸收了，所以这颗宝石我们看起来就是红色的。

缤纷的彩色钻石（FANCY COLORS）

打磨切割好的黄色彩钻与白钻裸石（图片提供 钻石小鸟）

　　钻石有许多种颜色，最稀有的颜色是红色，依次为绿色、蓝色、紫色和棕色。这些有色的钻石在交易上都称彩色 (FANCY COLORS) 钻石，因为它们非常地稀少，所以在价值上也比较高，尤其当它们的颜色色调非常高时，价值更高。钻石是由碳原子组成，碳原子序数为六，而氮原子序数为七，因为与碳原子的大小很相近，所以氮原子很容易取代碳原子而存在于钻石中，也因此大多数的天然钻石都会因含有氮而多少带点黄色色调，这些微黄色的钻石就构成了所谓的黄色系列 (CAPE SERIES)，而完全无色的钻石其价值是最高的。

不同钻石成色等级国家鉴定机构比较对照表

香港 H.K.	美国宝石学院 GIA	美国宝石协会 AGS	国际珠宝联盟 CIBJO / 钻石高阶议会 HRD	北欧 SCAN. D.N. 50分以上	北欧 SCAN. D.N. 50分以下	英国 UNITED KINGDOM	旧名词 "OLD TERMS"
100	D	0	Exceptional White	River	Rarest White	"Blue White"	Jager
99	E					Finest White	River
98	F	1	Rate White	Top Wesselton	White	Finest White	Top Wesselton
97	G	2					
96	H	3	White	Wesselton		White	Wesselton
95	I	4	Slightly Tinted White	Top Crystal	Tinted White	Commercial White	Top Crystal
94	J	5		Crystal		Top Silver Cape	Crystal
93	K	6	Tinted White	Top Cape		Silver Cape	Top Cape
92	L					Light Cape	
91	M	7	Tinted Described by color: Yellowish to Yellow or Brownish to Brown	Cape	Yellowish	Cape	Cape
90	N						Low Cape
89	O			Light Yellow		Dark Cape	Very Light Yellow
88	P	8					
87	Q						
86	R						
85	S	9		Yellow			
84	T						
83	U				Yellow		Continues To Fancy Yellow
82	V	10					
81	W						

最早的钻石颜色分级是用南非矿场的名字来命名，比方说亚哥(JAGER) 是指南非 JAGERS FONTEIN 矿所产的蓝白钻，实际上这种钻石并非蓝色，而只是具有荧光性，在日光中的紫外线照射下会显现出蓝色荧光。而开普 (CAPE) 则指南非 CAPE 矿所产颜色较黄的钻石。虽然世界各地的钻石或珠宝组织也有它们的钻石颜色分级用语，但今天几乎全球都使用美国宝石学院 GIA 的分法，即以英文字母 D 为最高等级，往下依次为E、F⋯⋯Z。D 级至 F 级指的是完全无色的；G 级到 J 级指的是近无色的：在这个等级范围内的钻石，从桌面观察无色，由侧面看会略带黄色；K 级到M 级为极微黄色，属此等级的，由正面看略带黄色，侧面看明显带黄色；N级至 Z 级的钻石镶好后，即使外行人也可看出其黄色色调。超过 Z 级的则是属彩色钻石，其等级分法不能按此黄色系列来分，价格也不同。

台湾也有一些银楼是采用香港的阿拉伯数字分法，最高的一百色相当于 D 级的，九九色则相当于 E 级的；九八色为 F 级的；依此类推。（参考上页表格）

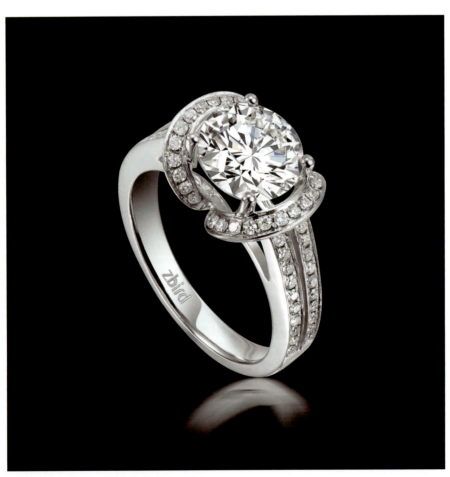

圆明亮形白钻婚戒（图片提供 钻石小鸟）

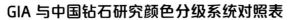

GIA 与中国钻石研究颜色分级系统对照表

美国宝石研究院（GIA）			中国		
无色 Colorless	D	D	100	极白	纯净无色，非常透明，微稍见极淡的蓝色
	E	E	99		纯净无色，极透明
	F	F	98		任何角度观察都是无色透明的
接近无色 Near Colorless	G	G	97	优白	1克拉以下钻石从冠部、亭部观察都无色透明；1克拉以上从亭部观察可看到若有若无的黄褐色或灰色色调
	H	H	96	白	1克拉以下钻石从冠部观察看不出任何色调，从亭部观察，可见似有似无褐色或灰色色调
	I	I	95	微黄白	1克拉以下钻石从冠部观察无色，亭部观察呈微黄褐色或灰色色调
	J	J	94		1克拉以下钻石从冠部观察近无色，亭部观察呈微黄褐色或灰色色调
极微黄色 Faint Yellow	K	K	93	浅黄白	冠部观察呈浅黄白色，亭部观察呈现很轻的黄褐色或灰白色
	L	L	92		冠部观察呈浅黄色，亭部观察呈浅的黄褐色或灰色色调
	M	M	91	浅黄	冠部观察呈浅黄色，亭部观察带有明显的浅黄色或褐色或灰褐色色调
微黄色 Very Light Yellow	N	N	90		从任何角度观察都能看出明显的黄褐色或灰色色调
	O				
	P				
	Q	<N	<90	黄	普通人都可看出具有明显的黄色、褐色或灰色色调
	R				
浅黄色 Light Yellow	S～Z				
彩黄色 Fancy Yellow	Z+			彩黄	肉眼可以很明显看到黄色色调

◈ 分级条件

钻石的颜色分级，主要是在黄色系列中根据它们所含的黄色色调之多寡加以分级，而进行颜色分级必须具备下列条件：一、标准的灯源；二、标准颜色基石；三、良好的环境；四、受过训练的分级师。

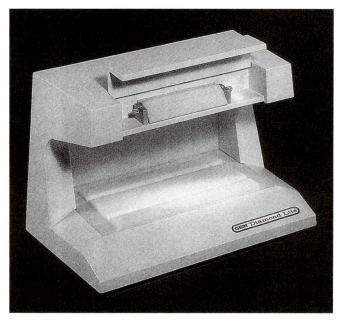

接近北方日光的钻石比色专用灯

一、标准的灯源

根据传统的方法，颜色分级必须在来自北方的日光下进行（南半球的话、则以南方来的日光为准），将钻石放在折成 V 字形的白纸上，观察桌

面，腰部上部或尖底上部，以此来和白纸比较颜色。但这种光源不是稳定的，因为日光从早到晚都有变化，甚至于随着季节而变，而空气中的灰尘和烟雾等也会有影响。基于这些理由，所以需要人造灯源来代替日光。人造灯源必须接近"北方日光"，而且不可太强，所以现在一般都采用色温在绝对温度 5000K ~ 5500K 的日光灯，同时无紫外线波长，以免激发钻石荧光，而掩盖了其黄色色调。大约 50% 的钻石，在紫外线照射下都会激发荧光，主要为紫蓝色，少数会呈现浅绿色、黄色或红色荧光。而有些甚至于在日光下，由于日光中紫外线的照射也会显现出荧光，会激发荧光的钻石在日光灯下看起来颜色总是比较好，因为它所激发的荧光会掩盖本身的黄色色调，所以一颗 J 级的钻石如果荧光很强的话，在日光照射下可能会跳两级到 H 级，因此比色一定要用标准灯源。荧光太强的钻石，看起来会有混浊油状感觉，所以有的称作"火油钻"，这只是钻石的特性之一，但有些人对这种钻石有偏好。

二、标准颜色基石 (Master Diamond Set)

比色的方法是拿钻石和一组标准颜色基石来比，而这组标准颜色基石必须具备下列条件：

1. 重量

最少要在 0.25 克拉以上，一般为 0.3 ~ 0.4 克拉左右，而一组基石大小要大致相同。

2. 品质

至少要 SI 以上，透明度好，而且内部不含有色包体。

钻石标准颜色基石（Master Diamond Set）

3. 切割比例

底层约 41% ~ 45%，冠高约 12% ~ 16%，而且腰部不可太厚。切割太深的钻石颜色看起来较暗，反之看起来会较浅。

4. 数量

从 D ~ Z 全套的最好，如果无法搜集到全套的，至少要 5 ~ 6 颗，颜色为 F、H、J、L、N 或 E、G、I、K、M 5 颗再加上 Z 一颗。

5. 限制

基石绝不可有荧光反应，同时除了黄色色调外，绝不可含其他体色。

因为比色是根据美国宝石学院 GIA 的颜色系统来分级，所以标准色基石也最好以经由该学院鉴定并且附有证书的为准。

三、良好的环境

比色是比钻石中所含黄色色调的多寡，因为一般钻石所含黄色色调极微，很不容易比色，而分级者衣服的颜色，房间内墙壁、窗帘的色彩都有可能影响到钻石的颜色，所以比色的环境中要避免太强烈的色彩，最好是白色、灰色或黑色，而且不要让阳光射入，理想的情况是在暗室中进行。

四、受过训练的分级师

比色虽然不必是专家，但至少要受过训练有相当经验的人才可以来做，一个有经验的分级师甚至于不用标准颜色基石也可大概分出钻石的颜色。

白钻婚戒（图片提供 曼卡龙）

◈ 比色步骤

（一）将钻石清洗干净。

（二）先做品质分级，检查钻石内外部瑕疵，并记下其特征，以便于辨认。

（三）用白色、无荧光且不反射的背景。

（四）以白色纸折成 V 字形，基石桌面朝下，各相距约一公分左右，由左至右颜色等级依次降低。

（五）冷静观察基石几分钟，以熟悉各基石之间颜色差异。

（六）被比色的钻石由右至左依次和各基石相比，如有疑问则列入较低等级。

（七）应从垂直钻石底层或平行于钻石腰部的方向观察比色。

（八）比较尖底和腰部两旁颜色集中的地方，两颗钻石比色时应比同样的地方。

（九）移动折纸和灯源之间的距离，以消除某些反射光。

（十）如果反射光太强，可以对钻石呵气，以消除反射光。

（十一）检查荧光反应，并记下反应强度。

（十二）比色后重新检查钻石特征，以免换错。

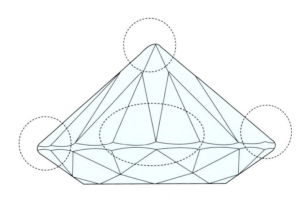

钻石的颜色常集中在画虚线的部位

◈ 比色法

颜色等级每个字母所代表的颜色是一个等级的范围，比方说 G 级颜色，它有一个范围，而基石则代表这颜色范围的最高等级，也就是说最浅的颜色。从这一颗基石到下一颗基石之间的范围，都属于这基石颜色等级，而属同一等级的钻石，色调上可能会有些微的差异。如下图，钻石甲为 E 级，乙、丙为 F 级，丁为 H 级。

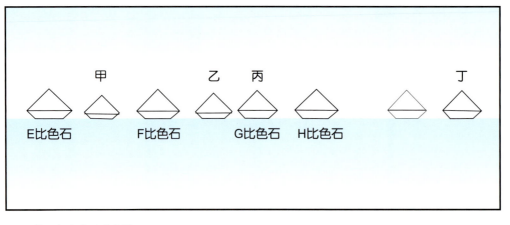

钻石与比色石对比图

◇ 比色注意事项

（一）比色时间勿太久，如果一颗钻石的比色一时难以下判断，则应休息一会儿再比色，以免影响其正确度。

（二）比色因为不是一种绝对的数据，而是相对的判断，所以和比色者的心理状态有很大的关系，比色者如果熬夜或心情不佳，都会影响其判断，因此比色者在比色之前应有心理准备，要保持最佳状态。

（三）不同大小的钻石在比色的时候非常困难，因为大钻石所显现色调的集中较易察觉，没有经验的比色者常会将之列为较低等级。在这情形之下，应比较底层上部 1/3 的地方。

（四）其他切割形状的钻石，如椭圆形、心形、马眼形、祖母绿形等，长方向的颜色看起来较短方向的更深，应多比几个方向。而一般是以斜角方向比色为准。

（五）对于其他有色的钻石，如绿色和棕色等，应该"忽视"它的绿色和棕色，只比较其黄色色调。

◇ 电脑比色

市场上有些珠宝公司称他们具有电脑比色仪，可以很精确地做钻石比色，这种所谓的电脑比色仪是由日本 OKUDA 公司所制，一台才数万元，大多数的珠宝店应该都可以承购得起，为何不普及呢？主要是不准度太大，所以少有人采用。

到底有没有电脑比色仪呢？欧洲钻石高层议会 (HRD) 除了以比色石来比色外，也发展以分光光度计 (Spectrophotometer) 来比色，但这种仪器造价昂贵，一台数万元，而且限制及误差仍多，不是很理想，该机构仍在研究改良中，所以全球各地钻石的交易及鉴定分级仍以比色石比色。

日本 OKUDA 所制造的电脑比色仪，不准度太大，少有人采用。

HRD 以分光光度计来做钻石的成色分级工作

钻石的净度（CLARITY）

GIA 标准与中国标准净度对照表

GIA美国宝石研究院标准			中国国家标准	
FL （Flawless）	无瑕	LC〔loupe clean〕	无暇	钻石用10倍放大镜观察时，其内部及外部均无任何瑕疵
IF （Internally Flawless）	内部无瑕			钻石在10倍放大下不含任何内部瑕疵，仅有不明显的外部瑕疵，这些小外部瑕疵经由轻微的抛光处理即可磨掉
VVS1 （Very Very Slightly Included 1）	极轻微瑕1	VVS1	极微瑕	很难在10倍放大下看到钻石内含有极微小的内含物，VVS1级非常困难看到，VVS2级的内含物则很难看到
VVS2 （Very Very Slightly Included 2）	极轻微瑕2	VVS2		
VS1 （Very Slightly Included 1）	轻微瑕1	VS1	轻微瑕	VS等级的钻石含有微小的瑕疵，以10倍放大观察分为稍难看到（VS1）或可看到（VS2）
VS2 （Very Slightly Included 2）	轻微瑕2	VS2		
SI1 （Slightly Included 1）	微瑕1	SI1	微瑕	SI等级含有较明显的内含物，分为容易（SI1）或很容易（SI2）在10倍放大镜下看到
SI2 （Slightly Included 2）	微瑕2	SI2		
I1 （Imperfect 1）	有瑕1	P1（pique, 小花）	重瑕	瑕疵非常明显，通常经由正面用肉眼仔细观察可以看见，而此等级的瑕疵也可能影响钻石的耐久性，有些则因瑕疵太多而影响钻石的透明度即亮度
I2 （Imperfect 2）	有瑕2	P2（pique, 中花）		
I3 （Imperfect 3）	有瑕3	P3（pique, 大花）		

（此表格参考 连国焰 著《钻石投资购买指南》一书）

  钻石在地球内部的成长并不是均匀一致的，而是经过几个成长的阶段，在这些不同的时期，由于温度、压力不均衡地变化，乃产生了内部的特征，包括**云状物、结晶包体**和**针状物**等，这些内部的种种，我们统称为**内部特征**（INCEUSIONS）。

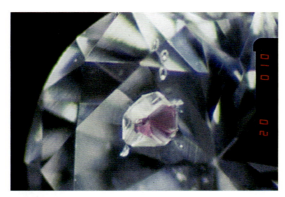

钻石内含红色石榴石及较小的橄榄石

钻石内含绿色矿物及较小的橄榄石

内部特征的存在为钻石提供了不少有价值的资料，对于地质学家而言，可以由钻石中所包含的矿物去了解其生成的环境，这些研究有助于我们去寻找新的钻石矿源。也可以帮原石设计师了解其内部的结构，加以设计切磨，以期获得最好的效果。

这些特征对于珠宝商而言，有的把它当成瑕疵，避而远之，但事实上如果能善用这些特征也可帮助促销。它的存在可以证明是天然钻石，以别于人造模仿品，更可用于和其他天然钻石的区分，因为每颗钻石内部的特征都是它独有的，没有两颗钻石是完全一样的。珠宝商如果能有高倍双眼显微镜，让顾客欣赏钻石内部神奇、美妙的世界，并对其稀少性及意义加以解说，则更能引起顾客的兴趣而易于销售。

"黑点"与"白花"

早先的时候，人们对这些天然的特征并没有深入的研究，所有深色的特征都叫"黑点"，浅色的则称为"白花"。由于人们对这些不同的特征深感兴趣，不断地研究，才发现许多内部特征实际上是一些光学的现象，因为某些特征的折射率较低，所以光在这些特征和钻石之间，产生全反射，以至于这些特征从某个方向看起来是黑的，甚至于破裂面也会产生相同的现象。

钻石中所包含的矿物晶体，经研究大概有30余种之多，最普遍的为红色石榴石 (GARNET)、棕色尖晶石 (SPINEL)、绿色顽火辉石 (ENSTATITE) 和透辉石 (DIOPSIDE)、暗棕色到黑色的钛铁矿 (ILMENITE) 和磁铁矿 (MAGNETITE)、黑色石墨和无色的钻石及橄榄石。

◈ 净度分级的来源和命名的决定

在 20 世纪之初，当时的交易中心——巴黎才开始根据交易的观点来观察钻石内部的特征，为了区分那些较稀有的"干净"钻石和大多数内含特征的钻石，开始有了两个名词作为分野："纯净"（PURE）指干净的钻石，"瑕疵"（PIQUE）指内部有黑点的钻石。20 世纪末，美国宝石学院 (GIA) 才将品质分级做详细的区分，它们将所见到特征的数目和大小作为分级的依据，同时建立以 10 倍放大镜下观察为基准的制度，目前这种分级制度已普遍被认为是一种国际的标准分法。

1. 无瑕级（FL）

以放大 10 倍观察，钻石内部和外部都无特征。但下列情形仍算是无瑕级。市面上相当难看到 FL 等级的 GIA 证书，也就是符合这种条件的钻石相当稀少。

(1) 额外刻面在底层，由顶部无法观察到。

(2) 原晶面在腰部最大宽度内，不破坏腰部的对称，且由顶部无法观察到。

(3) 内部生长线既不反射、呈白色或显现其他颜色，也不明显影响透明度。

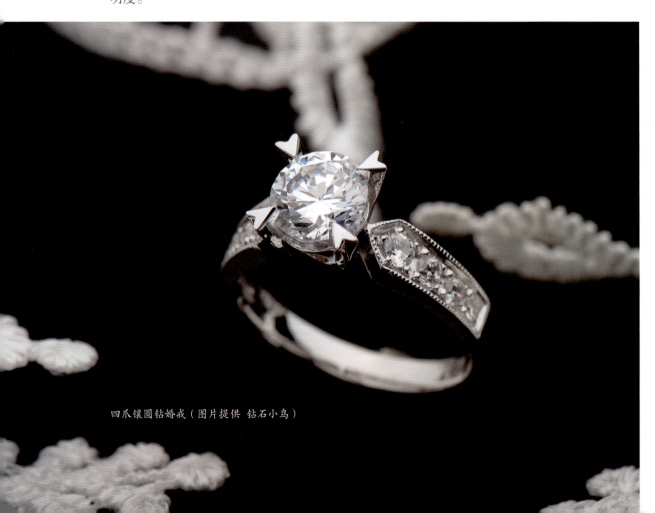

四爪镶圆钻婚戒（图片提供 钻石小鸟）

2. 内部无瑕级（IF）

以放大 10 倍观察，钻石内部无特征，外部虽有极小的特征，但可经由重研磨除去。表面生长线如果无法由重磨消除仍可列为内无瑕。它和下一级 VVSl 的差别在于后者内外部有极微特征，而前者只有外部有极微特征。

3. 极微瑕级（VVS）

极微的特征，以 10 倍放大观察，极难察觉，其主要特征为：

(1) 小点

(2) 微云状物

(3) 发状小裂纹

(4) 碎伤

(5) 内部生长线

4. 微瑕级 (VS)

微小特征以 10 倍放大不易观察，主要特征为：

(1) 微小结晶包体

(2) 小云状物

(3) 小羽状裂纹

5. 瑕疵级 (SI)

以 10 倍放大，极易观察到明显的特征，一眼即可见，但肉眼无法观察得到，其特征为：

(1) 结晶包体

(2) 云状物

(3) 羽状裂纹

6. 重瑕级

明显特征以 10 倍放大，一眼即可见，而且自顶部用肉眼亦可见到。再根据其特征的可见度，对钻石透明度、亮光及耐用性的影响加以分级如下：

a. 以 10 倍放大显而易见，用肉眼自顶部观察有点困难，内部特征并不影响其亮光。

b. 内部特征大而多，用肉眼可见，并影响到亮光。

c. 大的内部特征不仅肉眼可见，而且会削减钻石的透明度与亮光，也可能影响其耐用性，接近工业用钻。

对于一些大钻石或祖母绿切割形的钻石，因为它们的刻面较大，易于观察到内部特征，所以虽然用肉眼可见到内部特征，但若这些特征靠近腰部或不影响其美感，仍可列为 SI 级。

◈ 内部和外部特征

钻石的品质分级以下列其内外部的特征为依据，说明如下：

一、外部特征（BLEMISHS）

大多数的外部特征可在不损失很多重量的情况下，经重切磨除去。它们可能是在切磨时或佩戴时，因不小心而造成的。

1．磨损（ABRASION）

钻石的刻面棱线或尖底，如果和其他钻石摩擦受损，则呈现白雾状或喷砂状，而不是原来很锐利的直线。

2．额外刻面（EXTRA FACETS）

除了应有的对称刻面外，所多出来的刻面称为额外刻面。这是为了消除表面小的特征，如原晶面，所磨出来的刻面。

额外刻面

3．原晶面（NATURAL）

切磨者为了保留更多的重量，经常在腰部或靠近腰部的地方，保留一些钻石原来的结晶面，在这些结晶面上常可见到钻石的一些生长结构，如三角凹痕。原晶面的存在不仅可以证明为天然钻石，一颗钻石如果要重切磨的话，由三角凹痕的存在，即可决定研磨的方向。

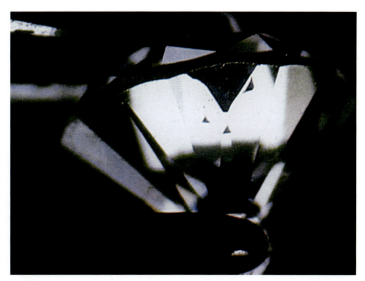

原晶面

4．伤痕（NICK）

在钻石腰部或刻面棱线上的撞伤。

5．小白点（PIT）

在钻石表面极小的缺口，在 10 倍放大下，看起来像一极小的白点。

6．磨痕（POLISH LINES）

研磨时所形成的痕迹，都限定在一定刻面上呈平行线。

钻石刻面有磨损及磨痕

7．烧伤（MARK）

钻石刻面上呈模糊状的疤痕，而清洗不掉，犹如糨糊粘在玻璃上干掉后的那种感觉。可能是在研磨时，因钻石夹具上沾有钻石粉，由于研磨时速度快，高频率振动，使得夹具变成超音波锥子，因而形成类似烧伤的疤痕。

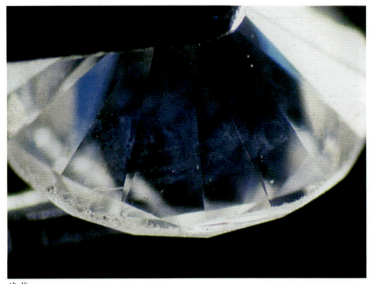

烧伤

8. 粗糙腰围（ROUGH GIRDLE）

腰部表面成为很粗糙的糖粒状样子，这是因为打圆时处理不当所致。

粗糙腰围及毛边

9. 刮伤（SCRATCH）

钻石表面呈现一条很细的弯曲或直线，这是因为被另一颗钻石刮到所形成。

10. 外部生长线（SURFACE GRAINING）

在反射光下，钻石刻面上有时可见到一些很细的白色直线，或呈锯齿状。这是钻石结晶，内部原子排列不规则所形成的一种现象，这些外部生长线会随着刻面改变方向。

黑色包体

外部生长线

毛边及缺口

破洞

钻石中的云状物可能由许多小点组成

二、内部特征（INCLUSIONS）

1.毛边（BEARDING, FEATHERING）

腰部有须状裂纹深入钻石内，这是打圆过程中所形成的。如果腰部未磨成刻面则称此须状裂纹腰部为 BEARDING，如果腰部磨成刻面则称为 FEATHERING。

2.碎伤（BRUISE）

钻石表面因受到尖锐物，如另一颗钻石之尖底的撞击而造成碰伤，且成根状伸入钻石内。

3.破洞（CAVITY）

大而深的破口。

4.缺口（CHIP）

在腰部边缘破掉的小口。

5.云状物（CLOUD）

钻石中看起来有点朦胧或乳状的包体，可能是由极微小的晶体组成，也可能是一种空洞。

羽状裂纹

双晶中心

内部生长线

激光穿洞

6. 羽状裂痕
（FEATHER）

钻石内由于解理或张力所造成的裂口，因看似羽毛状物而得名。

7. 双晶中心
（GRAIN CENTER）

结晶构造发生错动的中心点，常伴随着小点。

8. 结晶包体
（NCLUDED CRYSTAL）

包含在钻石内部的任何矿物晶体，可能为无色、红色、棕色、黄色、绿色或黑色。

9. 内凹原晶面
（INDENTED NATURAL）

凹入钻石内的原晶面。

10. 内部生长线
（INTERNAL GRAINING）

钻石内部因原子排列不规则所形成的一种现象，常成一条很细的白线，或有颜色或反射光。由于在钻石内所以不随钻石之刻面而弯曲，为一直线。

11. 晶瘤（KNOT）

指延伸至钻石表面的钻石晶体，常造成钻石表面形成很大的羽状裂纹或有磨痕。

12. 激光穿洞
（LASER DRILL HOLE）

有些钻石因内部含许多深色结晶包体，或这些结晶包体位于靠近尖底之处形成反射，从桌面看起来这些特征极为明显而不易销售。这种钻石可用激光穿入，并灌入化学药剂如氟化氢等以溶去这些深色包体，使它看起来较不明显，再灌入高折射率的液体，并用蜡自表面封闭。

处理过的穿洞，自正面不易观察，但从旁边看好像一个漏斗，而沿着穿洞常形成很多张力裂纹伸入穿洞，形成一冰柱状。穿洞洞口凹陷之处，用针头可感觉出来。

13. 针状物（NEEDLE）

长细的结晶包体，如小的杆状物。

14. 小点（PINPOINT）

极小的结晶体，在 10 倍下看起来像一小白点。

15. 双晶丝网状物（TWINNING WISP）

双晶中常可见到如丝绸状的东西，可能是因为结晶错动所形成的特殊包体。

双晶丝网状物

钻石净度的图示标记与缩写

外部特征

Extra Facet   (EF)   额外刻面

Natural   (N)   原晶面

内部特征

Bruise   (Br)   碎伤

Cavity   (Cv)   破洞

Chip(small)   (Ch)   缺口（小）

Chip(large)   （大）

Cloud   (Cld)   云状物

Feather   (Ftr)   羽状裂纹

Included Crystal   (Xtl)   结晶包体

Indented Natural   (IndN)   内凹原晶面

Internal Graining   (IntGr)   内部生长线

Knot   (K)   晶瘤

Laser Drill Hole   (LDH)   镭射穿洞

Pinpoint   (Pp)   小点

Twinning Wisp   (W)   双晶丝网状物

较少用的内部特征

Cleavage   (Clv)   解理

Dark Included Crystal   (DXtl)   深色结晶包体

Feather   (Ftr)   羽状裂纹

Grain Center   (GrCnt)   双晶中心

Needle   (Ndl)   针状物

双记号特征

Bearded Cirdle   (BG)   鬓妆裂纹腰

Polish Mark   (PM)   磨伤疤

Rough Girdle   (RG)   粗糙腰围

切磨专用外部特征

Abrasion   (Abr)   磨损

Nick   (Nk)   伤痕

Pit   (Pit)   小白点

Polish Lines   (PL)   磨痕

Scratch   (S)   刮伤

Surface Graining   (SGr)   外部生长线

IF

虽然在底层有两额外刻面，此钻石内部无任何特征，仍列为 IF。

 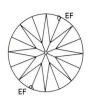

VVS1

在底层面有一小点，此钻石为标准 VVS1。

VVS1

在风筝面有一小点，下腰面有小云状物，这些特征都极小，所以列为 VVS1。

VVS1

下腰面和底层虽有许多小点，但极微小，10 倍下不易观察，所以为 VVS1。

VVS2

表面及星面有小点，底层面有云状物，腰部下方并有额外刻面。

VVS2

上腰面有小羽状裂纹及小点，底层面有小点，下腰面有小羽状裂纹及毛边。

VVS2

上腰面有小点及云状物，风筝面也有小点，底层面有刮伤。

VVS2

冠部虽有内部生长线，横跨好几个面，星面也有小点，下腰底层面棱线有磨损，但生长线并不是很明显，所以为 VVS2。

VS1

桌面、风筝面及星面都有小点，星面有云状物，上腰面及风筝面有小羽状裂纹。

VS1

虽然风筝面及上腰面有许多小点，下腰面也有许多小点，但因都极小所以为 VS1，请和下面 VS2 比较。

VS2

虽然桌面只有一结晶包体，上腰面也只有一点，但因结晶包体较明显可见所以为 VS2。

VS2

桌面有结晶包体及小点，较易观察，且下腰面有羽状裂纹及毛边。

SI1

桌面有结晶包体及羽状裂纹明显可见，为 SI1。

SI1

桌面有结晶包体明显可见，所以为SI1。

SI2

冠部羽状裂纹极多，但肉眼下可见，所以为 SI2。

SI2

桌面棱线有羽状裂纹，且造成反射乃影响等级，此图所示内部特征不多，但实际钻石因羽状裂纹反射乃降低等级。

- -

I1

桌面有结晶包体及羽状裂纹肉眼可见。

I1

桌面上有大的结晶包体及羽状裂纹，肉眼可见。

I2

冠部极多的裂纹，双晶丝网状物影响到钻石的亮光。

I3

极大的裂纹在冠部，且反射至对角，影响到耐用性及亮光美感，已经近工业用钻。

◈ 判断钻石特征注意事项

在钻石分级上除了要了解各种特征的特性，以避免和灰尘或表面污物弄混外，更要考虑这些特征的大小、数目、颜色、所在位置及特性。

一、大小、数目和颜色

愈大的特征愈是显而易见，特征愈多等级也就愈低，同样大小的特征，透明无色的不仅较不明显，对钻石亮光的影响也比深色特征小。

二、位置

特征在这些钻石内部的位置是非常重要的，在桌面的正中央则一眼可见，而在底层则容易被刻面边缘或单一刻面反射光的黑白强烈对比隐藏住。在腰部的话，更不易察觉，但是接近刻面边缘的特征经常会反射于数个刻面上，看起来似乎是特征非常多，以致降低等级。

所以同样的特征，因所在的位置不同，可造成不同的等级。

三、特性

外部的压力，如镶嵌时所施加的压力或温度的突变，可能会使解理或张力裂纹扩大，以致影响钻石的耐用性，所以腰部有大裂口的钻石其等级

因镶嵌压力或外物碰撞，造成解理或张力裂纹扩大，像这种腰部呈一裂口的情形，会大大影响其等级。

图中羽状裂纹呈平面状，显而易见，而有些羽状纹呈一直线；在等级评定上，前者要比后者低。

通常比含结晶包体的钻石之等级为低。

相同的羽状裂纹，如果一个从桌面看呈一直线，另一个呈一羽状平面，则后者因看起来较大、较明显而等级较低。

一个分级者必须考虑上面几个因素，同时要以下列问题来帮忙判断：

● **这些特征是否很微小而且极难察觉？（VVS）**

● **这些特征是否小而且少？（VS）**

● **这些特征是否显而易见？（SI）**

● **这些特征是否肉眼可见，是否影响到耐用性？（I）**

国际上对于钻石内外部特征已有共同的定义和描述，但是何种特征，及其大小、数目的多寡应归于哪一等级则无明确的规定，以上所述是一个通则，在交易上以这一通则来进行，大都可以得到共识。

由于钻石是天然的产物，世上没有两颗钻石是一模一样的，所以某些钻石在实际分级上可能会有跨越两种等级的情况发生，即使是很有经验的专家，有时也难免发生某种差异的见解。

市面上虽然有所谓扫描显微镜（SCANNING MICROSCOPE）的仪器，但也只能记录其特征的大小和数目，而无法量度其他重要因素来作判断分级，所以这种仪器现在也少有人采用。而在品质分级上，主要还是靠人类的眼睛去观察判断，实际的经验愈多愈丰富，判断也愈正确。

扫描显微镜

◈ 净度分级的工具

放大镜

放大镜是宝石学家和钻石交易上不可缺的基本工具。放大镜的放大倍数是以十除以其焦距，而焦距是以英寸为单位。所以一个 10 倍放大镜也就是它的焦距为一英寸。因为放大镜的工作范围大致相当于其焦距，因此倍数愈大，焦距愈短，工作范围也愈小，这种高倍放大镜对于初学者而言是极不习惯的。

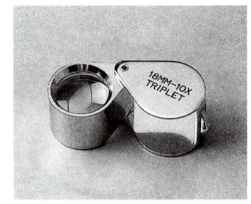

"简单的放大镜总会发生球面像差，国际所公认的标准十倍放大镜必须做过色像差和球面差的修正。"色像差（CHROMATIC ABERRATION）是由于白色光中各个波长的色光速度不同，以至于它们投射的焦距略有差异，所以在放大镜中的影像会有色环的现象。

十倍放大镜（三夹层）

球面像差（SPHERICAL ABERRATION），是因为放大镜曲度的关系，镜缘光的焦距比镜轴光的焦距更接近镜片，这种焦距的差异乃形成一模糊的外圈。

用不同曲度的镜片来组合，这样可以使所有不同波长的光聚在一焦点，以消除这些像差。

一个标准的放大镜是由三片玻璃组成的。中间是一片无铅、低折射率的双凸透镜，上下则是两片含铅、高折射率，低色散的凹透镜，这种由三片透镜组成的放大镜称"三片放大镜"（TRIPLET）。

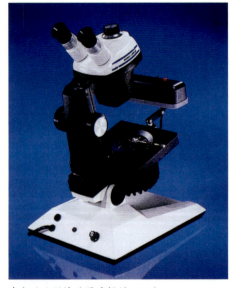

至于放大镜的视野范围并无一定的规范，但是视野愈大愈方便。由于放大镜镜片很容易受到刮伤，所以用后一定要关好。

显微镜

随着科学的进步，新的科技也应用在宝石上。钻石颜色分级用标准灯源，品质分级则用双眼显微镜。双眼显微镜在钻石分级上不仅提供一舒适的工作情况，使工作者在连续数小时的工作下不致感到疲惫，而且由于其具有高倍解像力，所以在有疑问

珠宝用显微镜（图片提供 GIA）

的情况下，双眼显微镜可以为辅，所以所有的宝石鉴定所或实验室都有显微镜的设备。

宝石用显微镜和一般生物显微镜最大的不同在于它有暗视野的装置，易于观察宝石内部的特征，其底部不仅有固定灯源，旁边也有可移动的反射灯，宝石更可用宝石夹固定住。而显微镜放大倍数可由 10 倍至数百倍。根据实验，钻石内部特征如果小于 5 微米（百万分之一米），以 10 倍放大镜观察，任何人都无法看出来，但如果大于 8 微米则每个人都可以辨认出来，这是指正常的情况下，实际上可能会因分级者当时的心理状态，如太疲倦或灯光的情况等因素而导致一些差异。

镊子

一般宝石用镊子约 16 ~ 18 厘米长，以不锈钢制成，较大的镊子适用于大钻石，小的且头较尖细的适用于小钻石，有些则有伸缩扣钮，可以紧紧夹住钻石，非常方便。目前有些头部夹钻石的地方是用钻石粉粘制，这些钻石粉可能会擦伤钻石，较不适用。

日光灯

钻石的品质分级虽然没有严格限定使用何种灯源，但是一般都用日光灯，因为灯泡是一种点灯源易于反射，同时较炽热，不适于长久使用。

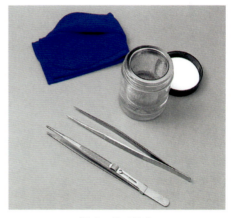

镊子、钻石擦布

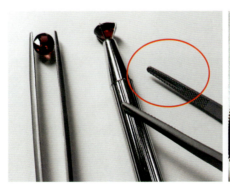

最左边的镊子是受过训练的专业人士使用；中国的镊子可以用四爪抓紧，防止钻石掉落，通常适合消费者观察钻石。最右边的镊子可以清楚看到有沟槽，防止钻石滑落，消费者选购时要特别注意。

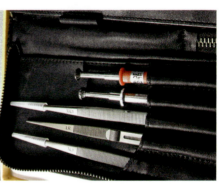

钻石专业鉴定师所用的工具包，可以放一些不同功能型的镊子、放大镜与擦布，包括分辨钻石颜色的卡纸。

◈ 十倍手持放大镜使用方法

钻石的瑕疵分级考虑到钻石内部瑕疵的种类、明显度和位置、大小、多少，以此为主要的分级标准。而每一个级数之间的微小差距通常均以 10 倍放大镜目测的感觉为主。以下是使用 10 倍手持放大镜的五个标准手法：

（一）第一个动作——观测钻石的正面

瑕疵分级以冠部正面朝上为主，用左手拿夹子，夹钻石时以钻石桌面面对自己的眼睛。然后右手拿 10 倍手用放大镜，食指扣住放大镜，中指与大拇指夹住放大镜，再把夹住钻石的夹子放在中指与无名指之间。记住，钻石面与放大镜的面应该是平行的，而肉眼应该在与钻石面及放大镜面成 90° 的方向观测。钻石与放大镜镜片的距离刚好就是中指的厚度。其实焦距之间的明显度差不多就是镜片的厚度，也差不多就是中指的厚度。（如图 1、图 2）

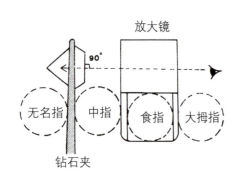

图 1

图 2

（二）**第二个动作**与第一个动作是同样的方法，只是反转钻石，观测钻石的底部。（如图 3、图 4）

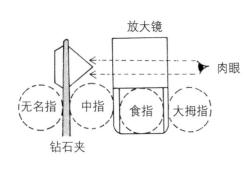

图 3

图 4

（三）**第三个动作** 观测钻石的上腰及下腰部分，尤其正腰部如有任何瑕疵（图一所示观测法无法明显看到腰部瑕疵），这时候瑕疵会很明显地暴露出来。（如图 5、图 6）

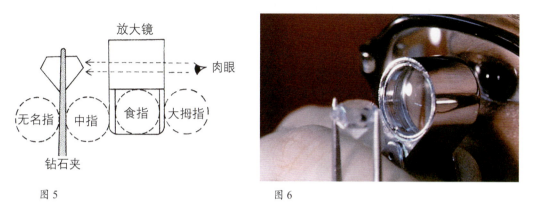

图 5

图 6

（四）**第四个动作** 专门观察钻石的上腰小面、三角小面与风筝面，是否有瑕疵隐藏在这些小刻面之间。（如图 7、图 8）

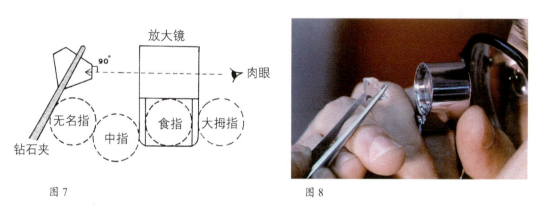

图 7

图 8

（五）**第五个动作** 又回到第一个动作的复检。其实第四个和第五个动作，如果练习得非常熟练，应该是最理想的动作。（如图 9、图 10）

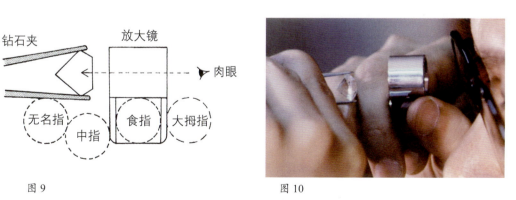

图 9

图 10

（以上由缪承翰教授示范）

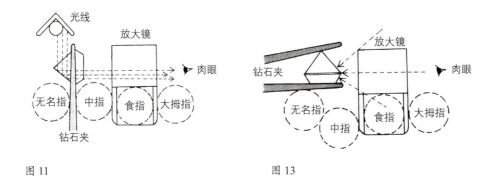

图 11   图 13

注意：肉眼永远和所看之面成90°角，这时候可减少反射光，更容易看入界体。

注意事项：

（一）光线来源方向对瑕疵观察的明显度有很大的影响。（如图11、图12）

最佳的光源是从钻石的侧面延伸进入钻石之内，在这种情况下，瑕疵会很明显地呈现出来。

（二）肉眼永远和所看到的面成90°，在这种情况下，比较容易透视入钻石的界体之内。如非成90°，钻石的每一个刻面都很容易造成反光或闪烁光，这样会降低瑕疵的明显度。

（三）如图13的动作，亦可直接观察钻石的腰部，上腰小面和下腰小面部分的瑕疵。只要稍微上下移动放大镜的角度或持夹子的手，使欲观察的部位与视点成90°即可。但此动作的缺点是容易造成尖底的破裂及桌面的刮痕，所以除非特别小心或是专业人员，笔者倒是不太建议使用此动作。

图12　笔者在河南郑州钻石切磨厂用显微镜观察切磨中的钻石（图片提供　六顺斋）

◈ 钻石净度分级步骤

在分级之前，首先要将钻石清洗干净，去除表面污物，以免误认为表面特征。在钻石厂中，当整批的钻石成品送到鉴定分级部门时，必须先用盐酸混加硫酸的强酸液煮沸清洗，以去除所有表面的污物，然后再用清水清洗。由于这种强酸液非常危险，所以一般鉴定所比较少用。

用清洁粉去搓揉也可去除表面黏附之污物，再用清洁液或酒精即可清洗干净。目前普遍使用的蒸汽清洗机或超音波洗洁器虽然也可去除表面污物，但无法去除顽劣污秽，如果钻石表面并不怎么脏，用特制的清洁布擦拭即可，要注意的是因为钻石易于吸附油脂，所以清洗后绝对不可用手去碰钻石，而要用镊子夹起。

以放大镜观察钻石时，放大镜要尽量靠近眼睛，其使用法如图，要特别注意的是不看放大镜的那只眼睛不要闭，以免看久了眼睛容易疲劳，钻石应靠近灯缘下，让光自底层射入，这样才容易观察内部的特征。如果光自尖底射入，则光直射眼睛而不易观察，至于表面特征，可用反射光来观察。应注意不要将镊子的反射误以为钻石内部特征，同时为了避免部分特征被镊子遮住，镊子应转换180°方向夹钻石，再次观察。如果要检查腰部，可用指甲转动钻石，让钻石由桌面转为腰部。也可用镊子夹住桌面和尖底来观察腰部，这些动作要常练习才会熟练。

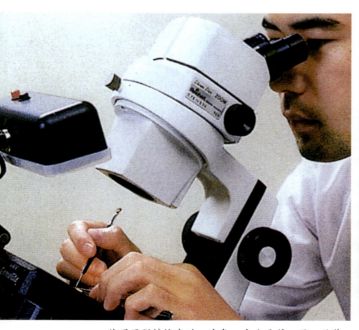

使用显微镜检查时，准备一支小毛笔，另一端装支针，可以挑去未清洗掉的污点，以免误判为瑕疵。

用手持放大镜检查，不要闭一只眼，避免看久了会疲倦。

钻石的切工（CUT）

俗语说："玉不琢，不成器。"钻石也是一样，未经切磨的钻石常被其他的颜色掩盖住而不能显现出其特殊的美感，唯有经切磨后，由于其高折射率和强火花等这些光学现象的显现才展示出它的美。

钻石的美有三个要素，即：

一、亮光（BRILLIANCE）

二、火光（DISPERSION）

三、闪光（SCINTILLATION）

（一）亮光（BRILLIANCE）

白色光自宝石内部和外部反射出桌面的能力，称之为亮光。所有的宝石中，钻石是最具亮光度的。而一颗宝石亮光的强弱取决于下列四因素：

1.折射率

当一束光照射到钻石表面时，将分成两部分，一部分折射入钻石内，另一部分则自钻石表面反射；宝石表面的反射光称之为该宝石的光泽，而钻石的光泽是非常高的，我们称为金刚钻般的光泽。钻石表面反射光将按照反射定律行之，就是反射角等于入射角（图1）。反射光的多寡主要和入射光的角度有关，当入射角近乎90°，也就是光以接近水平的角度照射宝石表面时，此时光泽超过内部亮光，同时发生色散，而入射角愈小，反射光也愈小。但是入射角等于零，也就是光垂直射向宝石表面时，反射光并不等于零，而有一定值R，R称为光泽强度（图2）。光泽强度和宝石折射率RI有关。

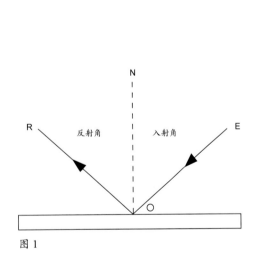

图1

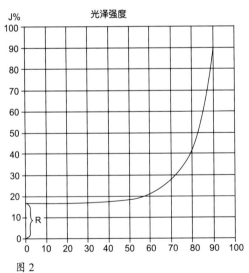

图2

R 可以下列公式表之

$$R=\left(\frac{n-1}{n+1}\right)^2$$

因为钻石折射率值等于 2.42，代入公式，得 R=0.1723，由此可知宝石的折射率愈大，R 值愈大，光泽也愈强。

前面提到光照射至钻石表面时，另一部分光将折射入钻石内，因为光自空气中折射入钻石，等于由疏介质进入密介质，当光进入密介质时，折射光将偏向法线，两介质密度相差愈大，则光偏离方向愈大（图 3）。而一个物质的折射率更可以用下列数学公式来表示

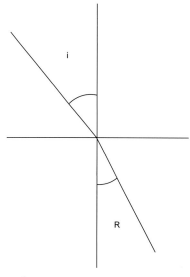

图 3

$$n=\frac{\sin i}{\sin r}=\frac{V_1}{V_2}$$

n：折射率

i：入射角

r：折射角

V_1：光在疏介质中的速度

V_2：光在密介质中的速度

光在介质中行进的速度和介质密度有关，钻石的折射率等于光在空气中的速度和光在钻石中的速度之比，即

$$n=\frac{300\ 000公里/秒}{124\ 200公里/秒}=2.417=2.42$$

此折射率为一定值，只有当入射光的波长改变时，折射率值才改变，由于白光是由一系列有色光所组成，所以一般折射率指的是由钠光 589.3nm 波长所产生之折射率。

当光由密介质射入疏介质时，则折射光偏离法线，也就是说折射角将大于入射角，而入射角达到某个角度时，折射角将等于 90°，如果入射角继续增大，则光不再折射而发生全反射。我们称折射角为 90° 之入射角为临界角，如图 4 中，∠XOE 为临界角，超过此角度之光，则发生全反射，

且依照反射定律，反射角等于入射角，而临界角可以前之数学公式求之：

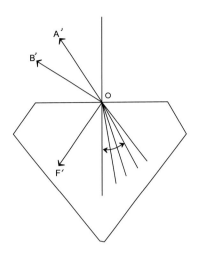

图 4 ∠ XOE 为临界角超过临界角之光 FO 则发生全反射 F'O

$$n=\frac{\sin i}{\sin r}$$

当 i=90° 时，则 sin90° =1

sinr=1/n

钻石折射率 n=2.42

所以钻石临界角 r 为 24° 26'

由上可知介质的临界角乃决定于该介质的折射率，折射率愈大，临界角愈小。

2. 切割比例

内部全反射在钻石切割比例上，扮演着一决定性的角色，尤其底层角度关系着光线在钻石中的正确路径，它们必须安排得恰好，致使所有由冠部进来的光在内部发生全反射而自桌面出来。要达到这种效应，只有当光折射到底层刻面时，其角度大于临界角，否则所有的光将自底层"漏掉"。

图 5 和图 6 即显示当一束光进入两切割比例相同的宝石内的情形，一颗是钻石；另一颗是石英。光由冠部射入底层至 A，并全反射至 B，在石英中因是在临界角之内，所以光自底层折射出去，在钻石中，由于临界角较小，所以在 B 又发生第二次全反射至 C，这时光在临界角内而由桌面折射出去。

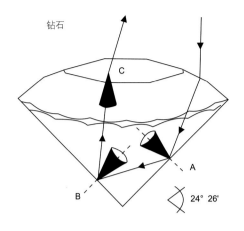
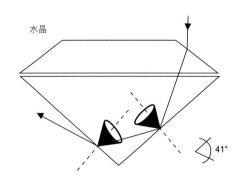

图5　钻石内光全反射之情形　　　　　　图6　石英内光的折射与全反射

3. 抛光

当一颗钻石抛光不良时，表面不光滑，则所有反射光将会因乱射而发生减弱的现象，光泽乃减少，亮光也差。（图7）

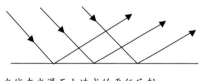

光线在光滑面上造成的平行反射　　　　光线在粗糙面上造成乱射，光泽减少

图7

4. 透明度

透明度是一颗宝石让光通过的能力。钻石的透明度极高，即其吸收的光少，而透光能力强，亮光也强。

（二）火光（DISPERSION）

火光又称色散，即宝石将白色光分离成各色光的能力。因为白光是由各种有色光所组成，色光的波长愈短，折射愈强，偏离的程度也愈大，紫色光的波长最短，所以偏离最大。白色光通过一三棱镜则分离成其组成的彩虹光。如图8。

红色光和紫色光的折射率值之差即是火光值D，例如钻石的火光值

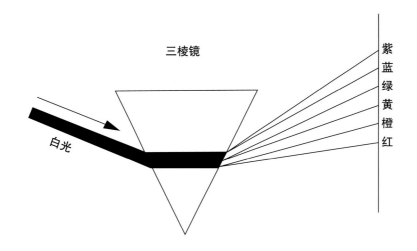

三棱镜

紫
蓝
绿
黄
橙
红

白光

图 8 色散

D ＝ N 紫－N 红＝ 2.451－2.407 ＝ 0.044。白色光分离为有色光的程度主要是根据入射光自物体表面射入空气中的角度而定，如果入射角刚好在临界角内，则色散最大，如图9。在一圆钻中，如果光由内部射到冠部刻面，其入射角必须小于 24° 26'，才能折射出钻石，而入射角愈接近临界角，火光愈强。如果入射角大于临界角则发生全反射又入钻石内。

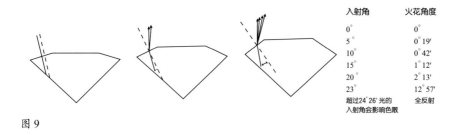

入射角	火花角度
0°	0°
5°	0° 19'
10°	0° 42'
15°	1° 12'
20°	2° 13'
23°	12° 57'
超过24° 26' 光的入射角会影响色散	全反射

图 9

一些老式切磨的圆钻，桌面小，冠角高，冠部刻面陡，火光强，但是因为桌面小，所以亮光也少，如图 10（A），而图 10（B）、10（C）则因冠部浅桌面大，所以亮光多而火光弱。

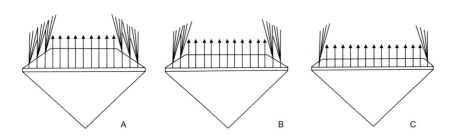

A   B   C

图 10 冠部刻面大小会影响色散

（三）闪光（SCINTILLATION）

宝石各刻面的反射光由于宝石、光源或观察者的移动所呈现的变化，称之为闪光。乃取决于下列因素：

（1）**宝石的刻面数**，宝石的刻面愈多则在转动之下闪光愈多，但是一分的小钻石，如果刻面太多，反而看起来一片白花花的样子，所以这些小钻常磨成单切（SINGLECUT），即 16 个刻面，这样就不会因刻面太多而看起来混乱。

（2）**抛光**，每一个刻面的抛光做得愈好，则闪光愈强。

（3）**切割比例**，安排各刻面的角度，使得观察者能观察到大多数的反射光。

由以上的讨论，我们可以知道钻石的亮光、火光和闪光等光性是要受到钻石切磨的影响，所以钻石的美可以说是取决于切割比例，但是何种切割比例最能显现钻石的美呢？这是一个很难答复的问题，因为事物的美是无法用数据来表示的，而且像钻石这种高价的宝石其价格是以重量为单价，切磨者总是考虑到保留最大的重量，以获取更多的利润，所以很难定出一个标准的切割比例。

但从另一个角度来看，一颗桌面很大、冠部很浅的钻石或一颗底层切割得很深的钻石和一颗切割比率适当的钻石是否应当具有同样的价值呢？钻石切磨的好坏又如何评估呢？为了定出一个钻石切割比例的评估标准，GIA 以托考夫斯基切割比率 (TOLKOWSKY'S CUT) 为基准，并命名为美国理想式切割比率（AMERICAN IDEAL CUT）(图 11)。

这种切割比率虽然可以使钻石显现出来最美的亮光、火光和闪光，但

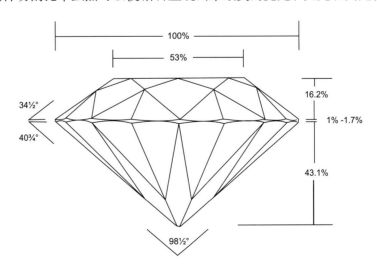

图 11　理想式切工的角度与比例图

是一颗四尖的原石如果切割成这种比例，它损失的重量最多，也就是保留的重量最少，GIA 采取这种切割比例为一种理想标准，用来评估钻石的切割。

　　根据托考夫斯基切割比例，一颗钻石以圆周直径为单位，桌面应占圆周直径的 53%，底层 43.1%，冠角为 34.5°，冠高 16.2%，底层角度为 43.75°。GIA 以此种切割比例为一种理想的标准，用来对钻石的切割做评估，但由于大多数切磨者因重量损失多而不采用这种切割比例，更因为其评估复杂，所以在一般交易上很少采用托考夫斯基切割比例为标准的切磨评估法，但在 GIA 不断的倡导下，终于唤起人们对钻石切磨的重视，更提升了钻石切磨艺术的境界。（图 12）

TABLE PERCENTAGE 桌面		GIRDLE THICKNESS 腰		MAJOR SYMMETRY FAULTS 主要对称

TABLE PERCENTAGE 桌面

	DEDUCT
52-58%	0%
59%	1%
60%	2%
61%	3%
62%	4%
63%	5%
64%	6%
65%	7%
66%	8%
67%	9%
68%	10%
69%	11%
70%	12%
71%	13%
72%	14%
73% or more	15%

CROWN ANGLES 冠部

	DEDUCT
33 or moe	0%
32	1%
31-30	2%
29-28	3%
27-26	4%
25 or less	5%

GIRDLE THICKNESS

			DEDUCT
极薄		Ext. Thin	4%
很薄		Very Thin	2%
薄	适中	Thin-Med	0%
微厚		Slightly Thick	1-2%
厚		Think	3-4%
很厚		Very Thick	5-6%
极厚		Ext. Thick	7-10%

PAVILION PERCENTAGE 底部

	DEDUCT
37% or less	10%
38%	8%
39%	6%
40%	4%
41%	2%
42%	0%
43%	0%
44%	0%
45%	1%
46%	2%
47%	3%
48%	4%
49%	6%
50% or more	8%

MAJOR SYMMETRY FAULTS 主要对称

DEDUCT 3-5%... DO NOT COMPOUND

1. Table and/or culet appreciably off-center when viewed under 10x magnification.
2. Girdle outline out-of-round to the unaided eye.
3. Table not parallel to the girdle plane, or the girdle is wavy and it is obvious under 10x magnification.

1. 10X 下可见桌面和尖底偏离中心。

2. 肉眼可见外围不圆。

3. 10X 下可见桌面不平行腰部或腰呈波浪状。

CULET 尖底

		DEDUCT	
无	None	0%	10×白点
小	Small	0%	
适中	Medium	0%	10×八角形
微大	Slightly Large	1%	
大	Large	2%	肉眼可见
很大	Very Large	3%	
极大	Extremely Large	4%	肉眼可见 八角形

图 12　GIA 采用美国理想式切割，来对钻石的切工作评估扣分，此扣分虽已不适用了，但其对各切割比率的要求与精神，唤起了人们对钻石切工的重视。

标准型钻石各刻面名称

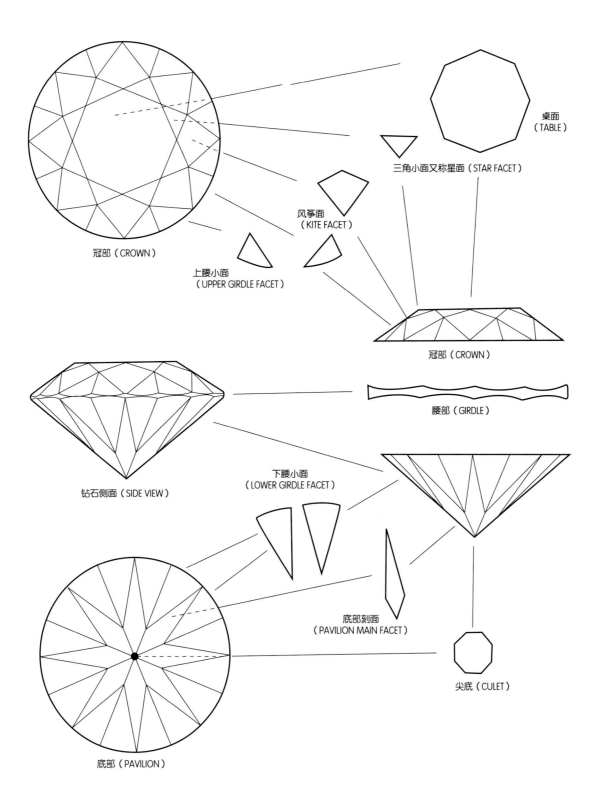

冠部（CROWN）

上腰小面
（UPPER GIRDLE FACET）

风筝面
（KITE FACET）

三角小面又称星面（STAR FACET）

桌面
（TABLE）

冠部（CROWN）

腰部（GIRDLE）

钻石侧面（SIDE VIEW）

下腰小面
（LOWER GIRDLE FACET）

底部刻面
（PAVILION MAIN FACET）

尖底（CULET）

底部（PAVILION）

◈ 切工的桌面百分比

一、钻石的桌面在整个钻石切割上的影响力

钻石桌面通常是钻石表面上最大的一个刻面，也是最明显的一个刻面。在前面的瑕疵分级也提到了它的影响力，通常任何瑕疵位置只要在桌面之下，比较在其他刻面下要明显也容易感觉得出来，其瑕疵分级也会明显的降低。

同样在切割分级上桌面的大小也有相当大的影响力。

因为这个八角形的刻面，直接影响了钻石的闪烁光 (SCINTILLATION) 和彩虹光 (DISPERSION) 又称火光。

通常火光会因为桌面太大而降低，同样地桌面减小也会增加钻石的彩虹光。

桌面的大小也会影响一粒原石经过切割后其重量的损失。本章的目标就是如何用仪器和目测法去测量一粒钻石的桌面百分比

二、如何直接使用桌面量尺 (TABLE GAUGE) 测量钻石的桌面百分比

使用桌面量尺 (如图 1) 使用一个厚的塑胶片，或一个硬纸版，中间挖一小洞可以使钻石固定在洞内 (如图 2)。再轻轻地把桌面量尺压上去，这种做法是当你在看桌面量尺读数时，手比较不容易发抖，因而发生些微的差距。

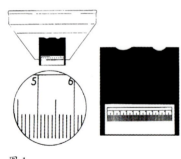

图 1

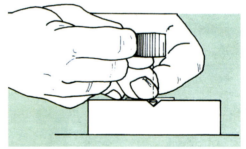

图 2

如果你使用高倍放大镜亦可，可以调至 15x ~ 20x 之倍数，更易于读取量尺读数。不要使用黑背景的热光灯，直接使用高倍数放大镜上方的冷光白光灯 (图 3)，这样桌面量尺就不会因热光灯的高热，而使之热胀冷缩

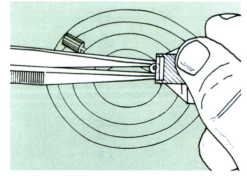

图 3

影响了正确的读数。记住桌面量尺是用"软"的胶片做的，读数又非常微小，很容易因热胀冷缩而发生误差，或因手指使用压力过大而破坏。

步骤一

挑桌面内对角最大的读数用桌面量尺 (TABLE GAUGE) 量八角形桌面的四个内对角，挑最大的一个读数 (图 4)

步骤二

用厘米卡尺 (MICROMETER) (图 5) 或宝石卡尺 (LEVERIDGE GAUGE) (图 6) 量出整个钻石腰部的平均直径读数。(最少量六个不同的方向，挑最大、最小读数的平均数)

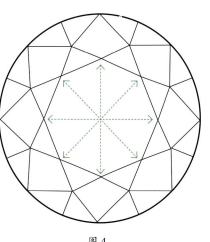

图 4

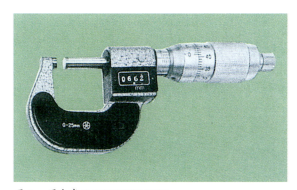

图 5　厘米卡尺 MICROMETER

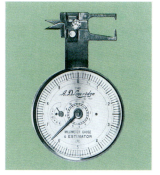

图 6　宝石卡尺
LEVERIDGE GAUGE

步骤三

但 GIA 2007 年之钻石鉴定分级手册对于桌面百分比改为

挑选桌面四个内对角的长度读数的平均值 ÷ 平均直径读数 ×100%= 桌面 %

注意事项：

1. 桌面量尺读数非常微小，小数点第二位数字请使用目测法。

如以下图 7 之 A、B、C

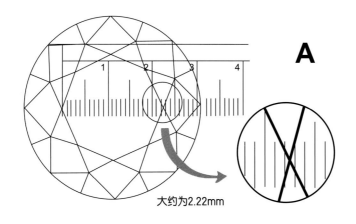

大约为2.22mm

A

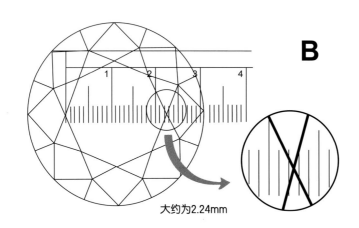

大约为2.24mm

B

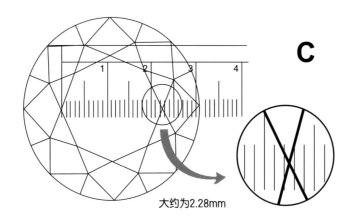

大约为2.28mm

C

图 7

2. 如何量整个钻石的圆周直径：

利用 LEVERIDGE GAUGE 或 MICROMETER 量钻石的直径，最少量
6 ~ 8 个不同的方向，一定会出现一个最大直径和一个最小直径的读数。

因为在以上这两种精密量尺测量之下很少会发现钻石是绝对圆的。

平均直径如下：

（最大直径＋最小直径）÷2＝平均直径

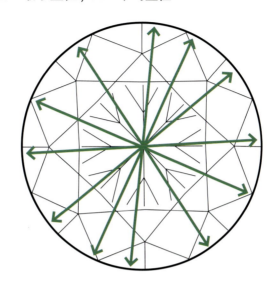

三、如何用目测法去估量钻石桌面百分比。

A、比例法 (RATIO METHOD)

步骤一、

尖底要先调至桌面的中心点，有时候尖底或桌面会偏离正中心。可利用钻石夹把钻石的尖底调整至桌面的中心点。

步骤二、

如图 8 目测从腰缘至桌面边缘 (C—A) 和桌面边缘，至中心尖点 (A-B) 之比例。

举例如下图

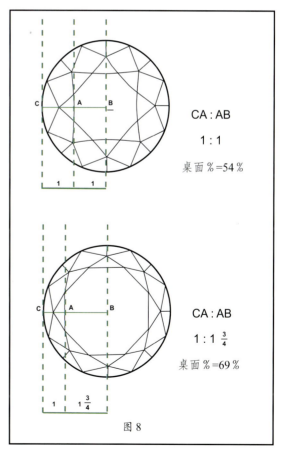

CA : AB

1 : 1

桌面 %＝54 %

CA : AB

1 : 1 $\frac{3}{4}$

桌面 %＝69 %

图 8

目测桌面百分比：比例法表（RATIO METHOD）（图 9）

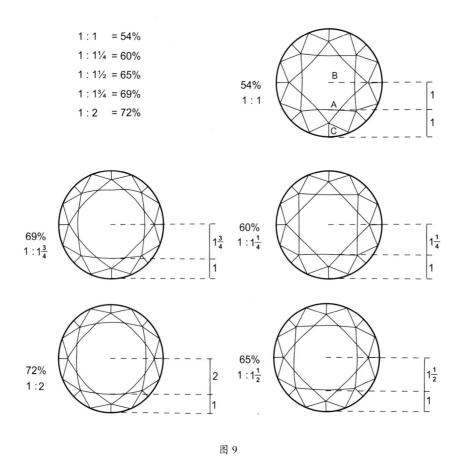

1 : 1　　= 54%
1 : 1¼ = 60%
1 : 1½ = 65%
1 : 1¾ = 69%
1 : 2　　= 72%

54%
1 : 1

69%
1 : 1¾

60%
1 : 1¼

72%
1 : 2

65%
1 : 1½

图 9

注意事项一

你可以利用针笔更精确的目测，量腰缘到桌面边缘，和桌面边缘至尖底（中心点）的比例。（图 10）

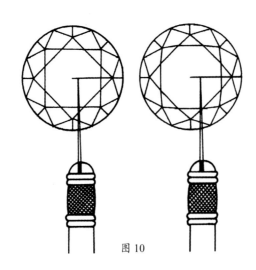

图 10

注意事项二

如尖底或桌面偏离中心点，利用钻石夹左右摆动来调整尖底至中心点。(图 11、图 12)

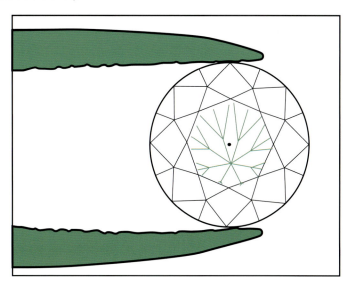

图 11

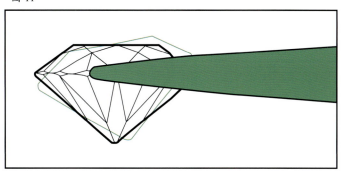

图 12

B、弧度法 (BOWING METHOD)

步骤一

钻石桌面朝上透过 10 倍放大镜观察之下，这时候你可以发现钻石桌面实际上是由两个正方形撮合而成。而这两个正方形是由八条直线连结而成，利用这八条直线所延伸出来的弧度向外弯，或向内弯可以目测出钻石桌面%。(如图 13)

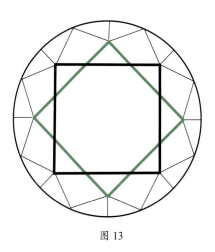

图 13

步骤二、

目测桌面百分比：弧度法表 (BOWING METHOD)（图 14）

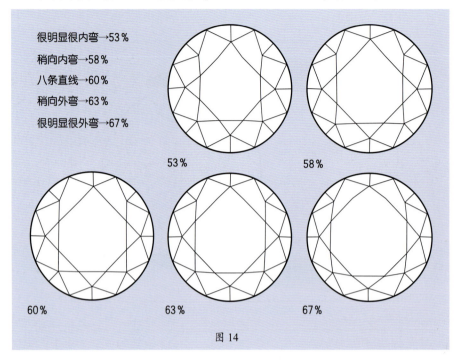

很明显很内弯→53%
稍向内弯→58%
八条直线→60%
稍向外弯→63%
很明显很外弯→67%

53% 58%

60% 63% 67%

图 14

注意事项一

桌面向上时观察三角小面，和上腰小面的长度应该等长，但有时候三角小面和上腰小面长短不一样，这时候目测桌面的弧度法，就需要加减1%～6%的修饰。（图15A、B、C）

通常三角小面大于上腰小面加1%～6%，三角小面小于上腰小面则减1%～6%。

(A) 如果三角小面和上腰小面等长则不需要加减百分比。

(B) 如三角小面的长度已超过2/3，(从桌面边缘至腰缘)而上腰小面占了1/3，这时候要加6%。

(C) 如三角小面的长度，只占了1/3；上腰小面占了2/3，这时候要减6%。

如果三角小面和上腰小面长度差距等长则不需加或减百分比，不是2/3和1/3的比例时不需要加减太多，一般大约是3%的多或少的修饰。

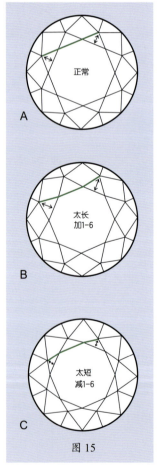

正常

A

太长
加1-6

B

太短
减1-6

C

图 15

136

注意事项二

钻石桌面上的八条构成线，如发现因桌面不正而造成一边直，一边弯或有的向内弯，有的却又向外弯或弧度，目测法可以采平均数。

注意事项三

根据笔者的经验通常目测法的精密度颇高，如果手法正确应该不会误差3%以上，其中尤以比例法最精确，但如果比例法和弧度法配合交相使用，则必能获得更精确的结果。

照片之桌面百分比，比例法大约是 1:1¾ 多一点，所以大约为 69% 强，弧度法大约是稍外弯至很明显向外弯，所以大约是 67%，再加上三角小面大于上腰小面的长度，再加 2% ~ 3%，所以弧度法大约为 69%。弧度法和比例法再予以平均大约为 $\frac{69+69}{2}=69\%$，所以其桌面目测法百分比大约为 69%。

◆ 冠部角度

标准型圆钻上的冠部角度，通常是以风筝面和平行的腰部计算。如果是以一粒未镶好的钻石那可使用比率仪 (PRO— PORTIONSCOPE) 直接测量最为标准，但是如果是一颗镶好的钻石就无法去量了。通常使用目测法也很精确，所以使用目测法取代用仪器去量，其间之差距应该是非常接近。以下是两种目测法：

（一）横断面目测法。

（二）桌面朝上目测法。

一、横断面目测法：

只要仔细地去观察，通常人类的肉眼对 90° 角之内的目测都会很精确。

切记使用目测法时务必以风筝面（KITE FACET））和平行的腰部测量为准，如图 1：

左上为风筝面和腰部之目测法为正确。右下为三角小面、上腰小面和腰部之目测法为错误。

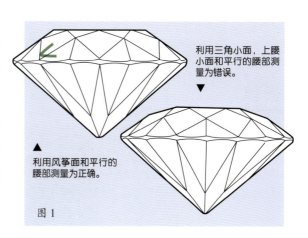

利用三角小面，上腰小面和平行的腰部测量为错误。

利用风筝面和平行的腰部测量为正确。

图1

步骤一

如图 2，把钻石桌面朝下平放，用钻石夹倒夹起钻石，然后反转过来让钻石面朝上，记住此时腰部应与夹子成 90° 角，风筝面和腰部面之间的角度计算为标准，然后放在放大镜之下予以目测。

如图 3，利用钻石夹，把钻石的桌面和尖底夹住，切记还是以风筝面和平行的腰部为计算标准。

在放大镜目测之下，然后可用一支细针笔靠在腰缘上来目测其冠部角度。

步骤二

如图 4，当你使用目测法时，先用你的肉眼习惯一下图 4 的三个图形，以增加你肉眼习惯上的精确度。

上图：切记从侧面风筝面看起一半是 90° 的 45°。

中图：接着再习惯用肉眼划分 90° 的 1/3 为 30°。

下图：这时候接下来是最重要的一部分，观察你自己的钻石如少于 1/3，那你的钻石大约为 25° 左右，如稍大于 1/3，又小于 1/2，那大约是 34° 左右，切记按照着以上的方法一步接一步用目测去纠正自己的肉眼的精确度，一般按标准鉴定师的说法来讲，通常这种目测法的习惯精确度不应该差距在 2° 以上。

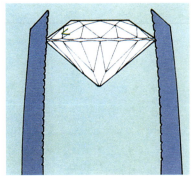

图 2

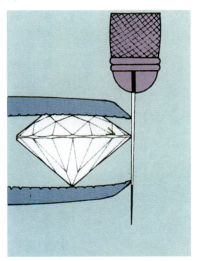

图 3

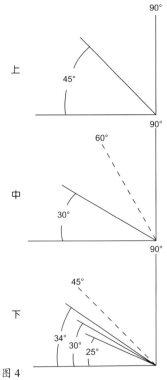

图 4

二、桌面朝上冠部角度目测法

利用底部刻面在靠近桌面边缘之下的影像宽度和在风筝面边缘之下的影像宽度之比。

图 5，通常底部刻面在桌面下的宽度和在风筝面下的宽度只有一半时，大约冠部角度是 34½°，此角度为最理想之角度。

当冠部角度为 30° 时，其差距只是稍为窄一点点。

当冠部角度为 25° 时，其宽窄几乎没有差距。

注意事项：

通常桌面愈大其底部刻面影像的宽度会显示出来愈窄。桌面愈小底部刻面影像的宽度会显示出来愈宽。如图 6

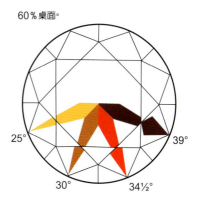

60% 桌面。

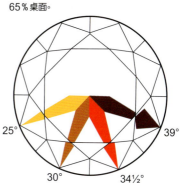

65% 桌面。

图 5

34 ~ 34½° 冠部角度 60% 桌面

34 ~ 34½ 桌面为 55%
（当桌面愈小影像宽度愈宽）

34 ~ 34½ 桌面为 65%（当桌面愈大影像宽度愈窄）

图 6

Fancy green 绿色彩钻裸石
（图片提供 阿斯特瑞雅钻石）

◇ 底部深度百分比

一粒切割标准的钻石可以说是一个整体美的艺术品，因为它的美感是由每一个部分综合起来的，标准的桌面百分比和冠部角度会形成七彩光、闪烁光和金钢钻般的亮光。而底部深度则控制各底部的小刻面像镜子一样，将外来光线反射回钻石的表面。所以底部深度百分比的配合非常重要，如果一旦其深度不够标准，而达不到其折射的作用，那冠部和底部的所有刻面就像一面面玻璃漏光，而不像一面面的镜子造成各种反射出来的闪烁光，那这粒钻石就像一粒玻璃，呆滞而无光泽也称不上一件美丽的艺术品了。

一般来讲，测量底部厚度的百分比如果利用量角度的仪器 (PROPORTION SCOPE) 固然是最为准确，但根据目测法去测量也非常准确，而且又方便。所以连鉴定师都建议使用目测法。甚至如果手法熟练的话，其精确度应该不会差距百分之一以上。本书即以目测法为主。

底部深度百分比"目测法"

底部深度百分比"目测法"是用 10X 放大镜观察桌面在底部刻面上反射出来的阴影，其影像在整个八角形的桌面之内所占位置的大小，可推算出其底部厚度百分比。

步骤一

通常影像的大小比例是以尖底为中心点，至桌面的八个内对角为距离，其影像所占的比例标准，将左边的比例表，对照右边的桌面放大图，以熟悉各百分比的相关位置，对目测将大有帮助。（图1）

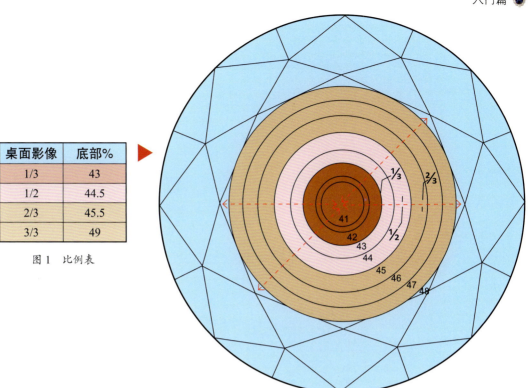

桌面影像	底部%
1/3	43
1/2	44.5
2/3	45.5
3/3	49

图 1　比例表

　　照片之底部深度百分比，因尖底并没有调至八个内对角的中心点，所以桌面在底部之影响不正中，但仍可看出其影像占了 1/3 多一点所以其底部深度百分比大约为 44%。

步骤二

1. 如图 2 左图和右图划出钻石桌面在底部所显示出来的反射阴影。

2. 当阴影反射回桌面，左图只占了 1/3。其底部深度百分比大约为 43%。当阴影反射回桌面，右图只占了 1/2。其底部深度百分比大约为 44.5%。

3. 左图和右图为桌面在底部反射之阴影，在钻石照片之下的实际影像。

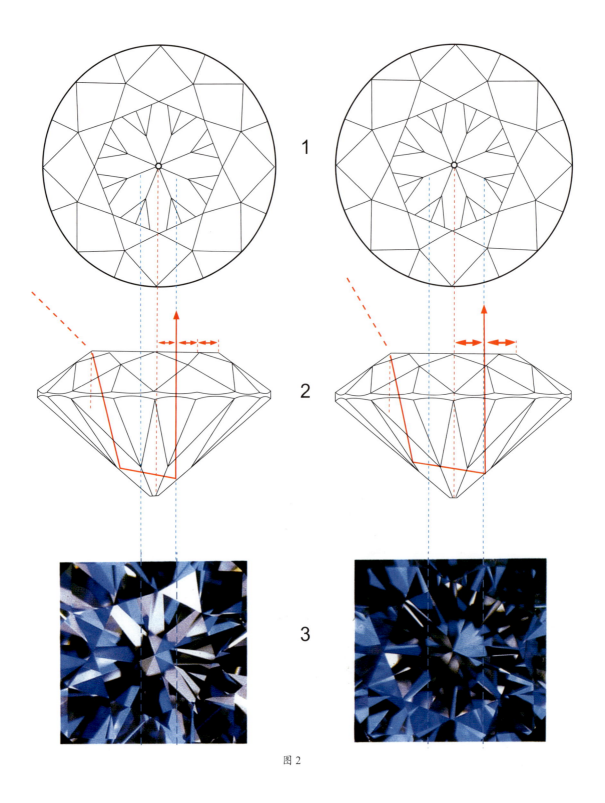

1

2

3

图 2

注意事项一

　　以下是这种底部深度百分比在实际照片下的影像感觉。

底部深度百分比为 37%～ 39.5% 时，因为其底部太薄造成腰部的影像折射入桌面的边缘，有人称之为鱼眼睛 (FISH—EYE)。

4l%～ 42% 的底部深度百分比其桌面阴影稍约小于 1/3。

底部深度百分比为 43% 时为最佳底部深度百分比，其桌面阴影约 1/3，且各刻面有充足的闪烁光。

底部深度百分比为44.5%时其桌面阴影的扩散大约为1/2。

底部深度百分比为45%时其桌面阴影的扩散稍为大于1/2。

底部深度百分比为45.5%～46%时其桌面阴影扩大约为2/3。

底部深度百分比为 **47%** 时，桌面下阴影扩散太大，常会跟 **39.5%** 之鱼眼睛（腰部影像折射入桌面边缘）混淆，观察时须注意。

底部深度百分比为 **49%** 整个桌面阴影已占满了桌面，而整个钻石已暗下来了。

50% 或更多的底部深度百分比其桌面阴影甚至扩散到三角小面上。

注意事项二

当你在观察底部深度百分比时，第一件事要把钻石的尖底移到桌面的八个内对角的中心点，这时只要钻石夹左右摆动即可把尖底目测至中心点，这时再目测阴影从尖底至八个内角之间所占的扩散程度。

注意事项三

注意如下图的 8 种情况：

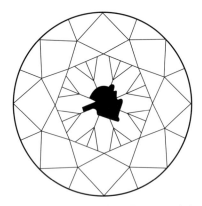

低于 41% 的底部深度百分比其桌面阴影比较小而不明显。

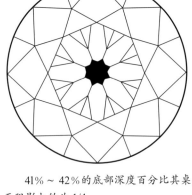

41% ～ 42% 的底部深度百分比其桌面阴影大约为 1/4

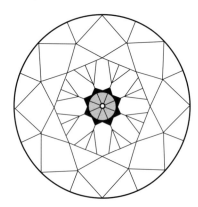

43% 的底部深度百分比其桌面阴影大约为 1/3。

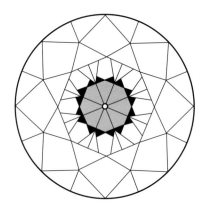

44.5% 的底部深度百分比其桌面阴影大约为 1/2。

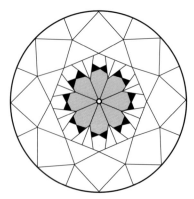

45.5% 的底部深度百分比其桌面阴影大约为 2/3。

47% 的底部深度百分比其桌面阴影大约为 3/4。

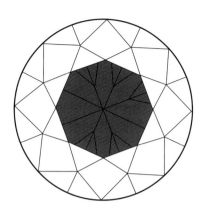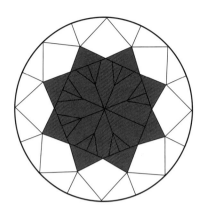

49%的底部深度百分比其桌面阴影占了整个桌面。

50%或更多的底部深百分比其桌面阴影甚至扩散到三角小面上。

◇ 腰部厚度评估

评估一粒切割好的钻石腰部，是以肉眼配备 10 倍一般手持放大镜来目测，通常的厚度大约都在半公厘左右 (1/2 MILLI METER)。一粒切割好的钻石腰部厚度，在整体钻石切割美感上并不会造成太大的影响，若仅从外观上看则无明显的差异。但是太厚的腰部会使等重的钻石其外观看起来比薄腰的钻石小很多。记得笔者曾见过一粒钻石其价格非常便宜，结果自陈列盒中拿出来一看，发现其腰部太厚，一克拉多的钻石，因其腰部的多余重量，造成当钻石面朝上看起来只有 90° 左右的大小，难怪便宜很多。

所以一粒腰部太厚的钻石不但在重量上是多余，甚至有时候腰部的复影会折射入钻石面内，照成灰色的阴影，再加上大部分的钻石腰表面是磨砂面，也很容易让腰部弄脏，总之不是很好的一种情况。

另外如果钻腰太窄至尖锐点时，当钻腰受到碰撞或压力时，也很容易造成缺口或裂痕，这也不是一种很好的情况。

如何目测钻石腰部的厚度

步骤一

通常的目测法是以上腰小面和下腰小面之间最窄的一段为标准，而不是以风筝面和底部刻面的尖端之间的距离为标准。

然后再以整圈观察一遍，通常以细——中等——宽为标准（如图1）。

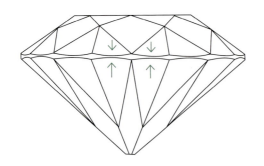

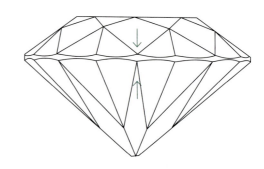

箭头所指之间的距离为正确的目测距离

箭头所指之间的距离为错误的目测距离。
PS. 近几年 GIA 的课程内容已改为目测风筝面和底部刻面的尖端之间的距离为标准。

图 1

注意事项一

图 2 是以 10 倍放大镜为目测标准。

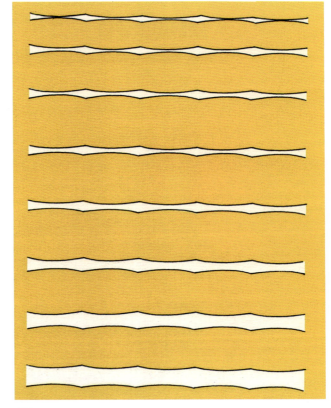

● **极薄／很薄**：通常边缘尖锐在 10X 之下极薄。肉眼之下无法感觉出其宽窄距离。

● **薄**：在 10X 之下如一条细线，但在肉眼之下勉强可感觉其宽窄距离。

● **适中**：在 10X 之下很明显。在肉眼之下可感觉出来一条明显而窄的宽度。

● **稍厚**：比适中稍厚，在肉眼下可明显感觉出其厚度。

● **厚**：在 10X 之下非常明显，大约是适中的双倍厚度。

● **很厚**：在 10X 之下很厚，可明显看出上下距离之差距很大。

● **极厚**：在 10X 之下已非常容易感觉出来，大约是很厚的双倍厚度。

图 2

注意事项二

钻石腰部通常以薄至适中为佳，如太厚或太薄当然是下好。但是要注意通常当你用 10X 放大镜一整圈看完以后，因钻石切割的关系，钻腰一定会出现厚薄不均现像，这时以 10X 放大镜为标准，挑出最厚和最薄之部位，再评估其厚薄（如图 3）。

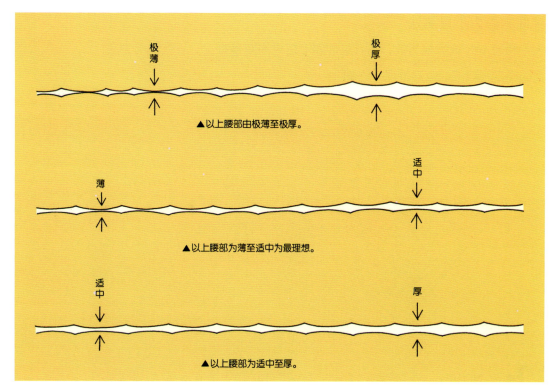

极薄 ↓　　　　　　　极厚 ↓

▲以上腰部由极薄至极厚。

薄 ↓　　　　　　　适中 ↓

▲以上腰部为薄至适中为最理想。

适中 ↓　　　　　　　厚 ↓

▲以上腰部为适中至厚。

图 3

注意事项三

通常钻腰表面有数种情况如下：

1. GRANULAR GIRDLE 腰表面为好似方糖般的砂面；干净面洁白。

2. POLISH GIRDLE 腰表面已抛光，不但光滑且透明。

3. FACETED GIRDLE 腰表面不但抛光透明，且增加刻面增加其闪烁光。

4. BEARDED GIRDLE 腰部边缘出现须状裂痕延伸入钻石内部。

5. ROUGH GIRDLE 腰表面非干净的砂面，出现污点或粗糙的腰表面。

◇ 尖底大小尺寸评估

尖底刻面是一粒切割好钻石中，58 个刻面里最小的一个刻面；这最小的一个刻面，通常也是闪烁光中影响最少的一个刻面。

因为钻石的硬度很高，没有任何其他代替品可以比较，但是硬度愈高的钻石，其尖底自然可磨得愈尖锐，愈尖锐也就是说愈容易破裂，这时候确实需要把这个尖点，磨成一个小的刻面，这样尖底就不会因为尖底太尖锐而容易破碎。

尖底刻面大小目测法

利用 10X 放大镜为准，钻石冠部朝上由桌面观察进去，看底部的尖底刻面会发现以下的数种情况。 （图 1）

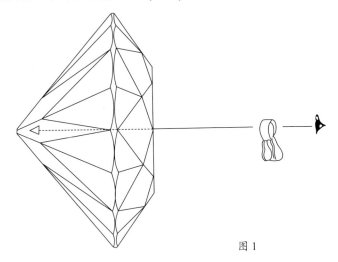

图 1

● 无 (NONE)：没有刻面，也可能是一个小的白点或有些微破。

● 小 (SMALI)：在 10X 放大镜几乎看不出的一个小面。

● 中 (MEDIUM)：在 10X 放大镜已可感觉出一个小面。

● 大 (LARGE)：在 L10X 已成八角形的一个刻面，甚至肉眼已勉强感觉出来。

● 非常大 (VERY LARGE)：肉眼已可感觉出，整个八角形的刻面在桌面下已成一个暗影。

● 极大 (EXTREMELY LARGE)：肉眼已可很明显感觉出来，甚至都可感觉出其刻面为八角形了。

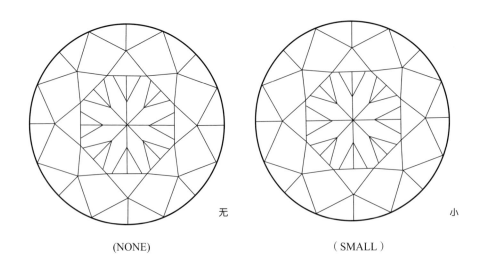

(NONE)	（SMALL）

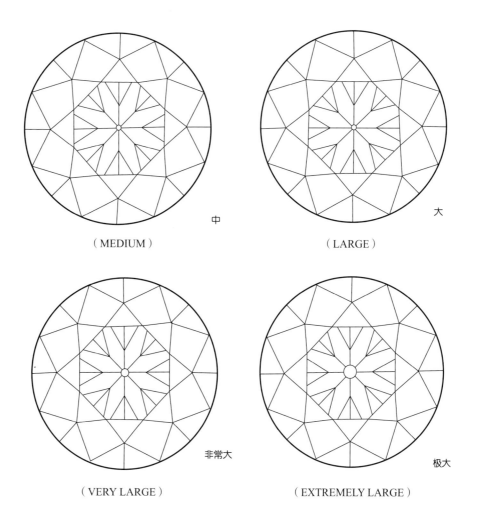

（MEDIUM）中

（LARGE）大

（VERY LARGE）非常大

（EXTREMELY LARGE）极大

◆ 修饰评估

修饰这一部分包括了（一）磨光情况 (POLISH) 和（二）对称情况 (SYMMETRY) 这两部分。

（一）磨光情况在整个钻石切割上属于比较没有影响力的一部分，通常是以表面上的磨光痕迹 (POLISH MARK) 的明显程度为最主要的修饰，另外也有一些影响微小的情况如有烫伤痕迹 (BURN MARK)，刻面之间轻微的碰伤 (ABRASION FACETED) 腰部极轻微的缺口 (NICKGIRDLE)，轻微的表面刮痕瑕 (SCRATCH) 等……

注意事项：通常观察磨光痕迹 (POLISH MARK) 时，最理想的方法是以十倍放大镜穿过桌面观察对面的底部各刻面为最佳，不要直接观察表面，因为有时表面反光会造成磨光痕迹不明显，总之穿过界体看对面的刻面是最不容易造成反光的一个方法。如图1：

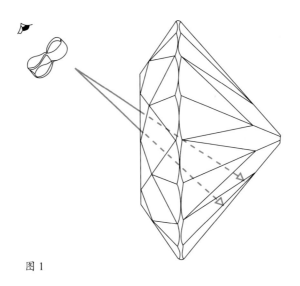

图 1

（二）对称情况在整个钻石的切割上是比较没有影响的一部分，由于八心八箭的流行，使得人们开始要求每颗钻石都要八心八箭，也让人们对对称性感到极大的兴趣。

在对称性上通常比较要注意的是以下七种情况：

1. 冠部和底部刻面尖点不对齐：
（MISALIGNMENT FACETS）

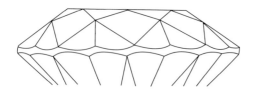

2. 各刻面大小不平均：
（MISSHAPEN FACETS）

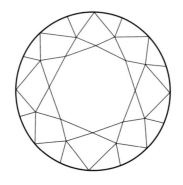

3. 各刻面尖点不够尖锐而钝化：
（FACETS FAILIGN TO POINT PROPERLY）

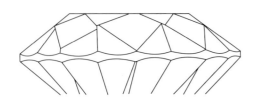

4. 桌面和尖底偏离中心点：
（TABLE AND CULET OFF-CENTER）

5. 整个钻石圆周看起来不够圆：
（GIRDLE OUTLINE OUT-OF-ROUND）

6. 桌面和腰部不平行：
（TABLE NOT PARALLEL TO THE GIRDLE PLANES）

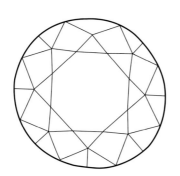

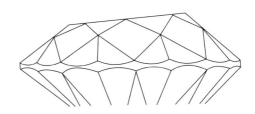

7.腰部呈上下波浪形：
(WAVY GIRDLE)

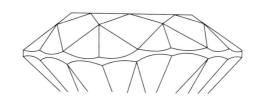

如何作修饰分级：

根据一般钻石鉴定书分析钻石磨光和对称情况的优劣程度，通常以以下五级为评定标准：

① EXCELLENT 非常优良

② VERY GOOD 非常好

③ GOOD 良好

④ FAIR 适中

⑤ POOR 很差

① ②通常磨光情况在十倍放大镜之下几乎找不出缺点，对称情况也符合各项要求。

③④通常磨光情况在十倍放大镜之下轻微而不明显，对称情况可能会有轻微的刻面大小不平均，各刻面尖点不够尖锐等不明显的迹象。

⑤磨光情况在十倍放大镜之下非常明显地看出磨光痕迹 (POLISH MARK) 或其他。

对称情况已可很明显看出其圆周不圆，桌面和尖底偏中心点，各刻面大小不平均，腰部呈上下波浪形等等明显的情况。

"世界名钻"希望之星（The Hope），重44.50克拉。这颗著名的蓝色钻石，以拥有它的人均遭不幸而闻名。在它的悲剧历史中，包括了法王路易十六和玛莉安东尼的死亡。公元 1830 年它出现在伦敦市场上，由亨利·菲利浦·霍甫购得，作为传家之宝。1906 年，霍甫爵士将它出售以抵偿部分债务。

此后这颗钻石数易其主，直到 1958 年，纽约的钻石商哈利温斯顿将它捐赠给华盛顿首都，史密桑尼博物院，保存至今。历尽沧桑终获平静，不再有悲剧，仍然闪耀着它眩人的美丽。

◆ 八心八箭

近十年来，市场兴起一股八心八箭热潮，大多数人在还未弄清楚什么是八心八箭之前，就要求一定要购买八心八箭的钻石，使得钻石加工业者额外增加了一笔生意。

八心八箭 (Heart and Arrow) 是由日本人本村泽高首先于 1984 年左右提出的。当一颗圆钻的切磨对称性极为精确，所产生的效果。八心由底层观察可见到八个对称性完整的心形排列，而八箭由桌面观察则可见到八个箭头般的完整排列，这即是所谓的八心八箭。但是，有的人以为只要有几个心或是几个箭也能称为八心八箭。孰不知，并非所有钻石都有八心八箭！而是如前言所述，只有切磨对称性极好的圆钻才有八心八箭！

近年来，钻石业者的不断鼓吹，让更多数珠宝银楼业者以此为卖点而

八心八箭图示

加以跟进，使得人们误以为显现在钻石上的八心八箭效果是新的切割方式，这是极大的错误！

◆ 总深度百分比测量法

总深度百分比包括了冠部高度、腰部厚度和底部深度这三部分百分比的总和。

冠部和底部应互相配合，才能造成最佳的闪烁角度。

通常冠部高度大约在 16% 左右，冠部角度大约在 31°—37° 之间，最理想的百分比是 34 ½。

底部深度大约在 42.5%—45.5% 左右，最理想的百分比是 43%。

腰部厚度百分比大约在 1—1.7% 左右。(图 1)

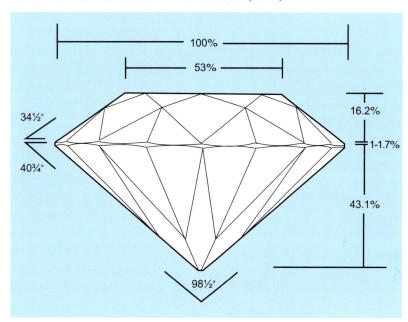

图 1

一、圆钻总深度百分比测量法如下：

总深度百分比 = 总深度 ÷ 平均直径 X100%

举例：

有一粒圆钻其直径为 6.53—6.57mm，总深度为 4.05mm；试求其总深度百分比。

解析：①平均直径 =（最小直径 + 最大直径）÷ 2

= (6.53mm+6.57mm) ÷ 2

= 6.55mm

②总深度：4.05mm

③总深度％＝ (4.05 ÷ 6.55) × 100% ＝ 0.61832 × 100%

      ＝ 61.832%（小数点第二位四舍五入）

      ＝ 61.8%

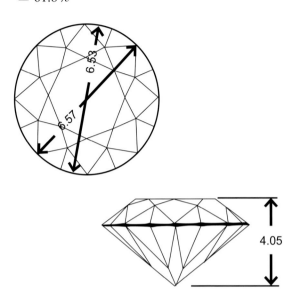

二、花式切工钻石总深度百分比测量法如下：

总深度百分比 = 总深度（高）÷ 宽 × 100%

举例：

有一粒花式切工的长方钻，其长、宽、高的读数为 15.27 × 10.25 × 6.50MM 试求其总深度百分比。

解析：①长 15.27 × 宽 10.25 × 高 6.50mm

②总深度％ ＝(6.5 ÷ 10.25) × 100%

      ＝ 0.6341 × 100%

      ＝ 63.4%

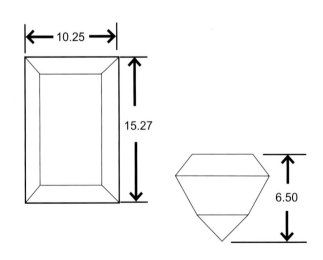

◈ 钻石尺寸的量法

钻石的尺寸测量通常以公厘为标准 (MILLI METER 或 MM) 单位。通常记录至公厘以下第二位小数为止，使用量尺时要特别小心，因为一般量尺都非常精密，在测量震动中就会有些微之差距。举例圆钻在精密的测量下并不纯圆，如你连续测量圆钻的直径，最少六个不同的方向，一定会出现一个最大直径和最小直径。

圆钻尺寸测量法：

记录最大及最小直径 (DIA METER) 和总深度 (TOTL DEPTH) 如下

6.66　　—　　6.70　×3.95mm

最小直径　　最大直径　总深度

花式切工钻尺寸测量法：

记录其长、宽、高如下：

15.20　×　9.50　×　6.05mm

长度　　　宽度　　　高（总深度）

量钻石尺寸所使用的工具：

宝石卡尺 (LEVERIDGE GAUGE)：在测量中要小心不要震动，但多少有些微的误差，但以不超过 0.02mm 为限度，比较适合测量镶好钻石。

厘米卡尺 (MICROMETER—分厘卡尺)：精密度更高，数字可直接测量至 0.0lmm，甚至可做到 0.001mm 的佳测，但厘米卡尺比较适合测量未镶好的裸钻。（参考桌面百分比图 5，6）

◈ 花式切割

当一粒钻石的原石送到一位切割师傅手中时，这位聪明的切割者，一定是在最理想的角度之下保持最多的重量去切割一粒钻石。（图 1）

属于等轴晶系的钻原石，最常见的就是八面晶体，其晶体形状最适合切割的就是圆钻，事实上

图 1　一颗水滴型钻石改成心形花式切割钻石，进行切磨设计情形。

圆钻也是市场销售中最常见的主力，至于其他不适合切割圆钻的不规则晶体，因为牵就其原石形状和重量的损耗，就会形成除了圆形以外形状的钻石，这些钻石称之为花式切工钻石 (FANCY CUT DIAMOND)。

因牵就原石形状而造成的花式切工钻石，通常在切割技巧上确实要比圆钻来得困难，切割工具和切割上所需用的时间成本也不同，因此工钱也较贵，所以有一句话说"会切割花式切工钻石的师傅一定会切圆钻；但会切圆钻的师傅倒下一定会切割花式切工的钻石。"

但因为市场消费的主力是以圆钻为主，所以就算花式切工技术成本比较贵，通常同等级一克拉以上的圆钻还是比花式切工钻石来得价钱要贵。但反之一克拉以下，可能花式切工钻要比圆钻贵，因为重量愈小总价格愈低，其切工成本影响会愈大。

一般花式切工的形状

一、一般花式切工的主力形状以如下六种

形状为主：(图 2)

橄榄形钻石

梨形钻石

椭圆形钻石

祖母绿形钻石

长方形钻石

心形钻石

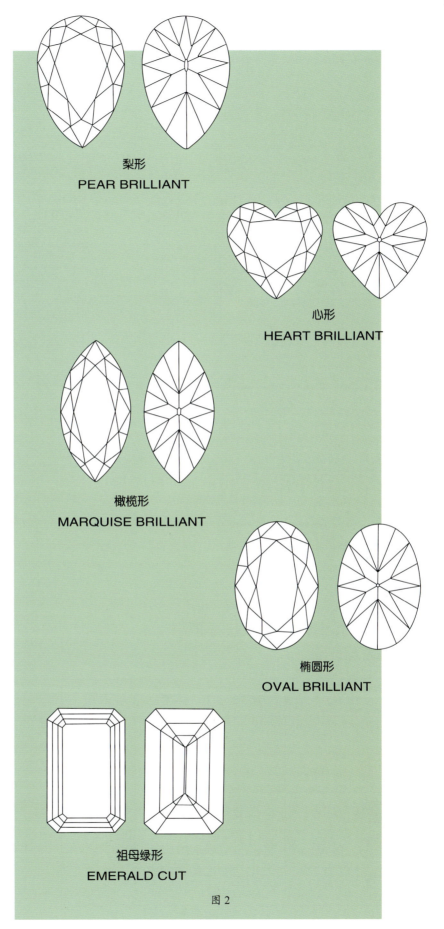

梨形
PEAR BRILLIANT

心形
HEART BRILLIANT

橄榄形
MARQUISE BRILLIANT

椭圆形
OVAL BRILLIANT

祖母绿形
EMERALD CUT

图 2

二、当然应市场需求或迁就原石形状也会造成其他形状如下：（图3）

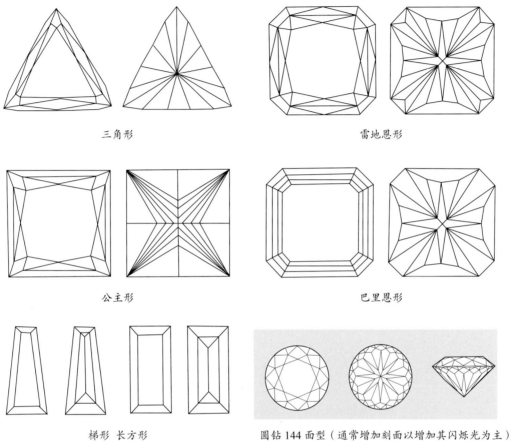

三角形　　　　　　　　　　　　雷地恩形

公主形　　　　　　　　　　　　巴里恩形

梯形　长方形　　　　　　圆钻144面型（通常增加刻面以增加其闪烁光为主）

图3

挑选花式切工钻石其形状比例应注意事项：

一、宽长度之比

形状		适当	太长	太短
	祖母绿形	1:1.5 1:1.75	1:2	1.25:1 1.10:1
	心形	1:1	1:1.25+	1:1-
	橄榄形	1:1.75 1:2.25	1:2.5	1.5:1
	椭圆形	1:1.33 1:1.66	1:1.75+	1.25:1 1.10:1
	梨形	1:1.5 1:1.75	1:2+	1.50-:1-

最新花式切割形

1988 年由 CSO 中央统售机构，研究发展出来的最新钻石切磨形式，对于看惯了传统切磨的人，自有耳目一新的效果，同时这些新型切磨，都被取了一个花的名字，更显露出浪漫风情。

正面

向日葵
SUNFLOWER（Girasole）

侧面

正面

大梨花
DAHLIA

侧面

正面

火玫瑰
FIRE–ROSE
（Pear–Shape）

侧面

正面

百日红
ZINNIA

侧面

正面

火玫瑰
FIRE–ROSE
（Heart–Shape）

侧面

正面

金盏花
MARIGOLD
（Garofano indiano）

侧面

正面

火玫瑰
FIRE–ROSE
（Rosa di fuoco）

侧面

二、外表形状
以肩部、腰部、尖
点等几个部位的宽
窄、高低、歪斜为
准。（如图4）

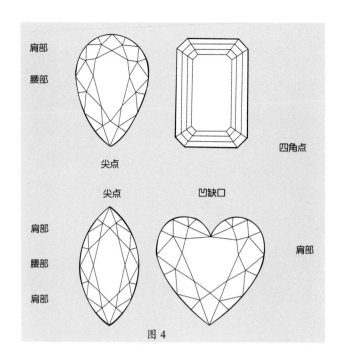

图 4

不好的外表形状如下：（图 5）

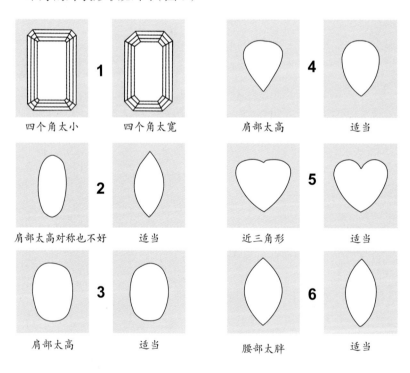

图 5

三、底部厚度

不适当切割比率的底部会造成闪烁的损失，通长在花式工钻石的桌面下会出现领结般的阴影，我们称之为领结现象 (BOW—TIE EFFECT)，其阴影愈暗代表其底部角度不当。（图6）

桌面之内如领结形状的阴影，我们称之为领结现象 (BOW—TIE EFFECT)。（图7）

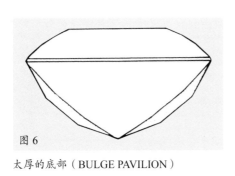

图6

太厚的底部（BULGE PAVILION）

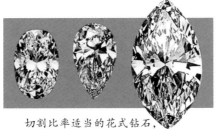

切割比率适当的花式钻石，其领结现象非暗影而呈亮光。

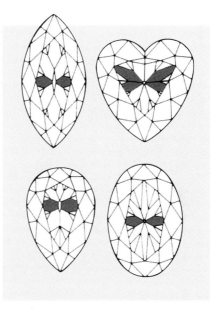

图7

四、如何测量花式切工桌面百分比如下：

桌面百分比＝内对尖点的长度 ÷ 钻石宽度 ×100%

举例：如图8之橄榄形钻，其长度为30.22mm，宽度为13.9mm，内对尖点长度为7.62mm 桌面百分比 =（7.62÷13.9）×100%

= 0.548×100%

= 55%

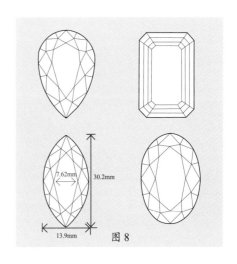

图8

钻石的重量（CARAT）

钻石的重量是以克拉（CARAT）为公制单位，每一克拉等于 0.2 公克（GRAM）也就是等于 200 毫克（MILLIGRAM），通常计重至小数点后第二位为止，第三位小数可以八舍九入或不计。第二位小数为"分"（POINT），每一克拉等于 100 分 (1 CARAT=100 POINT)。

按照美国联邦贸易委员会（U.S. FEDERAL TRADE COMMISSION，简称 F.T.C.）的规定，钻石买卖时的重量单位是以克拉作为公制单位。

一克拉等于 100 分，如果只有 0.998 克拉，则第三位小数可以八舍九入进位而为一克拉，但这种计算方法并不一定为其他地区所接受。在某些地区第三位小数不得八舍九入，而采用第三位小数舍弃法，也就是 0.999 克拉，还是以 0.99 克拉为计重单位。

钻石筛子通常以每一片圆片量尺为大约尺寸，每一个小孔的直径都代表了每一种重量的钻石。

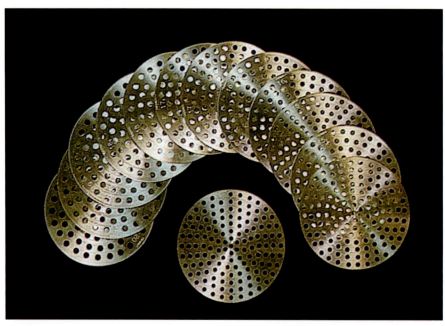

钻石筛子

钻石筛子比例表

以下尺寸可大小差距在10％左右

筛片编号	每克拉大约粒数	重量（POINT·分）	直径（MM）
0	200	1/2 分	1.1
1	175		1.15
1 1/2	150		1.20
2	125		1.25
2 1/2	110/115		1.30
3	100	1 分	1.35
3 1/2	90		1.40
4	80		1.45
4 1/2	70		1.50
5 1	60		1.55
5 1/2	50	2 分	1.60
6	48		1.70
6 1/2	45		1.80
7	35		1.90
7 1/2	33	3 分	2.00
8	30		2.10
8 1/2	25	4 分	2.20
9 1	22		2.30
9 1/2	20	5 分	2.40
10	18		2.50
10 1/2	17		2.60
11	16	6/7分	2.70
11 1/2	15		2.80
12	13	7/8分	2.90
12 1/2	11	3 分	3.00
13	10	10 分	3.10
13 1/2	8/9	11 分	3.20
14	8	12 分	3.30
14 1/2	7.5	13 分	3.40
15	6.5	15 分	3.50
15 1/2	6	17 分	3.60
16	5.5	18 分	3.70
16 1/2	5 1/2	19 分	3.80
17	4-4/3	21 分	3.90
17 1/2	4 1/2	22 分	4.00
18	4 1/2	23 分	4.10
18 1/2	4	25 分	4.20
19	3.70	27 分	4.30
19 1/2	3.33	38 分	4.40
20	3	33 分	4.50

标准圆型钻石直径和大约重量的对照：

直径　大约重量

4.10mm = 0.25 克拉

5.20mm = 0.50 克拉

6.50mm = 1.00 克拉

7.40mm = 1.50 克拉

8.20mm = 2.00 克拉

钻石电子秤，称量结果通常到第三位小数为止，如下图的电子秤所秤的钻石为 4.639 克拉，或舍弃第三位小数而成为 4.63 克拉，或第三位小数八舍九入成为 4.64 克拉，这完全视商情而定。

机械链秤的精密度也很高，不需用到电力，但缺点是操作速度比较慢。

手秤的精密度也可以达到 1/100 克拉，也方便于随身携带，但在使用时要小心风向，不要在有风口的地方使用，风力会影响其重量精确度。

电子克拉秤

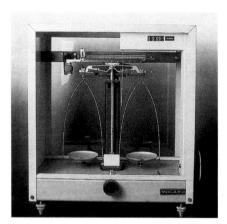

机械克拉秤

手持克拉秤

166

◈ 如何利用尺寸测量预估钻石的大约重量

注意事项：

（一）适用于镶好的钻石重量估测。

（二）当腰部太厚时需要用到腰部厚度量差（GIRDLE THICKNESS WEIGHT CORRECTION，GTWC，如后页附表）。

（三）建议未镶好的钻石不用此法，可直接使用重量秤，更为精确。

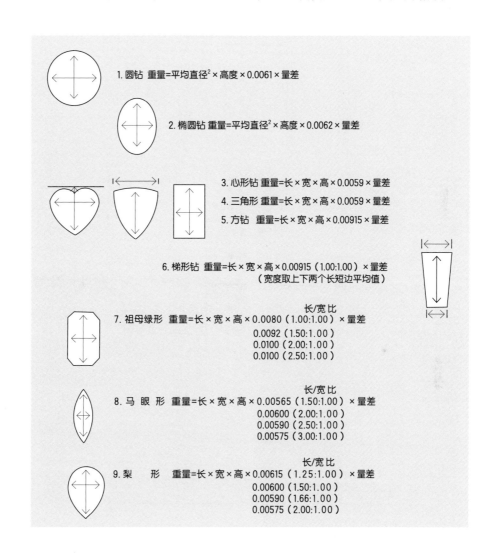

1. 圆钻 重量=平均直径^2×高度×0.0061×量差

2. 椭圆钻 重量=平均直径^2×高度×0.0062×量差

3. 心形钻 重量=长×宽×高×0.0059×量差

4. 三角形 重量=长×宽×高×0.0059×量差

5. 方钻 重量=长×宽×高×0.00915×量差

6. 梯形钻 重量=长×宽×高×0.00915（1.00:1.00）×量差
（宽度取上下两个长短边平均值）

7. 祖母绿形 重量=长×宽×高×0.0080（1.00:1.00）×量差　长/宽比
　　　　　0.0092（1.50:1.00）
　　　　　0.0100（2.00:1.00）
　　　　　0.0100（2.50:1.00）

8. 马 眼 形 重量=长×宽×高×0.00565（1.50:1.00）×量差　长/宽比
　　　　　0.00600（2.00:1.00）
　　　　　0.00590（2.50:1.00）
　　　　　0.00575（3.00:1.00）

9. 梨　　形 重量=长×宽×高×0.00615（1.25:1.00）×量差　长/宽比
　　　　　0.00600（1.50:1.00）
　　　　　0.00590（1.66:1.00）
　　　　　0.00575（2.00:1.00）

腰部厚度量差表（GTWC）

直径(MM)	稍厚腰部	厚腰	非常厚腰	极厚腰	直径(MM)	稍厚腰部	厚腰	非常厚腰	极厚腰
3.80	3%	4%	9%	12%	6.05	2%	3%	6%	8%
3.85	3%	4%	9%	12%	6.10	2%	3%	6%	8%
3.90	3%	4%	9%	12%	6.15	2%	3%	6%	8%
3.95	3%	4%	9%	12%	6.20	2%	3%	6%	8%
4.00	3%	4%	9%	12%	6.25	2%	3%	6%	8%
4.05	3%	4%	9%	12%	6.30	2%	3%	6%	8%
4.10	3%	4%	9%	12%	6.35	2%	3%	6%	8%
4.15	2%	4%	9%	12%	6.40	2%	3%	6%	8%
4.20	2%	4%	8%	11%	6.45	2%	3%	6%	8%
4.25	2%	4%	8%	11%	6.50	2%	3%	6%	8%
4.30	2%	4%	8%	11%	6.55	2%	3%	6%	8%
4.35	2%	4%	8%	11%	6.60	2%	2%	5%	7%
4.40	2%	4%	8%	11%	6.65	2%	2%	5%	7%
4.45	2%	4%	8%	11%	6.70	2%	2%	5%	7%
4.50	2%	4%	8%	11%	6.75	2%	2%	5%	7%
4.55	2%	4%	8%	11%	6.80	2%	2%	5%	7%
4.60	2%	4%	8%	10%	6.85	2%	2%	5%	7%
4.65	2%	4%	8%	10%	6.90	2%	2%	5%	7%
4.70	2%	3%	8%	10%	6.95	1%	2%	5%	7%
4.75	2%	3%	7%	10%	7.00	1%	2%	5%	7%
4.80	2%	3%	7%	10%	7.05	1%	2%	5%	7%
4.85	2%	3%	7%	10%	7.10	1%	2%	5%	7%
4.90	2%	3%	7%	10%	7.15	1%	2%	5%	7%
4.95	2%	3%	7%	10%	7.20	1%	2%	5%	7%
5.00	2%	3%	7%	10%	7.25	1%	2%	5%	7%
5.05	2%	3%	7%	10%	7.30	1%	2%	5%	7%
5.10	2%	3%	7%	10%	7.35	1%	2%	5%	7%
5.15	2%	3%	7%	9%	7.40	1%	2%	5%	2%
5.20	2%	3%	7%	9%	745	1%	2%	5%	7%
5.25	2%	3%	7%	9%	7.50	1%	2%	5%	7%
5.30	2%	3%	7%	9%	7.55	1%	2%	5%	7%
5.35	2%	3%	7%	9%	7.60	1%	2%	5%	7%
5.40	2%	3%	7%	9%	7.65	1%	2%	5%	7%
5.45	2%	3%	7%	9%	7.70	1%	2%	5%	6%
5.50	2%	3%	7%	9%	7.75	1%	2%	5%	6%
5.55	2%	3%	6%	9%	7.80	1%	2%	5%	6%
5.60	2%	3%	6%	9%	7.85	1%	2%	5%	6%
5.65	2%	3%	6%	9%	7.90	1%	2%	5%	6%
5.70	2%	3%	6%	9%	7.95	1%	2%	5%	6%
5.75	2%	3%	6%	9%	8.00	1%	2%	5%	6%
5.80	2%	3%	6%	8%	8.05	1%	2%	5%	6%
5.85	2%	3%	6%	8%	8.10	1%	2%	5%	6%
5.90	2%	3%	6%	8%	8.15	1%	2%	4%	6%
5.95	2%	3%	6%	8%	8.20	1%	2%	4%	6%
6.00	2%	3%	6%	8%	8.25	1%	2%	4%	6%

注意事项：

（一）本修饰表适用于各种形状钻石。

（二）本修饰表适用于腰部比较宽厚的钻石。

（三）花式切工的直径以宽度为标准。

利用宝石卡尺求钻石重量

利用宝石卡尺，先测量镶在托上的钻石尺寸，然后再利用预估法公式求得钻石的重量。

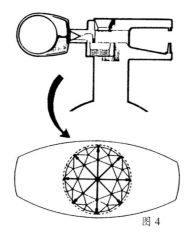

图 4

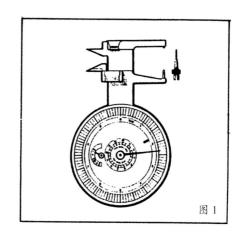

图 1

使用说明：

①在卡尺右方夹口，加装延长针，如图 1 所示，再如图 2，长针抵在钻石尖底，以量取镶在戒托上的钻石总深度。

②拆卸延长针，如图 3 所示，以量取钻石的直径，至少要量 6 个不同的方向。

③如果钻石是平嵌或包镶，利用卡尺左边的尖角，如图 4 以求得直径。

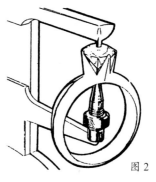

图 2

举例（一）

有一粒圆钻最小直径 6.52mm，最大直径 6.54mm，总深度 3.85mm，腰部厚度为厚，请估算其大约重量。

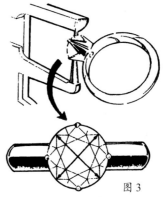

图 3

①先求平均直径 =(6.52mm+6.54mm)÷2
=13.06mm÷2
=6.53mm

②腰部厚度量差：从腰部厚度量差表可查出 6.53mm 的直径，当腰部为厚时，其量差为 3% 再加上 100% 等于 103% 也就是 1.03。

③大约重量 = 平均直径^2× 深度 × 0.0061× 量差 (C.T.W.C)
=6.53^2× 3.85 × 0.0061 × 1.03
=1.031464 四舍五入为 1.03 克拉

举例（二）

有一粒祖母绿式切工的方钻，其长度为 7.30mm，宽度 4.00mm，深度 2.55mm，腰部厚度为中等，请预估其大约重量。

①**算出其长宽之比** =7.30:4.00

=1.82:1

1.82∶1 的长宽比例修饰最接近 1.5:1 和 2:1 中间，所以其比例修饰大约为 0.0092 和 0.0100 的平均数 0.0096。

②**大约重量** = 长 × 宽 × 深度 × 比例修饰 × 量差（可以省略）

=7.30 × 4.00 × 2.55 × 0.0096

=0.714816 四舍五入为 0.71 克拉

粉红、绿、黄三色彩钻蝴蝶戒指，搭配马眼形的小钻，大气、豪华，适合贵妇、社交名媛、时尚圈人士。
（图片提供 钻石小鸟）

8 彩钻

什么是彩钻

彩钻是钻石的一种。通常，钻石呈透明色彩，但彩钻是除透明以外的钻石。彩色钻石指钻石具备显著颜色，或罕见的天然致色钻石，而其中以黄色或褐色钻石为例，它的颜色必须达到足够色度。例如国际鉴定分级制度 GIA 分级体系中，必须深于 Z 色的钻石才可称为彩色钻石。因此想要买彩钻的消费者一定要买有 GIA 证书的彩钻才有保障。

至于其他颜色的钻石，虽然颜色较浅或颜色饱和度较低，但都可称为彩色钻石。在彩色钻石当中，红色和绿色是极为罕见的；其次是蓝色、红紫色、紫色、橙色、粉红色。我们珠宝市场中经常交易的彩色钻石以黄色和棕褐色为主，而明亮的黄色钻石更具经济价值。

彩钻的产地

◈ 印度

钻石在人类历史中的传奇始于印度南部。作为世界最早发现和加工钻石的国度，印度自然少不了发现彩钻的精彩回顾。比如重达 189.62 克拉呈现淡蓝色的钻石"奥洛夫"、德国珍藏的"德雷斯顿"绿钻、9.01 克拉浅粉色梨形"康代"（Grand Conde）、全世界知名的重达 45.52 克拉的"希望蓝钻"、美艳惊人的"拉琪"血色美钻等等都出自充满神秘色彩的戈尔康达（Golconda）矿区。

◈ 南非

自 19 世纪成为钻石的新兴产地后，每年钻石产量庞大的南非便与彩钻结缘，续谱了许多的彩钻诗篇。那里发现的第一颗彩钻是一颗重达 21.25 克拉的至美黄钻，命为"Eureka"（表示"我发现了"的意思）。南非普里米尔矿山是蓝色、粉色、黄色和绿色等多种彩色钻石的主要产地：淡蓝色的"库利南"钻石、深蓝色的"永恒之心"、128.54 克拉最有名气的蒂凡尼深棕黄色钻石（Fancy Deep Brownish Yellow），著名演员奥黛

非洲钻石原生矿床（图片提供 侏罗纪珠宝公司）　　阶梯式的方式开采，才能把挖掘出来的矿石运出
（图片提供 侏罗纪珠宝公司）

丽·赫本曾在电影《蒂凡尼早餐》中，打响 Tiffanny 钻石的品牌地位。重达 545.65 克拉的世界上最大的极品黄钻"金色庆典"及有世界上最大玫瑰红色钻石之称的"斯坦梅茨"均出自这个盛产传奇的大陆。

◈ 澳大利亚

目前澳大利亚是钻石年产量最大的国家，同时也是黄色、蓝色和红色钻石的主要产地，更是唯一出产粉色钻石的源头。20 多年前阿盖尔地区的矿山开采才让澳大利亚每年都有粉钻和玫瑰色钻石产出，但数量却稀少有限，令粉钻长期处于不可多得的彩钻珍品之列。2014 年矿业巨头力拓拍卖 4 颗极其稀少的红色钻石，其中 1.21 克拉的"阿盖尔红衣主教"，雷地恩形切工，预估 200 万～500 万美元。

阿盖尔粉红彩钻

阿盖尔钻石矿是世界最大的钻石矿之一。产量占全世界 90%，粉红钻石每年有 40～60 颗送去拍卖。常出现 Fancy Brownish-Red、Fancy Purplish-Pink 或 Fancy Vivid Purplish-Pink 三种颜色。阿盖尔出产的粉红钻在腰围都有激光编号，并且刻有类似 A 字符号。每一颗阿盖尔粉钻都有专属证书，其中自创一套颜色评价系统。PP 粉红带紫色（1PP-9PP，9PP 颜色最浓）、P 粉红色（1P-9P）、PR 粉红玫瑰色（1PR-9PR）、WHITE 白色、PC 粉红香槟色 Pink Champagne(PC1-PC3)、BL 靛蓝色 Blue Violet(BL1-BL3)、Purplish Red 红带紫色、Red 红色。

不同彩钻颜色与产地的关系

（1）**粉红色彩钻** 主要产于澳大利亚的阿盖尔橄榄金云火山岩筒、坦桑尼亚的姆瓦杜伊金伯利岩岩筒、南非的普列米尔岩筒。

（2）**绿色彩钻** 主要产于博茨瓦纳的杰旺年金伯利岩岩筒和印度潘纳地区的钻石砂矿床。

（3）**浅蓝白色和蓝色彩钻** 主要产于南非的亚赫斯丰坦和普列米尔岩筒、塞拉利昂的砂矿，澳大利亚的阿盖尔岩筒中也发现蓝色宝石级钻石。

（4）**微黄色和金黄色彩钻** 主要产于南非的戴比尔斯和金伯利岩筒，巴西米那斯吉拉斯地区的钻石砂矿床中也发现有金黄色宝石级钻石。

（5）**纯白色或无色系列钻石** 分布较广，数量较多，但质量最佳的主要产于纳米比亚、安哥拉、中国的辽宁、印度的安得拉邦、俄罗斯的雅库特、南非的科菲丰坦和亚赫斯丰坦岩筒、塞拉利昂和加纳等地的钻石矿床。

（6）**褐色、黑色和灰色钻石** 质量最差。褐色主要产于的阿盖尔岩筒和刚果（金）的布什玛依地区的钻石矿床；黑色钻石只产于巴西的钻石砂矿床。

钻石颜色的主要成因是无色钻石结构或微量成分的微小变化，例如杂质元素、辐射或放射致色、塑性变形致色、内含物致色等因素。因此颜色越稀

1.00ct 巴里恩形切割红色（Fancy Red）彩钻裸石，非常稀有珍贵（图片提供 侏罗纪珠宝公司）

浓彩绿（Fancy Intense Green）彩钻戒指，主石重量为1.74ct、祖母绿切割，周围一圈粉色的小钻，最外层水滴造型的白钻，相当豪华，适合个性张扬、风格鲜明的时尚圈人士佩戴。（图片提供 侏罗纪珠宝公司）

7.57ct、圆明亮艳黄彩（Fancy Vivid Yellow）钻
戒指，搭配白色小碎钻镶嵌的花瓣，非常奢华。
主石为艳彩黄色，已是最高等级，很难得。（图片
提供 侏罗纪珠宝公司）

1.00ct、椭圆形切割蓝色（Fancy
Intense Blue）彩钻戒指，周围白色小碎
钻镶嵌，让整体看上去更加饱满、精致，
熠熠生辉。（图片提供 侏罗纪珠宝公司）

有、颜色等级越高，价值就越高，颜色越浓越鲜艳、饱和度越高，价值也就
越高。反之，颜色越浅、越不均匀，抑或发黑变暗就会影响其价值。

彩钻颜色等级分级原理

　　彩钻彩色的程度通常按颜色饱和度及色调进行分级，在描述钻石颜色
时，这些术语放在主色之前，如 Fancy yellow（彩黄）或 Light yellow（淡
黄）。经过 GIA 鉴定的彩钻在珠宝市场具有极高价值，因为 GIA 的鉴定证
书世界通用，而且具有权威性。它的证书中对颜色的描述分得很细，而且
对颜色的出处也做鉴别，有些彩色钻石的颜色是经过辐照改色的，这样的
颜色鉴定机构都认为是人工处理的，它的价值远没有天然致色的钻石高。

　　备注：同一等级的钻石可能因为切工、形状与大小、内含物多寡的不同造成颜色与浓
度视觉效果差异；相同一颗彩钻在不同时间与不同鉴定地点也有可能产生不同的结果，消
费者买之前请多看实物和参考鉴定证书。（P175 ～ 184）
　　参考网站：http://jingyan.baidu.com/album/f7ff0bfc5d5e6d2e26bb1321.html

参考 GIA 彩钻分级方法（黄色彩钻）

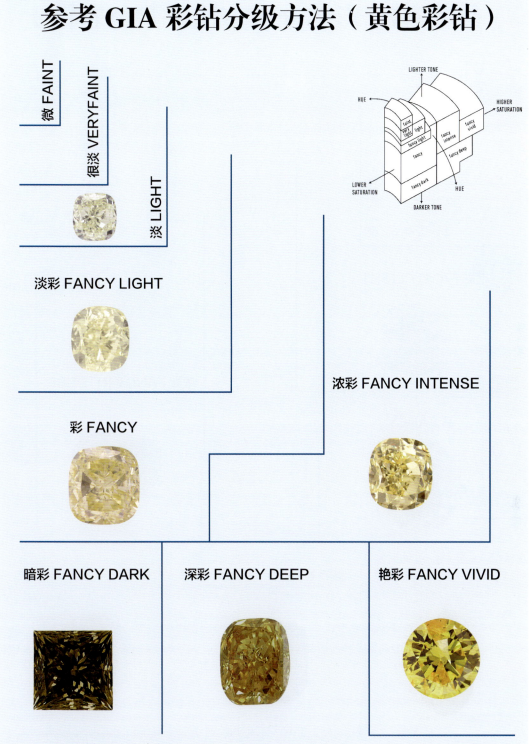

以上图片提供 阿斯特瑞雅钻石网站：http://www.asteriadiamonds.com/

　　黄色彩钻也被称为"黄金钻"，当钻石中的氮原子取代了晶体中的某些碳原子时，钻石因为开始吸收蓝色和紫色光线，便使之呈现黄色。通常呈浅黄色、金黄色、酒黄色或琥珀色，是彩色钻石中最常见的颜色，尤以金黄色最为珍贵稀有。黄色彩钻常见有 Light Yellow、Fancy Yellow、Fancy Intense Yellow、Fancy Vivid Yellow、Fancy Dark Yellow、Fancy Deep Yellow 几个等级。最受欢迎的是 Fancy Intense Yellow、Fancy Vivid Yellow 这两个等级，也是相对比较贵的。

参考 GIA 彩钻分级方法（紫色彩钻）

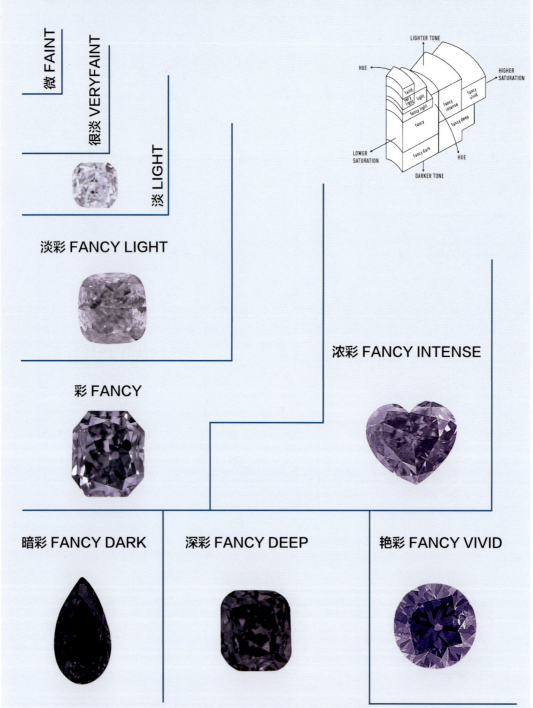

微 FAINT

很淡 VERY FAINT

淡 LIGHT

淡彩 FANCY LIGHT

彩 FANCY

浓彩 FANCY INTENSE

暗彩 FANCY DARK

深彩 FANCY DEEP

艳彩 FANCY VIVID

以上图片提供 阿斯特瑞雅钻石网站：http://www.asteriadiamonds.com/

紫色彩钻产量也是相当稀少，市面上几乎不常见。主要致色原因是晶格扭曲变形或者是晶格扭曲与含氢元素共同作用产生。紫颜色通常会偏灰与偏暗，相对就不讨喜。如果能带一点粉紫色就相当讨喜例如 Fancy Deep Pinkish Purple。其他颜色还有 Fancy Light Pinkish Purple、Fancy Pink Purple、Fancy Deep Pinkish Purple、Fancy Intense Pink Purple、Fancy Grey Purple 等。

参考 GIA 彩钻分级方法（棕色彩钻）

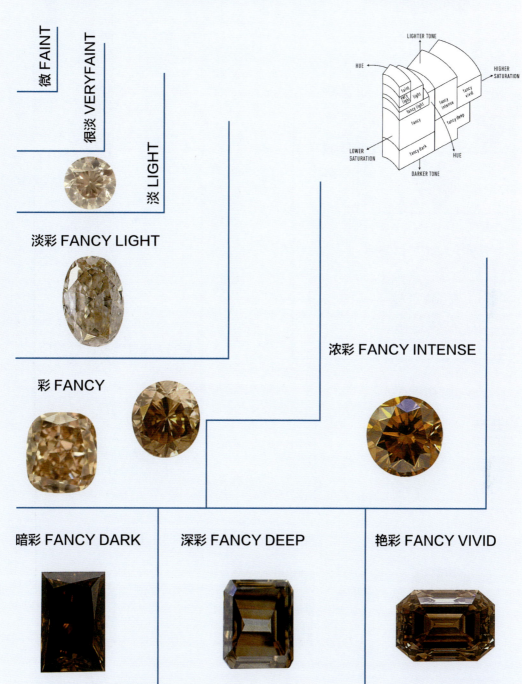

微 FAINT

很淡 VERYFAINT

淡 LIGHT

淡彩 FANCY LIGHT

彩 FANCY

浓彩 FANCY INTENSE

暗彩 FANCY DARK

深彩 FANCY DEEP

艳彩 FANCY VIVID

以上图片提供 阿斯特瑞雅钻石网站：http://www.asteriadiamonds.com/

　　褐色也叫棕色，也有人称咖啡色或香槟色。褐色是彩钻中数量最多，价位最便宜的彩钻之一。主要颜色成因是因为晶格缺陷所造成。褐色通常会偏暗就不讨喜，偏橘价位就会好一点。拍卖市场基本上不拍褐色彩钻。Light Brown、Fancy Brown、Fancy Orange Brown、Fancy Intense Brown、Fancy Vivid Brown、Fancy Dark Brown、Fancy Deep Brown 几个等级。如果是求婚，千万别送褐色彩钻，因为多数人都看过这本书。如果买不起贵重彩钻，买白钻或者黄色彩钻也可以。一颗一克拉GIA 褐色彩钻约 1 万人民币就可以买到。

参考 GIA 彩钻分级方法（绿色彩钻）

微 FAINT

很淡 VERYFAINT

淡 LIGHT

LIGHTER TONE

HUE

HIGHER SATURATION

LOWER SATURATION

HUE

DARKER TONE

faint very light light
fancy light
fancy
fancy intense
fancy vivid
fancy deep
fancy dark

淡彩 FANCY LIGHT

浓彩 FANCY INTENSE

彩 FANCY

暗彩 FANCY DARK

深彩 FANCY DEEP

艳彩 FANCY VIVID

以上图片提供 阿斯特瑞雅钻石网站: http://www.asteriadiamonds.com/

　　绿色彩钻形成的原因主要是经过天然辐射照射改变晶格结构，市面上常见的绿色彩钻多数为人工辐照改色，因此买绿色彩钻要特别留意证书打的内容。就因为辐照改色的绿色彩钻多，也降低了消费者购买绿色彩钻意愿。绿色彩钻常见有 Faint Green、Very Faint Green、Light Green、Fancy Green、Fancy Intense Green、Fancy Vivid Green、Fancy Dark Green、Fancy Deep Green 几个等级。最受欢迎的是 Fancy Green、Fancy Intense Green、Fancy Vivid Green 这三个等级，也是相对比较贵的。这几年来还没出现大的绿色彩钻能上年度拍卖珠宝封面，主要还真是稀有。通常绿色彩钻都会带蓝色或带灰色。多数都偏暗绿色，很少有鲜艳的绿色。

参考 GIA 彩钻分级方法（蓝色彩钻）

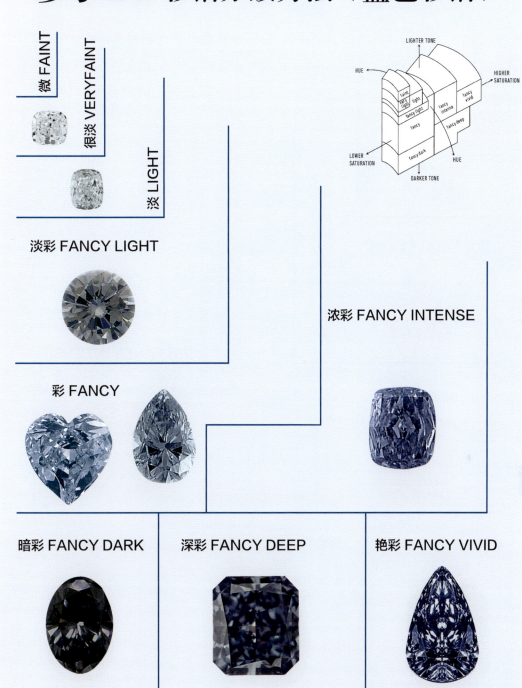

以上图片提供 阿斯特瑞雅钻石网站: http://www.asteriadiamonds.com/

能称之为蓝钻的钻石必须是纯正的明显的蓝色、天蓝、深蓝色的钻石，其中尤以深蓝色最佳。蓝色钻石与所有其他颜色的钻石不同，在形成过程中含有"硼"微量元素，且具有导电的性能。蓝钻的蓝中常会带灰色或黑色，若晶体中含有氮的杂质，蓝钻常常会呈现蓝绿或蓝带绿等色。深蓝色钻石相当罕见，故为稀世珍品。蓝色彩钻常见有 Very Faint Blue、Light Blue、Fancy Blue、Fancy Intense Blue、Fancy Vivid Blue、Fancy Dark Blue、Fancy Deep Blue 几个等级。最受欢迎的是 Fancy Blue、Fancy Intense Blue、Fancy Vivid Blue 这三个等级，也是相对比较贵的。但市面上常见的蓝钻都很浅，未达 Fancy Blue 的居多，而且带灰带暗相当普遍。不管男生、女生戴蓝钻都很有魅力。

参考 GIA 彩钻分级方法（橘色彩钻）

微 FAINT

很淡 VERYFAINT

淡 LIGHT

LIGHTER TONE

HUE

HIGHER SATURATION

faint · light · fancy vivid · fancy light · fancy intense · fancy · fancy deep

LOWER SATURATION

tancy dark

HUE

DARKER TONE

淡彩 FANCY LIGHT

浓彩 FANCY INTENSE

彩 FANCY

暗彩 FANCY DARK

深彩 FANCY DEEP

艳彩 FANCY VIVID

以上图片提供 阿斯特瑞雅钻石网站：http://www.asteriadiamonds.com/

　　橘色彩钻是介于黄色与红色之间的混合色。其致色原因也只能推测含有氮以及受到晶格扭曲的共同结果。橘色彩钻很少单独出现，通常会伴随黄色与红色混在一起。若是橘色带棕色调就比较不讨喜。橘色彩钻可分成 Faint Orange、Very Faint Orange、Light Orange、Fancy Orange、Fancy Intense Orange、Fancy Vivid Orange、Fancy Dark Orange、Fancy Deep Orange 几个等级。最受欢迎的是 Fancy Intense Orange、Fancy Vivid Orange、Fancy Deep Orange 这三个等级，也是相对比较贵的，也是较受欢迎的。

参考 GIA 彩钻分级方法（灰色彩钻）

微 FAINT

很淡 VERYFAINT

淡 LIGHT

淡彩 FANCY LIGHT

浓彩 FANCY INTENSE

彩 FANCY

暗彩 FANCY DARK   深彩 FANCY DEEP   艳彩 FANCY VIVID

以上图片提供　阿斯特瑞雅钻石网站：http://www.asteriadiamonds.com/

多数人都不爱偏灰色彩钻。白色钻石要是偏灰价钱就掉下来了。灰色常出现在蓝色、绿色、靛色、紫色中。只要带灰色，价钱就会降低。常见颜色可分成 Fancy Light Grey、Fancy Grey、Fancy Dark Grey、Fancy Deep Grey 几个等级。看到这里你可不要灰心，因为灰色彩钻还是天然钻石，哪天说不定价格就会被炒作起来。

参考 GIA 彩钻分级方法（红色彩钻）

微 FAINT

很淡 VERYFAINT

淡 LIGHT

淡彩 FANCY LIGHT

浓彩 FANCY INTENSE

彩 FANCY

暗彩 FANCY DARK

深彩 FANCY DEEP

艳彩 FANCY VIVID

LIGHTER TONE

HUE

HIGHER SATURATION

faint
very light
light

fancy light

fancy intense

fancy vivid

fancy

fancy deep

LOWER SATURATION

fancy dark

HUE

DARKER TONE

以上图片提供　阿斯特瑞雅钻石网站：http://www.asteriadiamonds.com/

　　通常呈粉红色到鲜红色系的透明钻石，因钻石形成过程中晶格结构发生扭曲变化而产生，其中红色尤以浓艳如血的"血钻"为稀世珍品，在红色彩钻分级上只有一级就是 Fancy Red，没有 Fancy Intense、Vivid、Light Red 的划分。大多数红色彩钻都不到一克拉，能有 50 分大小就不错了。至于上一克拉的红色彩钻，几乎都是每年苏富比与佳士得拍卖的国际焦点，一生拥有一颗天下难得的红色彩钻，相信很多人都说值得了。

参考 GIA 彩钻分级方法（粉红色彩钻）

微 FAINT

很淡 VERYFAINT

淡 LIGHT

淡彩 FANCY LIGHT

彩 FANCY

浓彩 FANCY INTENSE

暗彩 FANCY DARK

深彩 FANCY DEEP

艳彩 FANCY VIVID

LIGHTER TONE

HUE

HIGHER SATURATION

faint

very light

fancy light

fancy

fancy intense

fancy vivid

fancy deep

fancy dark

LOWER SATURATION

HUE

DARKER TONE

以上图片提供 阿斯特瑞雅钻石网站：http://www.asteriadiamonds.com/

　　粉红色彩钻的颜色也是由晶格发生扭曲导致的。较淡的粉红色或玫瑰色既清新淡雅又不失闪耀华美，因为容易让人联想到浪漫的爱情而备受宠爱。粉红彩钻常见有 Very Faint Pink、Light Pink、Fancy Pink、Fancy Intense Pink、Fancy Vivid Pink、Fancy Dark Pink、Fancy Deep Pink 几个等级。最受欢迎的是 Fancy Pink、Fancy Intense Pink、Fancy Vivid Pink 这三个等级，也是相对比较贵的。粉红色钻石相当掳获贵妇的心，多数的粉红色彩钻都会偏橘色与偏紫色，偶尔也会偏棕色，这时候就会降低其美观与价值，很少有纯粉红色出现。

参考 GIA 彩钻分级方法（黑色彩钻）

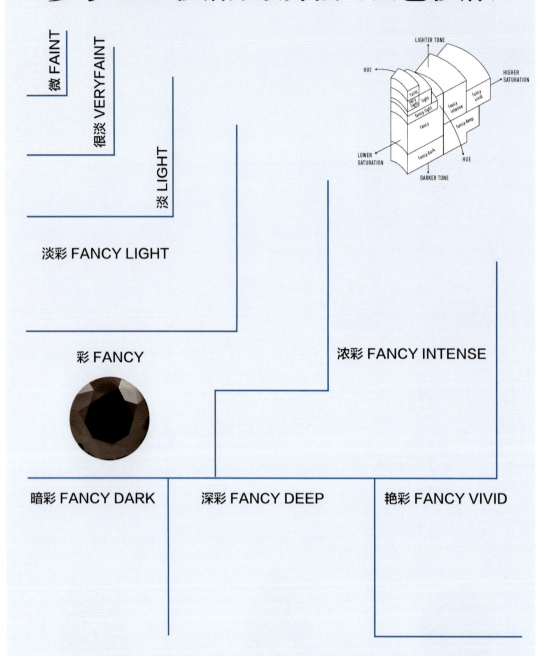

微 FAINT

很淡 VERYFAINT

淡 LIGHT

淡彩 FANCY LIGHT

彩 FANCY

浓彩 FANCY INTENSE

暗彩 FANCY DARK

深彩 FANCY DEEP

艳彩 FANCY VIVID

LIGHTER TONE

HUE

HIGHER SATURATION

faint very light

light

fancy light

fancy intense

fancy vivid

fancy

fancy deep

LOWER SATURATION

fancy dark

HUE

DARKER TONE

以上图片提供 阿斯特瑞雅钻石网站：http://www.asteriadiamonds.com/

　　黑钻是由于钻石内部的包裹体或杂质过多过密、光线无法穿透而呈黑色。多数的黑色钻石实际上都被石墨色与黑色或暗灰色的物质所包裹。黑色彩钻有部分是辐照处理颜色，现在是加热处理。整体来说黑钻只有 Fancy Black 这个等级，也有人多加一个 Fancy Deep Black 这个等级。如果黑钻颜色变浅，就变成灰色钻石了。总之，黑钻石大多用来当配钻，做一些复古设计款，就算是一克拉的黑钻也只要小几千元就可以买到。

GIA 主要的彩钻颜色用语

在这里介绍一些常见的 GIA 彩
钻颜色用语，主要是让大家认识一些
常见颜色的彩钻，按照 GIA 的标准
来认识，才能避免出现鸡同鸭讲的错
误。消费者要注意，即使你买的钻石
有 GIA 证书，也可能买到合成钻石。

粉红裸钻（图片提供 李兆丰）

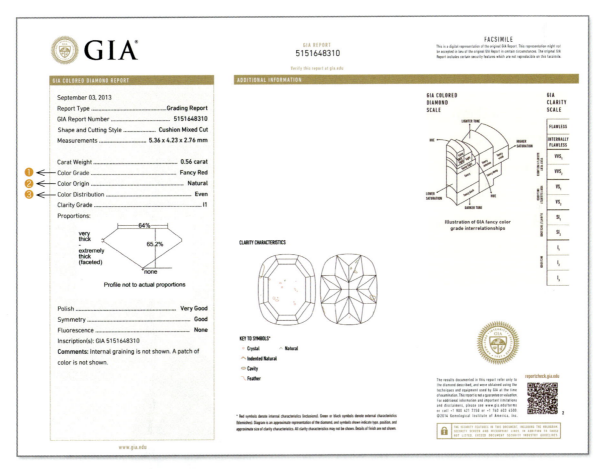

粉红裸钻 GIA 证书（图片提供 李兆丰）

心形粉钻戒指（图片提供 钻石小鸟）

GIA 彩色钻石证书上颜色〈COLOR〉项目的解说。

Color 项目如下：

① Color Origin〈颜色来源〉

1. Natural 天然色

2. Treated 处理过的

（1）Artificially Irradiated 辐照改色

（2）HPHT processed 高温高压处理

（3）Undetermined 无法确定颜色来源

Tip

　　即使是合成钻石也是可以有 GIA 证书的，在 GIA 证书的备注栏，如果没有写着 Natural，那就是经过处理的合成钻石。除非你故意要买，否则一定要避开这三种处理方式。不要以为商家会让你捡漏，很多人可能在买了钻石五年到十年后才知道是处理过的，可是为时已晚。这也是笔者为什么说要先看书，再去买钻石的原因。

② Color Grade〈颜色等级〉的评定，分为两条线。

　　第一条线定出颜色之淡浓，分九个级别：

1. Faint（微）

2. Very light（微浅）

3. Light（浅）

很罕见的水滴形、绿色彩钻裸石
图片提供 钻石小鸟

4. Fancy light（淡彩）

5. Fancy（中彩）

6. Fancy dark（暗彩）

7. Fancy intense（浓彩）

8. Fancy deep（深彩）

9. Fancy vivid（艳彩）

第二条线描述钻石所见的颜色，如：Yellow（黄色），Green（绿色），Red（红）等等。

③ Color Distribution〈颜色分布〉

1. Even 分布均匀

2. Uneven 分布不均匀

以黄色为例：

黄色：大家都知道，无色钻石的颜色描述，从 D 至 Z 表示的是不带黄的相对程度，超过 Z 色，即达到彩钻级别，K、L、M 为 Faint（微色，如带黄则为微黄），N 至 R 为 Very Light（很淡黄），S 至 Z 为 Light（淡黄），

不同切割形状的黄色彩钻戒指（图片提供 钻石小鸟）

以上这些都没有达到彩钻级别，在标准的表述中，不能标有 Fancy，只有超过 Z 色的黄才能称为 Fancy，因此彩钻级别的黄色钻石，从低到高，依次为：

1. Fancy Light（淡彩黄）

2. Fancy（中彩黄）

3. Fancy Dark（暗彩黄）

4. Fancy Intense（浓彩黄）

5. Fancy Deep（深彩黄）

6. Fancy Vivid（艳彩黄）

除了黄色（或棕色）以外的颜色因为产地比较稀少，只要沾有一点点颜色，也都被称为彩钻，因此其他颜色的彩钻评级标准从低到高（以粉红色钻石为例），依次为：

1. Faint（微粉）

2. Very Light（很淡粉）

3. Light（淡粉）

4. Fancy Light（淡彩粉）

5. Fancy（中彩粉）

6. Fancy Dark（暗彩粉）

7. Fancy Intense（浓彩粉）

8. Fancy Deep（深彩粉）

9. Fancy Vivid（艳彩粉）

雷地恩切割、粉红色彩钻戒指，主石旁边配一圈水滴形白钻，尽显其奢华、闪耀。（图片提供 钻石小鸟）

注：

1. 其中 Fancy Deep 和 Fancy Vivid 是 1994 年新增的，等级比 Fancy 来得高。

2. 只有颜色超过一定程度才能冠以 Fancy 级别，但除了黄色（或棕色）以外的产量比较大，沾有一点点颜色达到 Faint 级别，也是彩钻。

3. 由于彩钻级别的黄色被发现的数量比其他颜色多，看起来比较浓的颜色，可能仅仅是 Fancy Light(淡彩黄)，而看起来很浅的粉、蓝、灰或者绿等颜色，看起来很淡，但可能就评定为 Fancy Intense(浓彩) 或 Fancy Deep(深彩)。

4. 红色、黑色以及白色的钻石，GIA 规定只有 Fancy 一个级别，因为只要不是 100% 的红，稍微浅一点就是粉色了，只能算是粉红钻石。只要黑色有一点点的不饱和，即是灰色了，白色钻石同样也是这个道理。

5. 两种颜色同时出现在一颗钻石上，这是非常普遍的，根据不同颜色的保有量，有主色和副色之分，通常被描述为（以粉色和紫色为例）Purplish Pink（粉红带紫），主色放在后面；副色放在前面。当不同的颜色达到或接近相同比例时，就不分主、副，直接称为 Pink-Purple（粉－紫色）。

6. 关于棕色彩钻。严格地说，棕色不是光谱的原色，而色调较深、色度较低的橘色、茶色（褐色）、咖啡色以及巧克力色均属于这个颜色范畴，棕色是所有彩钻中，价值高过黑钻与乳白色钻石。棕色钻石主要的开采公司为推广棕色钻石，在 1990 年设计了棕色钻石单独的分级标准，这里就不再详述了。

7. 彩色钻石根据蒙塞尔（Munsell）色彩系统参量所发展的色卡，可通过量度色泽、色饱和度、色调深浅（值）及钻石色彩分布均匀度来分级。（图片详见《钻石鉴定全书》，樊成，263 页，图 12-16）。

心形粉色彩钻戒指，左右分别搭配心形的蓝色彩钻和绿色彩钻，适合贵妇级别的女人佩戴，以彰显自身的高贵和家族的实力。图片提供 钻石小鸟

彩钻的基本色彩用词

颜色	翻译	说明
Yellow	黄	主色为黄色，没有副色
Greenish yellow	黄带绿	前为副，后为主，green加了ish字尾，表修饰色，主色为黄色。绿色的成分可由微少到占整个颜色的三、四成。由于绿色钻石的稀少性高于黄色，因此绿色成分愈多，市场价值也愈高。
Green—yellow	绿—黄	绿色与黄色以短横线相连，二者皆为原形，表示绿与黄约略相等，而黄色又约略多于绿色
Yellow—green	黄—绿	同理，黄与绿约略相等，绿色稍多于黄色
Yellowish green	绿带黄	前为副色，表修饰色，后为主色
Orange	橘	主色为橘色，没有副色
Orange—yellow	橘—黄	两色间以横线相连，前面orange为原形，表示二者约略接近，但仍以后方略多，四成、六成到近半不等
Orangy yellow	黄带橘	与上面相比，橘的成分减少，逐渐成为副色
Yellow—orange	黄—橘	同样与橘—黄比较，橘的成分增加，稍稍超过黄色
Yellowish orange	橘带黄	橘的成分再增，明显超过黄色而成为主色
Orange—brown	橘—棕	棕本身也是一种颜色，可以作为主色。二者都是原形，以短线相连，表示二者约略相等，而棕又约略多于橘色
Red	红	主色为红色，没有副色
Orangy red	红带橘	红为主色，橘为副色，概以主带副色称之
Reddish orange	橘带红	前为副色，表修饰色，后为主色
Purple	紫	主色为紫色，没有副色
Reddish purple	紫带红	前为副色，表修饰色，后为主色
Red—purple	红—紫	二者约略相等，紫色成分稍多于红色
Purple—red	紫—红	二者约略相等，红色成分稍多于紫色
Purplish red	红带紫	前为副色，表修饰色，后为主色
Pink	粉红	主色为粉红色，没有副色
Purplish pink	粉红带紫	前为副色，表修饰色，后为主色
Purple—pink	紫—粉红	二者约略相等，粉红色成分稍多于紫色
Pink—purple	粉红—紫	二者约略相等，紫色成分稍多于粉红色
Orangy pink	粉红带橘	粉红为主色，橘为副色，概以主带副色称之
Orange—pink	橘粉红	二者约略相等，粉红色成分稍多于橘色
Brownish pink	粉红带棕	前为副色，表修饰色，后为主色
Green	绿	主色为绿色，没有副色

颜色	翻译	说明
Bluish green	绿带蓝	前为副色，表修饰色，后为主色
Blue	蓝	主色为蓝色，没有副色
Blue —green	蓝—绿	二者约略相等，绿色成分稍多于蓝色
Greenish blue	蓝带绿	前为副色，表修饰色，后为主色
Violet	靛	靛一定为青色
Violetish blue	蓝带靛	前为副色，表修饰色，后为主色
Bluish violet	靛带蓝	前为副色，表修饰色，后为主色

（此表格钻石颜色翻译参考高嘉兴老师的《彩色钻石》第 39 ~ 43 页。）

整体来说，粉红色是红色浓度不饱和时所呈现的颜色，粉红带紫或是带橘都比粉红色带棕色来得有价值。基本上很难找到纯粉红色不带一点副色的彩钻。

而红色钻石在自然界中可遇而不可求，几乎可用硕果仅存来形容。我记得十几年前到广州中山大学矿物材料所，听彭明生教授介绍参观在佛山的一间钻石切磨场。当时副厂长给我介绍红色彩钻，来自澳大利亚阿盖尔矿区，一包二十几颗，让我挑选。我不认货，只挑了一颗 10 分最干净的红色彩钻，当时价钱为 2000 元人民币，相当开心，随后也以 3000 元人民币转手给朋友。现在想起来真是后悔，应该整包买下来，而且不能随便转卖才对。

白色、灰色和棕色，也都是彩色钻石可以见到的颜色，可以是主色，也可为副色。但是这些颜色受到的关注度相当低，若是有另一半拿来求婚，说是彩钻，您也不要开心太早，因为可能价值只有几千元就可以入手。

值得注意的是，当暖色系（红色、橘色、粉红色）物体在色度低的时候会有带棕色 (Brownlish) 的感觉，而冷色系者 (如蓝、绿、靛) 色度低时呈带灰色 (Grayish)。笔者在 2008 年左右接手一颗水滴 1.5ct 深蓝带灰色（Fancy deep grayish blue）彩钻，当时整颗只要 70 万人民币。还记得当初懂的人不多，大家还是对白钻比较热衷，没想到事隔不到 10 年，现在 200 万人民币都不一定可以买到，这种回报率去哪儿找呢？

Tip

读者阅读前弄懂彩钻的名称至关重要，因此翻译就必须准确、符合国际标准。因不同书目翻译各不相同，为避免读者阅读混淆，特采取 GIA 彩钻色彩用语。GIA 教材是由高嘉兴老师翻译，所以此书彩钻基本用语以高老师的翻译为准）。

9 钻石鉴定书

钻石在国际市场上已建立了一套分级的标准来评估其品质的优劣，并决定其价值。但在买卖双方立场互异的情况下，买方很难凭卖方一面之辞而相信卖方所提钻石的品质，在钻石交易上，我们需要一中间机构以超然的立场，不涉及买卖双方交易的情况下，来评定这钻石品质的优劣，使买卖双方能有一估价的凭据与标准，易于交易。这中间机构所开列出来的钻石品质分级报告书，和一般银楼所开出来的保单是不相同的：一般珠宝银楼店所开出的保单，只是由卖方简单地陈述卖出饰品宝石的重量、品质及出售价格等，以证明该饰品宝石由卖方卖出，而钻石品质分级报告书则是由独立的鉴定机构，经过训练的专业人才，以精密的鉴定机器分析该钻石的品质，并将所有资料详细记载于报告书上，但不记载价格。

世界各国钻石交易量大的地方，钻石鉴定机构也多，而各地的交易商也常相信他们当地的鉴定机构，比方说日本人在比利时的安特卫普采购钻石，他们只信任自己国家的鉴定所，所以即使在安特卫普已有相当有名的钻石最高层议会 (HRD) 鉴定所，日本人仍在当地设日本全国宝石协会鉴定所，为日本钻石商服务。韩国人对钻石的品质要求非常的高，所以一般买到韩国的钻石常附有信誉卓著，鉴定严格的美国宝石学院 (GIA) 鉴定报告书，但韩国人仍要求送他们当地的鉴定所鉴定，当鉴定出来有所不同时，他们则相信本国的鉴定所。在内地则需要有国检证书。

虽然钻石分级有一套标准，但分级的工作乃是由受过训练的鉴定师用他的专业知识及经验来从事这工作，在鉴定分析的过程中，可能会受到当时的工作环境，及其精神状态的影响，如鉴定师睡眠不足，抑或太疲劳等状况，因而鉴定有所偏差。某钻石其等级很接近另一等级时，也可能会有不同鉴定者出现不同的鉴定等级，不同的鉴定所有不一样的分级意见等，要避免这种等级，只有多经过几位有经验的鉴定师鉴定，以使偏差减到最低的程度。

解读钻石证书

◆ 国家珠宝玉石质量监督检验中心 (NGTC)

国家珠宝玉石质量监督检验中心（NGTC）是依法授权的国家级珠宝玉石质检机构，通过了国家级产品质量监督检验机构的资质认定（计量认证、授权认可）、实验室认可，为国内珠宝玉石首饰检测方面的权威机构，并被指定为国家级科技成果鉴定机构、进出口商品检验实验室、中消协商品指定实验室。中心在北京、深圳、上海、番禺、香港等地设有一流的实验室，是国内首家全面实现网络化管理的珠宝检测机构，在管理体系、技术力量等方面达到国际领先水平。可以说，如果钻石想要在国内销售的话，除了具备国际上的权威鉴定证书外，NGTC 的证书是必不可少的。

服务对象

• 承担质检、工商、公安、司法、海关等政府部门的监督抽查检验、仲裁检验、委托检验。

• 承担进出口珠宝玉石首饰的检验。

• 为各珠宝公司、加工厂、批发商、零售商提供批量委托检验服务。

• 为广大消费者提供委托检验服务。

• 为社会各界提供珠宝知识的咨询普及服务。

国检（NGTC）证书封面

1 克拉证书（大证）

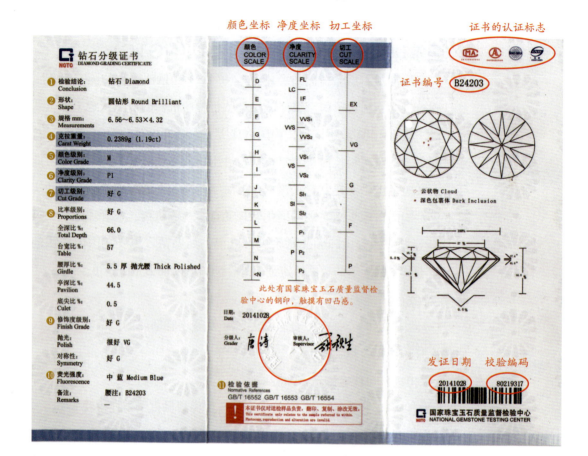

① **检校结论**：被检验的物品的类别。该证书是钻石的检验结果。

② **形状**：指钻石的琢型，一般以标准圆钻型为主，也有花式切工的钻石。

③ **规格尺寸**：记录钻石的最大直径以及全身各个部位的尺寸大小，表示方法为：最大直径 × 最小直径 × 全深，以 mm 为单位。

④ **克拉重量**：证书上，裸钻的质量单位为克拉（ct），也可用克（g）作为单位。对于镶嵌钻石，通常用总重量表示。

⑤ **颜色级别**：钻石的颜色分级，依《钻石分级标准》(GB／T16554—2010) 的颜色分级原则，由完全无色的 D 到带有黄褐色的 Z，共分为 23 级。其中，D、E、F 级属于无色范围；G、H、I、J 属于接近无色范围；K、I、M 为微淡黄色；N 以下为淡黄。

⑥ **净度级别**：钻石鉴定分级师，在 10X 的放大镜下，观察钻石的内、外部特征，从而确定钻石的净度级别：LC(无瑕)，VVS(极微瑕)，VS(微瑕)，SI(小瑕)，P(重瑕)5 个大级别或 11 个小级别。

⑦ **切工级别**：切工级别分为极好、很好、好、一般等几个级别。

⑧ **比率**：应有全深比、台宽比、腰厚比、亭深比、底尖比等参数的测量值。

⑨ **修饰度级别**：分为极好、很好、好、一般、差。

⑩ **荧光强度**：按钻石在长波紫外光下发光强弱，划分为"强"、"中"、"弱"、"无"4 个级别。

⑪ **检验依据**：钻石分级证书还需标明所依据的国家标准，具体有：GB11887（贵金属纯度的规定及命名方法）；GB／T18043（贵金属首饰含量的无损检测方法 X 射线荧光光谱法）；GB／T16552（珠宝玉石名称）；GB／T16554（钻石分级标准）等。

国检钻石分级证书上常见的认证标志

我国的钻石鉴定与分级证书上常有"CMA""CML""CNAL"标志，这些认证标志可以判断该证书的权威性、可信性。

（1）计量认证标志——CMA 标志

《中华人民共和国计量法》规定，为保证检测数据的准确性和公正性，所有向社会出具公证性检测报告的质量检测机构必须获得"计量认证"资质，否则构成违法。计量认证分为"国家级"和"省级"两级，分别适用于国家级质量监督检测中心和省级质量监督检测中心。在中国境内从事面向社会检测、检验产品的机构，必须由国家或省级计量认证管理部门会同评审机构评审合格，依法设置或依法授权后，才能从事检测、检验活动。

（2）国家质量审查认可的检测、检验机构认可标志 ——CAL 标志

具有此标志的机构有资格作出仲裁检验结论，具有"CAI"主要意味着检验人员、检测仪器、检测依据和方法合格，而具有"CAL"标志的前提是计量认证合格，即具有"CMA"资格，其次机构的质量管理等方面也符合要求，由此可以具有"CAL"，这比仅具有"CMA"的机构，在工作质量和可靠程度方面更进一步。

（3）中国实验室国家认可标志——CNAL 标志

这是"中国实验室国家认可委员会"的机构标志，当"CNAL"下面注出代号时则是某实验室被认可的标志。中国实验室认可委员会是中国唯一由政府授权、负责对实验室进行能力认可的机构。获"CNAL"认可后，由"CNAL"授权的签字人签发的报告才可以使用"CNAL"标志。"实验室认可"目前是国际上通行的做法，也是供方、需方乃至政府、军方、法庭等选择实验室时对实验室能力进行判断、进行信任的最有效途径。

（4）国际实验室认可合作组织认证标志——ILAC 标志

国际实验室认可合作组织(ILAC)成立于1996年，其宗旨是通过提高对获认可实验室出具的检测和校准结果的接受程度，以便在促进国际贸易方面建立国际合作。其章程是在能够履行这项宗旨的认可机构间建立一个相互承认协议网络。中国实验室国家认可委员会(CNAL)于2001年1月31日与国际实验室认可合作组织(ILAC)签署了多边相互承认协议，并于2005年1月获得了AC批准使用"ILAC— MRA"国际互认标志的许可，这表明经过"CNAL"认可的检测实验室也可使用"ILAC—MRA"标志。

（5）中国合格评定国家认可委员会认证标志——CNAS 标志

中国合格评定国家认可委员会于 2006 年 3 月 31 日正式成立，是在原中国认证机构国家认可委员会 (CNAB) 和原中国实验室国家认可委员会 (CNAL) 基础上整合而成的。它是根据《中华人民共和国认证认可条例》的规定，由国家认证认可监督管理委员会批准设立并授权的国家认可机构，统一负责对认证机构、实验室和检查机构等相关机构的认可工作。

钻石分级证书的真伪主要从以下几个方面进行判别

(1) 钻石分级证书必须有单独的编号、钢印及防伪标志，倘若对证书上的内容有所怀疑，可以电话查询珠宝首饰是否由该检测机构出具，上网将证书编号输入该机构的证书查询系统进行查询。

(2) 钻石鉴定与分级证书上必须有该检测中心的地址、电话传真等联系方式，如果对该机构有所怀疑，可以致电当地工商部门核实这个鉴定机构是否存在。

(3) 钻石分级证书必须有两个以上鉴定师的签名，签名是钻石分级师本人手签，最好不要打印。

各地区实验室地址：

北京
单位：国家珠宝玉石质量监督检验中心
地址：北京市北三环东路 36 号环球贸易中心 C 座 22 层
邮编：100013
电话／传真：010-58276000

深圳
单位：国家珠宝玉石质量监督检验中心深圳实验室
地址：罗湖区贝丽南路 4 号珠宝检测中心大厦 15 层
邮编：518020
电话／传真：0755-82912709

上海
单位：国家珠宝玉石质量监督检验中心上海实验室
地址：上海市浦东新区世纪大道 1701 号钻石大厦 11 层
邮编：200122
电话／传真：021- 50470957

番禺
单位：国家珠宝玉石质量监督检验中心番禺实验室
地址：广州市番禺区沙湾镇福涌珠宝产业园综合大楼三楼
邮编：511483
电话／传真：020-84733922

香港
单位：国家珠宝玉石质量监督检验中心实验室（香港）有限公司
地址：香港中环都爹利街 8-10 号香港钻石会大厦 5 楼 A 室
电话／传真：00852-21218517、00852-36918599

◈ GIA——美国珠宝学院

成立于 1931 年，由 Robert M.Shipley 先生创立，本部设于美国的加利福尼亚州，GIA 美国宝石学院（Gemological Institute of America）是把钻石鉴定证书推广成为国际化的创始者。GIA 于 50 年代正式提出了 4C 的说法，为今后珠宝行业的快速发展起到了重要的作用。由于分校众多，GIA 在各地的证书并没有寄到美国做，而是由美国把证书寄到当地，但即便如此，GIA 的教育文凭仍被全世界所接受。

美国宝石学院 (GIA) 的鉴定所由于历史悠久，鉴定要求又极严格，所以其鉴定分级报告书的标准与格式常为各地鉴定机构引用，谨将其钻石品质分级报告书的内容介绍如下：（图 1）

①鉴定报告书编号：5247339

②鉴定日期：5 ／ 30 ／ 89

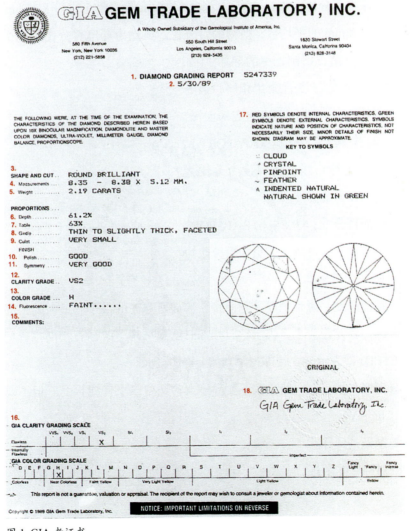

图 1 GIA 老证书

镭射刻字

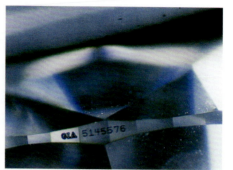

GIA 的证书编号激光刻字

③**切割形状**：钻石形状之描述，如圆钻、方形或椭圆形等。

④**尺寸**：8.35 ── 8.38 ～ 5.12

最小直径　最大直径　深度

⑤**重量**：2.19 克拉

⑥**总深度百分比**：61.2%这是由深度 5.12mm 除以最小直径 8.35mm 和最大直径 8.38mm 的平均数，所得的百分比。虽然由深度百分比不能很明确地表示一颗钻石切割比率的好坏。(如图 2) 两颗钻石的深度百分比相同，但右边的切割比率较标准；左边的底部太深，钻石看起来较暗。根据 RAPAPORT 钻石报价反应一般市场认为深度百分比为 57.5% ～ 63% 为最标准。

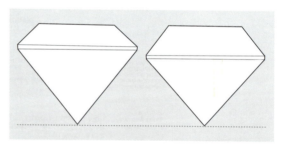

图 2　两颗深度百分比相同的钻石，右边的钻石底部比较标准；左边的钻石底部太深，钻石看起来较暗。

⑦**桌面百分此**：63%根据 RAPAPOPT 钻石报价反应一般市场认为桌面百分比为 58% 到 62% 为最标准。

⑧**腰部厚度**：薄到稍厚，刻面腰。腰部所陈述的最小和最大的腰部厚度，所以二者差距愈小，表示钻石腰部厚度愈平均。此钻石腰部打着刻面 (FACETED) 即表示整个腰部为抛光加上许多刻面。

⑨**尖底**：很小。一般尖底不要超过大，适中以下皆能接受。但不要有断裂 (Chipped)。

⑩**抛光**：良好。

⑪**对称**：非常好。

磨光与对称的评定都分为五级：

EXCELLENT	非常优良
VERY GOOD	非常好
GOOD	良好
FAIR	适中
POOR	很差

市场一般的要求都要良好 (GOOD) 以上。

⑫**净度等级**：VS2

⑬**成色等级**：H

⑭**荧光反应**：微弱。

荧光反应系钻石在紫外线下所呈现的一种现象。此种反应依其强弱分为

VERY STRONG	很强烈
STRONG	强烈
MEDIUM	中度
FAINT	微弱
NONE	没有

荧光反应只是钻石的特性之一，对钻石的价格并无很大的影响。有的人对强荧光的钻石有所偏爱，有的人则不喜欢，视个人的偏爱观点而定，但如果荧光反应太强造成钻石看起来浑浊的样子，影响其亮光则较不受欢迎。

⑮**附注**：对于以上未尽事项，如冠角超过 34°，或磨光未详加注明，或外部生长线未划上等等，于此栏加以注解。

⑯**等级比例尺**：将钻石的成色及净度等级再次标示于此，以易于明了。

⑰**特征记号**：表示钻石内外部特征的代表记号，红色代表内部特征，绿色表示外部特征，唯有黑色是额外刻面的标志。图上所标示的记号并不完全与钻石上的特征大小相等。

⑱**GIA 宝石鉴定公司的签名**以往此栏都是由鉴定者签名，自 1989 年起改为 GIA 宝石鉴定公司全名的签章，以示全体的共同创作。

以下是 2008 年 6 月 24 日的 GIA 证书和以前的证书格式略有改变，大同小异，只是增加了一些切割角度方面的细节，右下角如图示：

1. 星形角面长度 55%

2. 下腰小面长度 75%

3. 冠部高度 14.0%

4. 底部厚度 43%

5. 冠部角度 33.5°

6. 底部角度 40.8°

7. 桌面 57%

8. 总厚度 60.6%

9. 腰部厚度：THIN TO MEDIUM（FACETED）

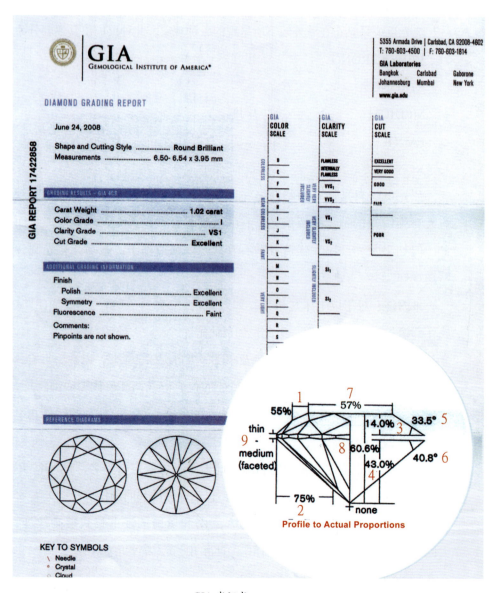

GIA 老证书

一、GIA 白钻证书

GIA 大证书（DIAMOND GRADING REPORT）：对钻石 4C 进行评估，附有钻石净度图。适用范围：针对 0.15 克拉以上、D ~ Z 色裸石。

1 克拉以下的大证书

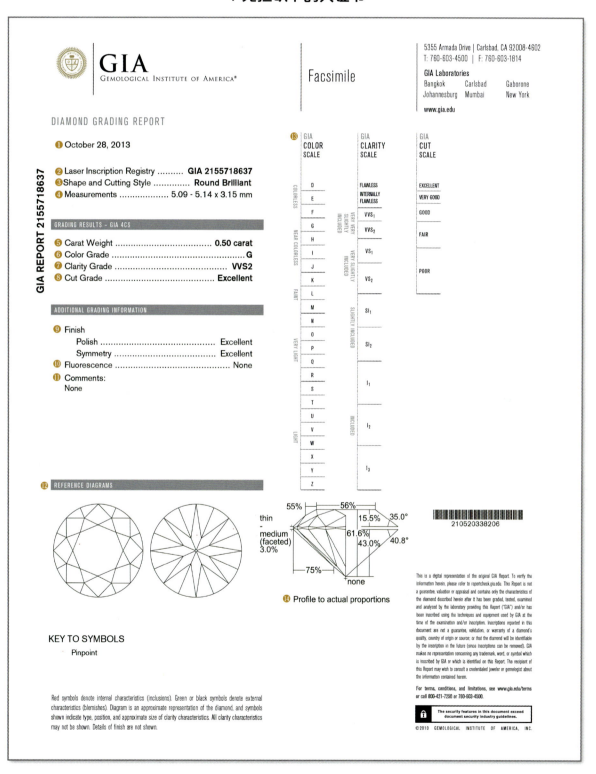

❶ 日期

送鉴定时间。

❷ Laser Inscription Registry 鉴定书编号激光印记

鉴定编号以激光光刻在钻石腰围上。

❸ Shape and Cutting Style 形状和切割款式

记载钻石的切割外形或款式，例如：圆明亮形（Round Brilliant）。除圆明亮形外，其他切割方式（如心形、梨形、公主方形等）都称为花式切割。

❹ Measurements 直径和深度

直径是以最小直径到最大直径乘以高度。单位：mm。

❺ Carat Weight 克拉重

钻石的裸石重，以克拉计算。通常计算到小数上后第二位。

❻ Color Grade 颜色分级

钻石颜色等级。颜色等级从 D 级开始到 Z 级。

❼ Clarity Grade 净度（内含物）分级

钻石净度的鉴定结果。分为 FL（内外皆无瑕疵）、IF（内部无瑕疵）、VVS（极微瑕疵）、VS（微瑕疵）、SI（瑕疵级）、I（严重瑕疵）。

❽ Cut Grade 切工分级

切工等级有极优良（Excellent）、很好（Very good）、好（Good）、尚可（Fair）、不良（Poor）等五级。

❾ Finish 修饰

Polish 抛光

分为 Excellent（极优良）、Very good（很好）、Good（好）、Fair（尚可）、Poor（不良）五等，通常钻石的抛光等级都在 Good 上下，Very Good 一般是较好的抛光，Excellent 算是最好的抛光。

Symmetry 对称

切工的好坏也要看钻石整体对称是否完整，钻石是否磨圆，桌面与尖底是否偏离中心，桌面左右两边是否对称，每一条相邻棱线是否交于一个点。每一个切割小面也要上、下、左、右对称，那就是切磨得好。其分级同于抛光也分五级。

❿ Fluorescence 荧光反应

就是在长波紫外线下有无萤光，萤光强度可分：无（None）、弱（Faint）、中（Medium）、强（Strong）四级。

天然钻石强蓝色荧光反应会让钻石看起来白一点，若无荧光则表示本来钻石就很白，条件好，价钱会比较高一点。

⓫ Comments 备注

补注钻石特征或其他现象。

⓬ REFERENCE DIAGRAMS 瑕疵符号图示

以一些图形符号来表示钻石在哪个位置有什么瑕疵，并且会有注解说明图示是指何种瑕疵。

⓭ COLOR SCALE, CLARITY SCALE, CUT SCALE 颜色、净度与切工等级比例尺规

显示钻石的颜色、净度与切工在 GIA 等级中的相关位置。

⑭ Profile to actual proportions 钻石切工比例剖面图示
显示钻石各部位比例与角度所有数据百分比。

2007 年以前的 GIA 证书没有切工比例好坏的标示，是以切磨比例来注示。新版证书已无此项鉴定。

GIA 小证书 (DIAMOND DOSSIER)：对钻石 4C 进行评估，无钻石净度图，但在钻石腰部用激光微雕 GIA 钻石证书编号。

适用范围：只针对 0.15 ～ 1.99 克拉、D ～ Z 色裸石。

1 克拉以下白钻小证书

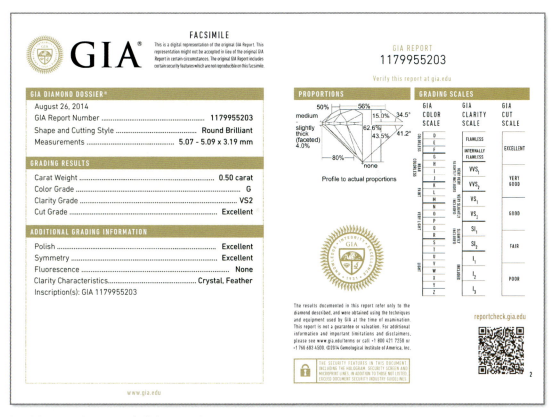

（图片提供 深圳诺瓦宝石贸易有限公司）

二、GIA 彩钻鉴定证书

对钻石进行全面质量分析，包括颜色分级、颜色和净度图。区分颜色成因，即是天然颜色还是经过处理的颜色，如辐照改色、高温高压处理。

适用范围： 0.15 克拉以上彩色钻石。

黄钻裸石（图片提供 深圳诺瓦宝石贸易有限公司）

彩钻鉴定证书

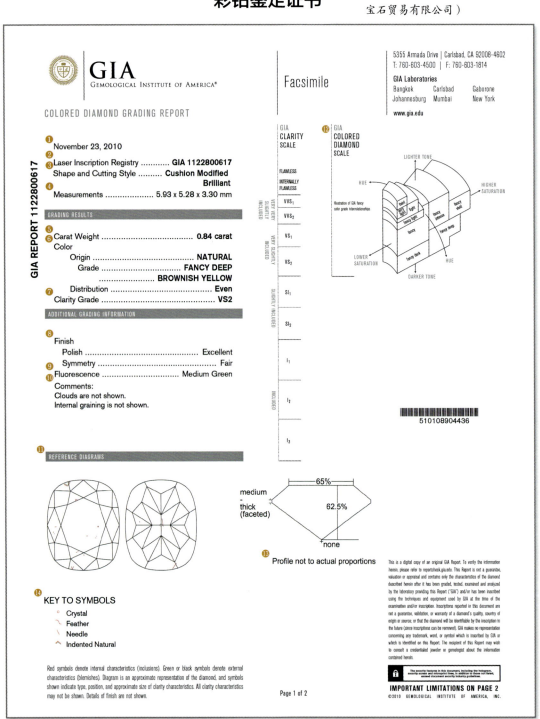

❶日期

送鉴定时间。

❷ Laser Inscription Registry 鉴定书编号激光印记

鉴定编号以激光光刻在钻石腰围上。

❸ Shape and Cutting Style 形状和切割款式

记载钻石的切割外形或款式，例如：圆明亮形（Round Brilliant）。除圆明亮形外，其他切割方式（如心形、梨形、公主方形等）都称为花式切割。

❹ Measurements 直径和深度

直径是以最小直径到最大直径乘以高度。单位：mm。

❺ Carat Weight 克拉重

钻石的裸石重，以克拉计算。通常计算到小数上后第二位。

❻ Color 颜色

分为：颜色成因、颜色等级、颜色分布，参考前面彩钻颜色成因。

❼ Clarity Grade 净度（内含物）分级

钻石净度的鉴定结果。分为 FL（内外皆无瑕疵）、IF（内部无瑕疵）、VVS（极微瑕疵）、VS（微瑕疵）、SI（瑕疵级）、I（严重瑕疵）。

❽ Finish 抛磨

Polish 抛光

分为 Excellent（极优良）、Very good（很好）、Good（好）、Fair（尚可）、Poor（不良）五等，通常钻石的抛光等级都在 Good 上下，Very Good 一般是较好的抛光，Excellent 算是最好的抛光。

Symmetry 对称

切工的好坏也要看钻石整体对称是否完整，钻石是否磨圆，桌面与尖底是否偏离中心，桌面左右两边是否对称，每一条相邻棱线是否交于一个点。每一个切割小面也要上、下、左、右对称，那就是切磨得好。其分级同于抛光也分五级。

❾ Fluorescence 荧光反应

就是在长波紫外线下有无荧光，荧光强度可分：无（None）、弱（Faint）、中（Medium）、强（Strong）四级。

天然钻石强蓝色荧光反应会让钻石看起来白一点，若无荧光则表示本来钻石就很白，条件好，价钱会比较高一点。

❿ Comments 备注

没有看到云雾状，内部看不到生长纹。

⓫ REFERENCE DIAGRAMS 瑕疵符号图示

以一些图形符号来表示钻石在哪个位置有什么瑕疵，并且会有注解说明图示是指何种瑕疵。

⓬ COLOR SCALE, CLARITY SCALE, CUT SCALE 颜色、净度与切工等级比例尺规

⓭ Profile to actual proportions 钻石切工比例剖面图示

显示钻石各部位比例与角度所有数据百分比。

⓮ KET TO SYMBOLS 瑕疵标注

Crystal 结晶

Feather 羽毛状

Needle 针状

Indented Natural 内凹原晶面

GIA 改色钻石证书

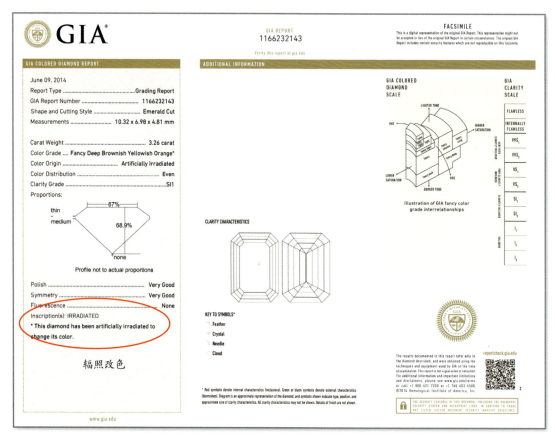

改色钻石 GIA 证书（图片提供 深圳诺瓦宝石贸易有限公司）

（图片提供 深圳诺瓦宝石贸易有限公司）

三、HPHT 改色钻石证书

GIA 证书上如果是高压高温改色钻石会再腰围上刻字"HPHT processed"，颜色 Origin 写"HPHT processed"。

另外在备注中会写"This diamond has been processed by high pressure / high temperature (HPHT) to change its color"。

精致、典雅彩钻饰品（图片提供 承翰珠宝）

◈ HRD——比利时钻石高层议会

HRD（Diamond High Council），中文名称为比利时钻石高层议会，坐落于世界钻石中心比利时安特卫普。

HRD 最初扮演着行业协会的角色，1976 年以后，HRD 成立了钻石鉴定分支，成为了继 IGI 国际宝石学院之后在比利时安特卫普的第二所宝石鉴定教育机构。现在的 HRD，作为单纯的钻石鉴定实验室，是世界权威的钻石检验、研究和证书出具机构之一，也是世界上第一个通过国际标准组织认证的钻石实验室。它在钻石加工技术、商业贸易、钻石鉴定分级、人才培训等方面提供服务，并且开展国际交流，在国际上也颇有知名度。

下面的钻石鉴定分级报告书，其内容和美国宝石学院 (GIA) 鉴定类大致相同，唯一不同的地方是 GIA 标示出钻石总深度百分比，而 HRD 则分别标示出冠高百分比，腰部百分比及底部深度百分比三部分，将三部分加起来即是总深度百分比，事实上，HRD 这样的切割比率分析比较详细，易于看出钻石切割比率的优劣。（请见图 1）

HRD 老证书

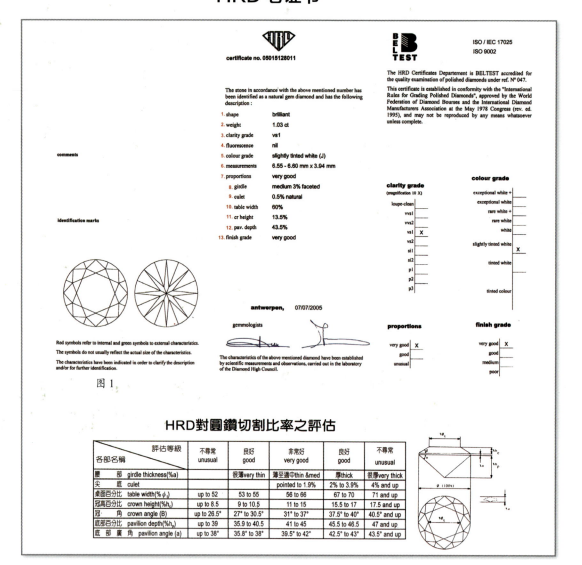

图 1

1 切割形状：标准圆钻

2 重量：1.03 克拉

3 净度等级：VS1

4 荧光反应：无

5 成色等级：(J)

6 尺寸：6.55—6.60mm × 3.94mm

7 比率：非常好 Very good

8 腰部厚度：薄 3.0%

9 尖底：0.5%

10 桌面百分比：60%

11 冠部高度：13.5%

12 底层百分比：43.5%

13 修饰：非常好 Very good

新版的 HRD 证书

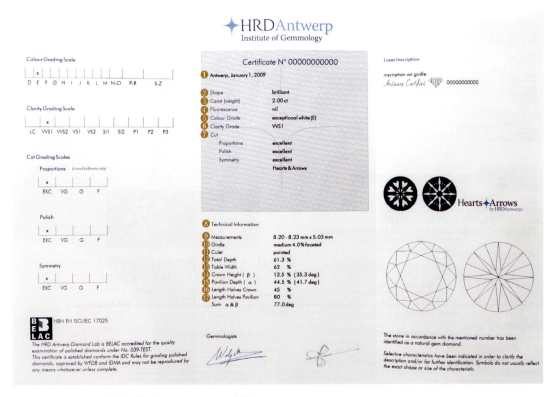

（图片提供 HRD Antwerp 上海）

❶ 日期		❿ 腰厚	
❷ 形状：标准圆钻		⓫ 尖底百分比	
❸ 克拉重，就是钻石裸石的重量		⓬ 总深度百分比	
❹ 荧光反应		⓭ 桌面宽百分比	
❺ 钻石颜色等级		⓮ 冠部高度百分比	
❻ 钻石的净度等级		⓯ 亭部深度百分比	
❼ 钻石切工：比例、抛光、对称		⓰ 冠刻面长度百分比	
❽ 钻石的切割信息		⓱ 亭刻面长度百分比	
❾ 尺寸			

Tip

　　HRD 钻石证书除描述钻石的外型、尺寸大小及重量之外，特别对切割比作了更详细的测量报告，记载在证书上，如桌面 (Table)、腰围厚度 (Girdle)、冠部高度 (Crown Height) 及底部深度（Pavilion Depth）。

◈ IGI── 国际宝石学院

国际宝石学院 IGI(International Gemological Institute) 成立于 1975 年，位于世界钻石中心比利时的安特卫普，是目前世界上最大的独立珠宝首饰鉴定实验室，被称为"消费者身边的权威鉴定所"。

IGI 的专利发明和技术有激光刻字、暗室照片、国际八心八箭评价标准等，并首先开创了 3EX 切工评价体系，该体系是目前国际通行的标准钻石切工等级评价方法。

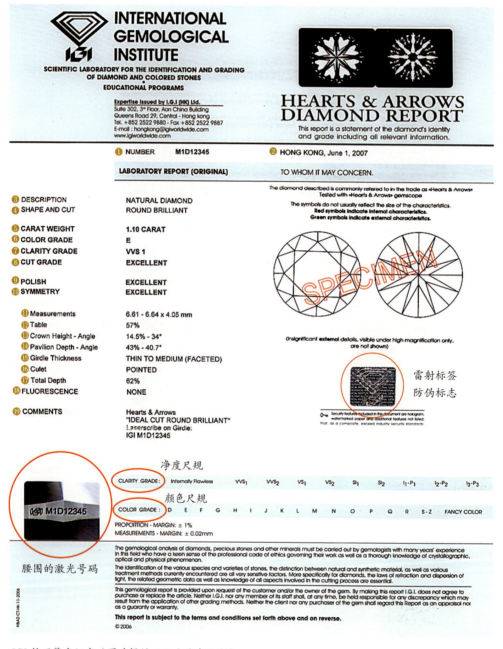

IGI 钻石鉴定证书（图片提供 IGI 上海实验室）

210

❶ 证书的编号，和每颗钻石腰部的激光刻字是一一对应的，唯一的，上网查询所凭借的就是这个号码，用 10 倍放大镜在钻石腰部就能看见这个号码。

❷ 证书出具的时间，地点。

❸ 钻石描述。Natural diamond 为天然钻石

❹ 钻石基本的切工形状，Round brilliant 为 圆形明亮形切割。

❺ 克拉重，就是钻石裸石的重量。

❻ 钻石颜色等级，IGI 将钻石从完全无色到黄色用字母从 D 到 Z 表示，最好的无色钻石是 D 色，Z 色等级最低。

❼ 钻石的净度，IGI 根据钻石内部瑕疵的性质、数量、可见程度，将钻石的净度分为 IF-VVS-VS-Si-I 几个大等级，净度逐渐降低。

❽ 钻石切工。也就是钻石打磨切割达成的比例，决定了钻石能否呈现良好的火彩和闪光。

❾ 抛光

❿ 对称

⓫ 尺寸

⓬ 桌面百分比

⓭ 冠部角度百分比

⓮ 亭部角度百分比

⓯ 腰围厚度

⓰ 尖底

⓱ 总深度

⓲ 荧光反应

⓳ 备注：八心八箭

IGI 小证书 1 克拉以下

（图片提供 IGI 上海实验室）

IGI 大证书 1 克拉以下

INTERNATIONAL GEMOLOGICAL INSTITUTE

SCIENTIFIC LABORATORY FOR THE IDENTIFICATION AND GRADING
OF DIAMOND AND COLORED STONES • EDUCATIONAL PROGRAMS

Hearts & Arrows Diamond Report

This report is a statement of the diamond's identity
and grade including all relevant information.

On behalf of

THE Love DIAMOND™
The Ultimate Expression of Love

NUMBER	M1D12345
DATE	ANTWERP, February 25, 2008
DESCRIPTION	NATURAL DIAMOND
SHAPE AND CUT	ROUND BRILLIANT
CARAT WEIGHT	0.307 Carat
COLOR GRADE	G
CLARITY GRADE	INTERNALLY FLAWLESS
CUT GRADE	EXCELLENT
POLISH	EXCELLENT
SYMMETRY	EXCELLENT
Measurements	4.35 - 4.40 x 2.67 mm
Table	55%
Crown Height - Angle	15.5% - 34.5°
Pavillion Depth - Angle	43% - 40.7°
Girdle Thickness	THIN TO MEDIUM (FACETED)
Culet Size	POINTED
Total Depth	61%
FLUORESCENCE	NONE
COMMENTS	Hearts & Arrows
	"IDEAL CUT ROUND BRILLIANT"
	Laserscribe on Girdle:
	THE LOVE DIAMOND
	IGI M1D12345

THE LOVE DIAMOND

IGI M1D12345

The symbols do not usually reflect the size of the characteristics.
Red symbols indicate internal characteristics.
Green symbols indicate external characteristics.
(insignificant external details, visible under high magnification, are not shown)

**Expertise issued by I.G.I. b.v.b.a.
Head Office and Laboratories.**

1/7 Schupstraat, 2018 Antwerp - Belgium
Tel +32 3 401 08 88   info@igiworldwide.com
Fax +32 3 232 07 58   www.igiworldwide.com

This report is subject to the terms and conditions set forth above and on reverse. © 2008

The photos above show the actual
Hearts and Arrows pattern exhibited
within this diamond

（图片提供　IGI 上海实验室）

212

不同切割形状、不同颜色的彩钻裸石（图片提供 钻石小鸟）

圆明亮白钻婚戒，
执子之手，与子偕老。
（图片提供 钻石小鸟）

出门篇

1 钻饰的选购

　　钻石首饰的无穷魅力让所有女性都为之倾倒，女性都希望通过佩戴钻石饰品来展现自己不同的个人气质，如果佩戴了合适的首饰，会让你光彩夺目，成为万众瞩目的焦点，而如果选择了不合时宜的首饰，则会让自己的形象大打折扣。但每个人的外表、气质、年龄、职业都有所不同，所处的社会环境、生活状况也是千差万别，因此钻石饰品的选购也是一门技术。

圆明亮白钻戒指与吊坠，主题明晰，简单直接，风格大气、时尚。（图片提供 钻石小鸟）

如何选购钻戒

多数人求婚会刻意安排得浪漫一些。记得有个广告：夏季的夜晚，有一对年轻人在一个游泳池旁谈情说爱，忽然天空掉落一颗流星到游泳池里。这时男主角立马跳到游泳池里随手拿出一颗闪亮的钻戒跟女主角求婚，"你愿意嫁给我吗？"每一个女孩都会被这个场景感动，说出"I do"（我愿意）。这个广告之后，台湾地区新婚买钻戒提高了 2 ~ 3 成。

钻戒既可以自用也可以用来求婚、送给小孩成年礼、结婚周年纪念日等，用途非常广泛。那你们会好奇阿汤哥结婚时用什么样的钻戒？我选的是一个 18K 白金对戒，自己挑的裸石，自己设计款式，自己找镶工，一个对戒总共花了 12000 元的人民币。那你们可能会疑惑阿汤哥为什么不买 1 克拉的钻戒呢？我个人觉得自己是个比较低调的人，如果戴 1 克拉的钻戒无论工作还是到野外都很不方便，稍有不注意就会被撞伤、损坏。况且，大小没有关系，重要的是夫妻同心。当下 30 分的钻戒年轻人都买得起，等到结婚 10 周年、20 周年可以再挑 1 克拉或者两克拉的，这样比较有纪念价值。

一、少女（求学阶段）

年轻的女孩子正处于青春年华、活力四射、展示青春魅力的时候，也处在建立自己穿戴风格的时期，但这个年龄的消费者，个人经济能力有限，可以选购新潮、时尚的流行款式，尽显年轻靓丽的本色，最好不要佩戴风格偏于传统、高档名贵的珠宝首饰以及三件以上的多件套首饰。建议选择克拉比较小的花式切割钻石。皮肤偏黑的女孩，适宜佩戴透明度好、颜色较浅的钻石或戒面较宽的戒指，这类色调美丽流入表面，晶莹中闪动着柔情，能够充分表现其潇洒的个性，表现出调和之美；肤色偏黄的人，不适合戴紫色和玫瑰色的戒指，如果特别喜爱的话，选择金色系的戒指，可以掩饰颜色不搭的缺点；肤色较白的女性，则选择的余地就比较大了，不过适合自己的才是最好的。

大颗的梨形切割白钻戒指，求婚的成功指数百分百。（图片提供 钻石小鸟）

花式切割白钻戒指，与白皙的手指搭在一起，美煞多少追求美好气质的女人。（图片提供 钻石小鸟）

二、家庭主妇

　　对于成熟女性，端庄经典的设计款式是最佳的选择，不宜佩戴颜色艳丽、造型太特别的钻石首饰。手指修长的纤手戴宽阔的指环，镶单粒长方形或橄榄形钻石，会使手指更有吸引力。手指丰满而指甲修长者则可选择圆形、梨形和心形的钻石。款式方面可大胆创新。手指短小的女性应尽可能挑有棱角和不规则的设计，镶有单粒梨形和椭圆形钻石的戒指，可使短小的手指显得较为修长。此外还需注意钻戒的宽度，宽阔的戒指环会使手指看起来显得更为短小。

　　笔者的表姐有次让我帮她清洗钻石，顺便估量钻石是否磨损。结果我用放大镜观察里面非常干净，没有什么杂质，用导热探针帮她检测一下，也没有发出"哔哔"声反应。我惊觉这应该不是真钻，是"苏联钻"，也就是方晶锆石。结果表姐得知后，非常生气，因为她已经被骗了几十年，差点闹离婚。这也提醒我们各位女士，学点钻石鉴定知识是非常有用的，千万别被干爹、男朋友之类的人忽悠了。

四爪镶、圆明亮白钻戒指，即使做家事，也可以佩戴它，做出的饭因用情而美味，令爱人赞不绝口。（图片提供 钻石小鸟）

三、职业女性

这一年龄段女性的最大特点是个人风格已基本定型，应有自己与众不同的独特之处，这样才会更显成熟的风韵。像从事摄影师、画家、设计师等艺术类的职业女性，可以选择较为特别而个性化的饰物，表达自由、浪漫的风格；而行政人员、律师、教师等工作性质较严谨和严肃的女性，则适宜佩戴线条简洁、造型简约的款式，显得沉稳大方，做事稳重。至于钻石切割形状，凭第一感觉，喜欢就下手吧！

简约造型、四爪镶圆明亮白钻戒指。我喜欢坐在 COSTA 咖啡厅靠窗的位置，与三五好友一起，戴着老公送的定情戒指，度过甜蜜的下午茶时光。（图片提供 钻石小鸟）

白领女性佩戴小巧、低调的白钻戒指，处理工作、举手投足间优雅、从容，不事张扬，却魅力无限。（图片提供 钻石小鸟）

四、贵妇

　　出席一些晚会、酒会、婚礼等重大的场合时，人们一般都会穿着正式的礼服出现，这时便要选择一些较名贵或奢华的钻石饰品款式来与之相衬。建议佩戴密镶钻戒和高级订制美钻项链，搭配轻柔质地洋装，展现出自己的成熟与自信，既与众不同又让人感到亲切，产生好感。大颗的彩钻，不管是黄彩钻与粉红彩钻都可以在晚宴中迷倒很多来宾，可以显示夫家事业地位。

　　白钻花朵造型豪华套链，豪华繁复的工艺，贵妇标配。身份地位不是嘴上说出来的，要想成为贵妇就是这么简单。（图片提供　钻石小鸟）

　　每一颗钻石都相当大，一出席必定震惊全场。要想成为众人瞩目的焦点，就要拿出过硬的行头来。（图片提供　钻石小鸟）

如何选购钻石吊坠

笔者记得戴比尔斯有个广告：一个女孩在窗户旁边利用玻璃来看她的钻石吊坠，结果钻石的光芒反射到里面的理发店里，吸引到正在剪头发的帅哥，他一扭头结果头发就被剪掉一半了，这就是"都是钻石惹的祸"。这个广告在台湾推出了3个作品，卖了几个亿台币的业绩，而且满街都是仿冒品。

如今，吊坠也成为女性朋友们的一大爱好。有些人工作戴戒指不方便，也更加偏爱吊坠，我的很多朋友都不太爱戴戒指，更喜欢30～50分的钻石吊坠，多数人不知真假。而且，吊坠最容易送礼，因为送吊坠不需要量尺寸，短的14～16英寸，粗的18～20英寸。笔者30岁时在妈妈结婚40周年时用15万台币（约合3万人民币），我工作3个月的薪水，买了一颗钻石吊坠送给妈妈当作纪念品。妈妈很开心，她并不知道价钱，也不舍得戴，只有在重要场合才戴，并且逢人就说是儿子买给她的。没想到一次回家妈妈告诉我吊坠了，因为她把吊坠跟其他饰品放在一起，大姐的孩子来玩耍时给弄丢了。我跟妈妈说明价钱后妈妈很心急，也很自责，直说要把钱还给我。因此，在这里我也要告诫拥有珍贵吊坠的朋友们：珍贵的东西都要小心地放在保险箱，不要和其他的物品或者饰品堆放在一起。

年级较轻的小资女，吊坠越简单越好，可以用10—20分小钻搭配不同造型K金款式。职业妇女则可以用30—50分钻石搭配一圈或垂钓小钻，至于贵妇则可以穿低领衣服，走华丽奢侈风，1—2ct主石，镶满2圈钻石，多任性啊！

简约造型白钻吊坠，适合情窦初开的小资女。（图片提供 钻石小鸟）

白钻吊坠，成功、自信、笑容写在脸上，不在意钻石大小，只在乎曾经拥有。简洁明快，雷厉风行，成功女性怎能没有如此标配呢？（图片提供 钻石小鸟）

不同身材

在吊坠选择方面，身材娇小的人，可以选择简单而灵动的款式，抑或是细长形的项链，这样的吊坠对身形有个整体拉长的效果，看起来更加高挑。但是娇小身材的人，不太适合巨型复杂款的钻石吊坠，会让整体身形更加显小，自身气场压不住首饰所带来的光芒。而如果是身材匀称的人，则可以选择链条复杂或是钻石花俏的款式，这样可以彰显自己的优点，也能突出饰品的效果。

不同服饰

佩戴钻石吊坠，除了要与自己的身形合理搭配之外，与服装的相互呼应也是必不可少的。钻石吊坠戴在颈间，最主要的就是与衣服的领子正确搭配。像常见的小翻领的衣服如果戴得吊坠过短的话，本来开口很小的衣服就会显得更加拥挤，而项链过长又会被衣服遮住，所以吊坠的长度选择垂至衣领口中间部位最适宜；而一字领的礼服，如果选择过长的吊坠的话，会和衣领没有呼应而失去应有的效果，所以选择与领口线刚刚交叉的吊坠长度，效果最好；而 V 字领的领口线条十分简洁而明快，搭配吊坠也需要与这种风格相呼应，简洁大方、具有现代感时尚的吊坠款式是最佳的选择。

如何选购钻石耳环

耳环不仅仅是女性朋友的专利，现在男生也爱戴耳环，耳环分为耳钉（后面有锁扣）、耳挂（直接穿过去挂就行）。多数人喜欢简洁、办公式的 30 ～ 50 分的钻戒耳环，贵妇通常会选择 1 克拉左右的；男生或男士喜欢戴单边耳环；还有人在耳朵上打很多耳洞（一整排），但通常不用真钻，用假的饰品。我本人最喜欢复古流苏型耳环，既端庄又雍容华贵，还能表现出婉约的气质，那是最吸引男性的。有些耳环因为耳扣松动很容易掉，例如后扣式耳环不锁住就容易掉落，所以戴这种耳环的朋友们要小心了。

在耳环选择上，方形脸或三角形脸的女性，选择圆形或树枝状耳饰能够给观者以视觉上的调整，使方形或尖形的下颚不那么突出；对于椭圆形、鹅蛋形脸或瓜子脸的女士而言，以佩戴吊坠款式和长形款式效果更佳，因为吊形和长形的耳饰与椭圆形面庞更觉相配，能使女士尖削的下巴看起来显得宽大一些；圆形面庞的女性应尽量避免选用圆形的钻石耳饰，正确的选择是方形或其他梨形、橄榄形的款式，而且要紧贴面庞佩戴，这样圆脸看上去就没有那么浑圆了。如果颧骨较高，那么适宜选择一款细小的钻石耳钉，最好是珠形的或圆的，使脸部轮廓显得较为柔和。

不管阿汤哥如何建议，还是自己或老公看了喜欢最重要，还有不要让头发遮住漂亮的耳环，不然就白费力气了。

还记得初次相遇，你送我的耳钉吗，我仍然珍惜如昨日，即便你不在身边，看到它便记起你的样子。（图片提供 钻石小鸟）

如何选购钻石手链

　　佩戴钻石手链一般是在夏天，可以说，手链是夏天女性手腕的唯一装饰品，受到大多数时尚女性朋友的热爱。合适的手链也能吸引大众的眼球，为女性的魅力增分。笔者姐姐公司有个同事夏天爱戴手链，尤其钟爱垂吊式的手链，可以说，自从佩戴这种手链后她的异性缘就非常好，结果那一年冬天她就交到了男朋友。隔年就结婚，现在已经是两个孩子的妈妈了。相信现在你也想拥有这么一条彰显自己魅力的手链，那么你在选择手链上可要注意了！

　　在钻石手链选择上，手腕纤细、骨骼不明显的女性完美的手腕，适合佩戴任何基本链、造型链或主题链；手腕纤细、骨骼明显的适合佩戴两条基本链，让手腕更柔美；手腕丰润、骨骼不明显的女性适合款式稍宽之造型链或主题链，亮丽大方；而手腕丰润、骨骼明显的则适合个性化之造型链或主题链，将注意力从手腕转至手链。总而言之，在钻石手链的佩戴上，由于着装的不同，有时也需要和身上的服饰以及其他珠宝协调搭配，这样才能彼此相互辉映，增添个人魅力。

　　如果你还在戴翡翠手镯，那你就OUT了。夏天来了，为自己买条钻石手链，要谈业务，要约会，都是必胜的武器。（图片提供 钻石小鸟）

这一款钻石手链，可以作为父亲送给女儿的大学毕业礼物。在自己人生成长过程中的每一个关键时刻，钻石凝聚着亲人对我们永恒不变的爱，给我们引导和力量。（图片提供 钻石小鸟）

如何选购钻石套链

佩戴套链一般是明星出席某些重要的场合的必备装饰品。笔者认为范冰冰佩戴各种套链都很漂亮，但并不是所有人都适合佩戴套链。

笔者曾经参加一个领导小孩的婚礼。婚宴在五星级酒店举办，大堂里也很富丽堂皇，但最让人夺目的还是新娘佩戴的一套超过20ct的豪华套链，粉红色的钻石套链搭配白色婚纱，简直秒杀在场的所有女性。当然，这与她的天生条件也有关系，最重要的是她很会搭配。因此，女性朋友们，你们在搭配套链上也要根据自身的情况，不要盲目佩戴，笔者这里给出一些参考。

在套链的选择上，套链饰品要与身材和服装色彩保持和谐，这样才能相得益彰。身材修长、体态轻盈的女性，应选佩钻石颗粒较小、长度稍长的套链；体态丰腴的女性，宜佩戴颜色较浅、颗粒较大的宝石套链。套链搭配好比穿衣服一样，体态胖一些的穿肥大一点的衣服反而不显得胖，如果胖子穿瘦衣，便会处处显得紧绷绷，更不协调。在与服装色彩搭配方

白钻套链，小碎钻镶嵌在几何图形内，给人无尽的想象空间，适合时尚圈人士佩戴。
（图片提供 钻石小鸟）

面，套链的颜色要与服装的色彩成对比色调为好，这样可形成鲜明的对比。单色或素色服装，佩戴色泽鲜明的项链款式，能使首饰更加醒目，在首饰的点缀下，服装色彩也显得丰富；色彩鲜艳的服装，佩戴简洁单纯的项链，这样项链不会被艳丽的服装颜色所淹没，并且可以使服装色彩产生平衡感。

不同发型如何搭配钻石

自古以来，发型对女性的意义不言而喻，女性常常借用不同的发型来展现自己举手投足间的万种风情，而钻石作为女性钟爱的主打首饰，如何将两者完美的结合，是每一位资深美人必修的功课。

◇ 挽髻

挽髻的特点在于体现女性的端庄高贵之美，因此对于这类发型的读者，笔者建议在搭配时可选小型钻石耳环、圆戒或花戒，譬如佩戴具有垂坠式或者吊灯式的耳环，会给人留下深刻印象，更添女人味。同时应该尽量避免设计感十足的现代个性款钻石首饰，以免破坏柔和温婉的整体形象。

笔者有一位邻居林小姐，平日性格活泼外向，性格偏于男性化，最近

头发完全挽起，肤色稍黑，可以佩戴简单的花朵型耳钉，中间镶嵌一颗30分或50分的钻石，散发出魅惑之感。(图片提供 钻石小鸟)

有一个流行词叫做女汉子，笔者常常觉得这个词语用来形容林小姐其实是非常贴切的。可以说林小姐这种豪爽独立的性格在现实中为她带来了颇好的朋友缘，但是副作用是斩断了多数的桃花缘，导致林小姐已近三十，却一直单身，每天只好奔走在相亲会中。即便是在大型的相亲会中，不善化妆和着装的林小姐常常在第一轮见面时便被发了好人卡。后来林小姐有了男朋友，大家都直呼好奇，追问之下才知道林小姐在一次相亲前，无意被闺蜜知道，闺蜜在相亲前强迫林小姐临时将马尾变换为挽髻，同时闺蜜将自己豪华吊灯式钻石耳环借给她。到了相亲会中，身着牛仔裤和白衬衫的林小姐在华丽古典的钻石耳饰与端庄挽髻的衬托下，给很多男士留下了其高贵独特的印象，自然林小姐的男朋友也在其中。

◆ 短发

短发的女人总给人一种干净利落之美，搭配这种发型显然只要遵循短配短的搭配总原则，就可以轻松打造出一个条理感十足的商业女性形象。通常笔者建议短发可选择佩 K 金镶钻项坠的细项链，以及纽扣式耳环，从而加强佩戴者精明干练的特点。

对于短发女性而言，单颗钻石是必备品，此外短发与各种简单精巧的耳钉也是百搭组合，两者相衬之下，质感倍出，让人观望到职场女性的干练之美。

下巴稍尖，瓜子脸，头发短中带鬈，佩戴简单的四爪钻石耳钉和 1 克拉以上的单粒钻戒，显出小公主般的可爱和纯真之美。

（图片提供 钻石小鸟）

◈ 秀长卷发

烫发可以同时兼容时尚与妩媚两种特质，因此在搭配时可以根据不同的需求佩戴或新潮个性、或柔美华贵的首饰，从而打造出相衬的独特个性或雍容气质。

对于秀丽的鬈烫发，笔者认为其与钻石的搭配最能体现出创意与个性的魅力。此时钻石耳环是一种非常好用的秘密武器，千万不要小看它的威力。

笔者身边有一位职场女性宋小姐就是演绎鬈发与钻石搭配的最佳典范。宋小姐喜欢跑 Party，但作为一个忙碌的上班族而言，下班后通常没有时间换装，要直赴 Party。对于宋小姐来说这却不是难事，原因在于她的手

头发稍卷，鹅蛋脸，戴菱形造型镶满小碎钻的耳钉，妩媚动人。（图片提供 钻石小鸟）

中有着瞬间可改变风格的绝密武器……各种华丽或摇曳生姿的耳环。时而戴上群镶小钻的吉普赛耳环，搭配落肩的鬈发，神秘魅力扑面而来，时而故意只戴一边或者两边款式不同，打造出充满创意的青春气息，借由鬈发与钻石耳环的完美契合，宋小姐毫无疑问被众多上班族冠上 Party 变装女王之称，迷人指数百分百。

◈ 结辫

结辫可佩戴耳钉、发夹、小型耳环、细项链，以衬托俊秀。

长发挽起，可以戴有一排小碎钻的耳钉，显得更加小清新。（图片提供 钻石小鸟）

◈ 披肩直发

披肩发或更长的头发，需选用更引人注目的耳环，长发与狭长的耳坠搭配可显示淑女的风采。通常选用垂吊式耳环、K金镶钻耳环。同时色彩也要醒目一些，给人一种长发飘飘，耳坠如风铃般叮叮作响的美人图印象。项链宜短不宜长，以增加现代感。

秀发披肩，可以简单戴个钻石耳钉就很漂亮了。（图片提供 钻石小鸟）

不同脸型如何搭配钻石

脸型本无错，如何搭配才是关键。只要了掌握最基本的搭配技巧就能美美地出门，成为一道亮丽的风景！

◈ 鹅蛋形或瓜子脸

如果您具有这种符合传统的脸型，恭喜您，这完全符合东方女性的审美标准，您可以尝试佩戴各种款式的钻石饰品，怎么戴怎么出色，例如林志玲、范冰冰。

◈ 圆形脸

拥有圆形脸的女性通常脸下方显得过宽，因此在佩戴时应该选择能够拉长脸部线条的流线形钻石耳饰或项链，通常笔者建议拥有这种脸型的您，选择垂坠式耳环或者T字形项链都是比较理想的，如果再搭配上马眼形或者水滴形状的切割钻石，相信搭配效果会更加出彩。只要用心也可以迷倒很多人。

　　另外，需要提醒您的是，请勿轻易尝试圆形或吊灯型的耳环，同时也应该避开上窄下宽的三角形，此外也请您尽量不要选择粗、短的项链佩戴。

　　笔者的两位朋友陈女士和孙小姐，都是珠宝的忠诚爱好者，我们三人连同其他朋友有机会拜访了斯里兰卡当地一位蓝宝石矿主的珠宝藏品，其中一套性价比很高的钻石镶嵌蓝宝石套饰格外夺人眼球，大家都表现出极强烈的购买意向。但由于只有一套，因此最后只剩下购买意愿最强烈的陈女士和孙小姐，两个人都表达出自己对这套首饰的深爱，难分伯仲，均不舍得放弃。最后，两人协商试戴这一套首饰，并决定由试戴最适合者购买该套首饰。试戴前孙小姐信心满满，因为无论在容貌、肤色和年龄上，显然相较于已近中年的陈女士都更有优势，可是当两人都试戴过后，大家都表示这一套首饰更适合陈女士，那么原因到底在哪里呢？原来这一套首饰形状均是圆形，搭配同是圆形脸的孙小姐反而显得面部更加宽而臃肿，而戴在方形脸的陈女士身上，却恰好中和了陈女士脸型的刚硬线条，使陈女士焕发出女人温婉高贵之气质，因此最后在孙小姐本人也认同的情况下，陈女士依据自己的脸型优势成功地购买到了自己喜欢的钻石首饰。

◈ 三角形脸

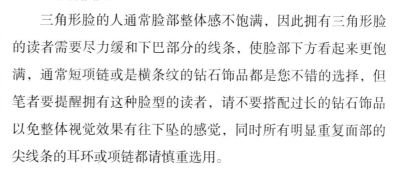

　　三角形脸的人通常脸部整体感不饱满，因此拥有三角形脸的读者需要尽力缓和下巴部分的线条，使脸部下方看起来更饱满，通常短项链或是横条纹的钻石饰品都是您不错的选择，但笔者要提醒拥有这种脸型的读者，请不要搭配过长的钻石饰品以免整体视觉效果有往下坠的感觉，同时所有明显重复面部的尖线条的耳环或项链都请慎重选用。

　　笔者曾在一次首饰设计大赛中看到一个年轻在校设计师的作品，其作品以 V 字形元素为主体设计元素，通过巧妙地组合使整个首饰充满了一种时尚的灵性，同时也不失大气。可惜在最后的展示环节，设计者被分配到的模特是一位具有三角形脸的模特，首饰的主体尖线条与展示模特本身的面部线条显然发生了一定的冲突，从而使整个画面看起来尖角型元素过多，令人产生了不协调之感。幸而评委当场就发现了展示搭配上的漏洞，客观地进行了分析，从而使这位年轻的设计师的作品并没有因为搭配失误而受到连累，依然获得了三等奖。

◇ 方形脸

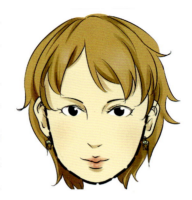

与圆形脸相反，拥有方形脸的人通常看起来比较严肃，因此需要柔化整个面部的刚硬线条，因此对于方形脸的读者，笔者建议您在应该优先选择能够缓和、修饰刚硬线条的曲线或者圆形钻石耳环或项链，此外佩戴V字形项链再加上一个吊坠可以增加脸部柔和感，使脸部整体看起来比较修长，也是一个不错的选择。

日常工作中，我们常常能看到许多干练的职场女强人，她们能力强、成绩卓越，但却容易被异性误解为不容易接近。如果再配有一张方形脸便更是苦恼，有时候真的不知道该怎么向世界表白自己也可以是一名成功的妩媚女性。

笔者认识的一位陆小姐曾经也有这样的苦恼，陆小姐就职于国内一家知名的传媒公司，一路凭借自己的高效执行力和解决问题的有效性称霸职场。作为一名公司的主管人员，陆小姐发现一些新员工或者刚刚开发的客户对她都有一种生疏的敬畏感，这种尴尬的气氛常常使她的一些工作遭受到某些不必要的小麻烦。同时在生活中由于被贴上了女强人的标签，陆小姐的感情生活也一直空白。在一次反思后陆小姐决定彻底改变形象，原来的陆小姐是标准国字脸配上短发，配饰也只是简单的两个单钻耳钉，看起来异常严肃、强势无比。如今改变后的卷发大大柔化了脸型的生硬，同时陆小姐巧用垂坠式的钻石耳环和动物造型的钻石胸针来彰显自我轻松的品位与气质，展现专业的同时也不失女人味，有气势而不强势。因此她很快便摆脱了铁面女强人的标签，而成功转化为一个具有优雅迷人气息、受人欢迎的新职场女性形象，当然那一年就认识了现在的老公，现在孩子都上小学一年级了。

钻石的保养

1. 清洁液自行洗净法

用一个小碗或茶杯盛装温水（38°～40°），通常就是洗澡热水的温度。在水中调好适量的中性清洁剂。将钻石浸在水中，用牙刷轻轻刷洗，再用一个网筛兜住，在水龙头下用温水冲洗。最后用一条柔软的无棉绒布拭干净即可。每个人都可以自行在家中清洗。若是天天佩戴，戒圈内或者吊坠背面可能会卡污垢或者灰尘，通常半个月清洗一次就可以让它闪闪动人了。

2. 远离漂白剂

请不要让钻石首饰沾上含氯的漂白剂，它虽不会损坏钻石，但是会使镶托褪色或变色。若是 K 金褪色，可以拿去珠宝店重新电镀，大的100～200元，电镀完就会像全新的戒指一样了。如果您是店家的老顾客，甚至不会收费。

3. 定期清洗

钻石对油脂具有亲和性，容易沾上皮肤油脂、化妆品及厨房油污而失去光泽，因此应定期清洗，通常半年送给店家，也可以看有无最新的款式。

4. 干活时不佩戴

洗碗或做粗活时不要佩戴钻石，钻石虽然坚硬，但是若依其纹理方向受到重击可能会有刮损的危险，更不能吵架时佩戴。我朋友就是吵架的时候将钻戒摔坏了。

5. 定期年检

每年将您的钻石饰品拿给珠宝商检查一次，查看镶托是否松脱与磨损，重新给它固定和擦亮，若感觉摇动，就马上送回店里检修，以免钻石掉在哪都不知道。

6. 单独放置首饰盒

收藏、保管钻饰时应单独放置，避免与其他首饰混合，否则坚硬的钻石会将其划伤，尤其应与黄金、珍珠、珊瑚、琥珀这些宝石首饰分离。因黄金较软，如与钻饰放在一起或佩戴在一起，很容易受损，并且黄金也容易使白金变黄，影响色泽。

不同手指佩戴钻戒的讲究

戴戒指是有讲究的。按西方的传统习惯来说，左手显示的是上帝赐给你的运气，因此，戒指通常戴在左手上。国际上比较流行的戴法是：食指——想结婚，表示未婚；中指——已经在恋爱中；无名指——表示已经订婚或结婚；小指——表示独身。

戒指自古以来具有强烈的象征意义，因此它的戴法很有讲究。在内地，每只手指戴戒指的含义与国际标准有所不同。

对左手来说：

小指（尾戒）：代表终身不嫁或不娶。

无名指：代表已婚，名花有主，宣示主权，一定要看清楚！

中指：代表订婚，因为我们国家并不十分流行订婚，所以也可以代表热恋中。台湾地区有送订婚戒指的习俗。

食指：代表现在单身，是可以让人追的标志。

若是右手，一般未婚姑娘应戴在右手的中指或无名指，否则，就会令许多追求者望而却步了。

还有一种戒指，当你戴它的时候，无论你戴在哪里都不具备任何意义，这种戒指就是一般的花戒。全是小碎钻，没有主钻。这种戒指是起一种装饰的作用，可以戴在任何你想戴的手指上。

单身女士参加晚宴可以将钻戒佩戴在食指，表示有喜欢自己的人可以对我示好。（图片提供 钻石小鸟）

这一款流线造型的订婚钻戒，简约低调又不失优雅、精致，尽显女人的温柔、端庄。
（图片提供 钻石小鸟）

女士新婚婚戒佩戴无名指，举手投足之间都洋溢着幸福甜蜜的讯息。（图片提供 钻石小鸟）

戒指戴在不同的手指上，能体现与性格有关的心理含义。喜戴在食指者，性格较偏激倔强；喜戴在右中指者，崇尚平淡的人生观念；喜戴在左中指者，有责任感，事业心强，重视家庭；喜戴在小手指者，比较谦卑；喜戴在无名指者，无野心，随和，平易近人。

戒指一般不宜随便乱戴，按习俗它戴在各个手指上所表示的含义不一样，这是一种默认的语言，也是一种信号和标志，所以在佩戴时要细心考虑，保守的人会很在意，以免闹出笑话。

Tip

现在男女佩戴钻戒，通常就是男左女右。抛开一切习俗，很多人想戴在哪儿就戴在哪儿。戴在大拇指那儿，就是任性有钱；戴在食指，通常是艺术家或直销人员；戴在中指表示订婚；戴在无名指表示结婚；戴尾戒有时候也表示防小人；两手十指全戴满那就是土豪。

钻戒直径与佩戴参考					
20分	30分	50分	70分	1克拉	2.0克拉
3.8mm	4.1mm	5.2mm	5.9mm	6.5mm	8.2mm

手寸与长度对照表					
手寸	长度	手寸	长度	手寸	长度
6	44.1mm	12	51.7mm	18	59.7mm
7	45.2mm	13	53.1mm	19	60.9mm
8	46.5mm	14	54.3mm	20	62.2mm
9	47.8mm	15	55.6mm	21	63.5mm
10	49.0mm	16	57.2mm	22	64.7mm
11	50.3mm	17	58.4mm	23	66.0mm

（女生手指细 6 ~ 9 号，中细 10 ~ 12 号，大 13 ~ 15 号，粗 16 ~ 20 号；

男生手指细 8 ~ 12 号，中细 13 ~ 15 号，大 16 ~ 18 号，粗 19 ~ 22 号。）

怎样量手寸

a. 准备工具尺子、笔以及纸条等。

b. 将纸条绕手指一圈（不要太紧）用笔做出记号。

c. 展开纸条用尺子量记号之间的距离得出手指一圈的周长，对照手寸对照表得出适合的戒指型号。

Fancy yellow 方形黄彩钻裸石
（图片提供 阿斯特瑞雅钻石）

Fancy intense orange 椭圆形浓彩橘钻裸石
（图片提供 阿斯特瑞雅钻石）

不同星座适合戴什么样的钻戒

◈ 钻石是最佳心灵提升的伙伴

我们常常会听到很多有关形容各式各样宝石的说法，却唯有"钻石"能毫无疑问地坐上宝石之王的帝座，钻石是王——独一无二的王，原因从其物理特性和商业价值上都能找到支持的论点。

商业价值没什么好争论的空间，同一颜色的宝石中钻石一定最贵，甚至在商业买卖上，白色的贵宝石里面也只有钻石能有那样的身价，说钻石高贵，"高"有讨论空间；"贵"是铁板上的事实。

物理特性上，钻石拥有最高的折射率 (2.417)，最高的硬度 (莫氏硬度：10)，这些物理特性使得钻石面对其他宝石的比较，注定了高人一等的结果。

高折射、高硬度，上述这些钻石的物理特性，在对人体能量共振上的优势，也是其他宝石无法匹敌的，以下大致分别解释一下：

1. 高折射

所谓折射率，指光在真空中的速度相对于光在介质中的速度的比率。折射率越高，会使得通过宝石原石的光线折射程度越大，宝石的折射率越大，光线也越不容易射出宝石外，而会一直因全反射而停留在宝石内，所以光线越是不断地在宝石内快速反射，造成能量的振动也越快速。

一个人的思维，决定振动频率高低，思想越正面振动频率越高，越负

Fancy light brown 圆形淡彩棕色钻石
（图片提供 阿斯特瑞雅钻石）

Orangy yellow 梨形黄带橘色彩钻
（图片提供 阿斯特瑞雅钻石）

面振动频率越低，因此在利用宝石提升我们人体共振频率的选择上，钻石最高的折射率无疑是能提升最高共振频率的。我们通过利用这种高振动频率的外在物质，去拉高人体的振动频率，进一步增加我们正面思维的比重，让我们在思考上有机会用更高的视野、更宽广的心胸去看待事情。

2.高硬度

硬度越大，能量共振传导的速度就越快。简单地说，就是人体对钻石能量的接收性是又快又适应，这是很重要的一点。如同营养一般，再好的营养，人体不能吸收的话就是没用；同样道理，再高层次的振动频率或思维，如果我们不接受甚至是收不到那样的信息，也是无用的。

钻石成为人类最受欢迎的彩宝，不只是因为它商业价值高、物理特性优异，其实在心灵能量层面上也是高于其他彩宝的。佩戴钻石，可以让我们人体以最快的速度、最适应的接受度，去接收或取得较高层次的思维与灵感，最简单的证明就是大家可以看看世界上功成名就的那些人，几乎都是佩戴钻石的。

可是钻石颜色种类那么多，切割的形状也这么多，到底要选哪颗做为我们最佳的伙伴呢？我们从西洋占星学的角度，为大家分析一下。

◇ 星座总体分析 (1)：火土风水四大元素——颜色的选择

西洋占星学的十二星座，从空间分类上可以分为火象、土象、风象、水象四大元素，从时间分类上可以分为基本、固定、变动三大维度，十二星座刚刚好就是这些空间及时间的焦点。

四大元素星座分类

火象星座：牡羊座 (白羊座)、狮子座、射手座

土象星座：摩羯座 (山羊座)、金牛座、处女座

风象星座：天秤座 (天平座)、水瓶座、双子座

水象星座：巨蟹座、天蝎座、双鱼座

火、土、风、水四大元素，是一切空间物质的原始组成分子，相对应的就是四大基本原色，红色、黄色、绿色、蓝色，但也会有其他相应变化，例如少数会有跨星座的状况，在颜色的选择上，要需要注意一点，接下来为大家详细解剖其中的奥妙：

火象星座：红色

　　火象星座的人在颜色种类选择上建议佩戴红色系的宝石，最能与本源能量相辉映，共振效果最好，所以最好的选择当然就是正红色的彩钻，其次才是粉红色、紫色彩钻。

　　红色彩钻戒指　适合火象星座的人如白羊座、射手座佩戴与自身的能量交相辉映，能够很好地施展自己的才能。（图片提供　侏罗纪珠宝公司）

　　黄色彩钻戒指　适合土象星座的人，如金牛座、摩羯座，也是基于本源能量辉映，共振效果才最好的原理。（图片提供　侏罗纪珠宝公司）

土象星座：黄色

　　土象星座的人在颜色种类选择上建议佩戴黄色系的宝石，最能与本源能量相辉映，共振效果最好，所以最好的选择当然就是金黄色的彩钻，其次才是橙色、咖啡色彩钻。

风象星座：绿色

　　风象星座的人在颜色种类选择上建议佩戴绿色系的宝石，最能与本源能量相辉映，共振效果最好，所以最好的选择当然就是翠绿色的彩钻，其次才是蓝绿色、墨绿色彩钻。

水象星座：蓝色

　　水象星座的人在颜色种类选择上建议佩戴蓝色系的宝石，最能与本源能量相辉映，共振效果最好，所以最好的选择当然就是蓝色的彩钻；其次

绿色彩钻吊坠（图片提供 侏罗纪珠宝公司）

蓝色彩钻石戒　蓝色与水和生命相连，适合水象星座的人佩戴。（图片提供 侏罗纪珠宝公司）

绿色彩钻胸针（图片提供 侏罗纪珠宝公司）

才是紫色、灰色彩钻。

有人一定会问，那……那白色的钻石呢？白钻就没用了吗？当然不是，在颜色光谱上黑色和白色都是所有颜色的集合体，只是振动频率高就会形成白色，振动频率低就会形成黑色，简单地说白色就是"通用色"，不管是哪个火、土、风、水哪种星座的都适合佩戴白钻。不过当然有一好没两好，白钻的效果没有特别针对四大元素去搭配的颜色效果好。这是一定的。

◇ 星座总体分析 (2)：基固变三大维度——形状样式的选择

三大维度星座分类

基本星座：牡羊座、摩羯座、天秤座、巨蟹座

固定星座：狮子座、金牛座、水瓶座、天蝎座

变动星座：射手座、处女座、双子座、双鱼座

基本、固定、变动三大维度，在时间轴上分别演示现在、过去、

未来，选取形状样式在，这里是就主石的形状以及首饰的设计而言的。

基本星座：简洁、凸显主题

基本属性在时间轴上的意义指的是"当下"、"现在"，因此选取主石建议以圆形明亮式切割的钻石为主，配石的搭配也尽量简单，整体首饰设计目标凸显主题（主石）风格，让人一眼就能被主石吸引，这样的首饰风格最适宜搭配基本型星座的人。

固定星座：丰富、传统设计

固定属性在时间轴上的意义指的是"过去"、"历史"，历史是既定的、不可改的、丰富的，因此在选取主石的形状以及首饰设计上，建议以已经存在于珠宝界的"经典款"为宜。无论你的主石是选择圆形、方形、椭圆等等，最好都是以有过去的实体设计为前提去选择。都先选款式、再挑主石，而首饰的设计可以走丰富、奢华的风格，配石的使用上不用顾忌抢夺主石风采，甚至无主石设计的风格都可以。

绿钻戒 绿钻做主石，周围有花瓣造型的白钻作点缀，造型简约、凸显主题，适合基本星座如天秤座、巨蟹座佩戴。（图片提供 侏罗纪珠宝公司）

粉彩钻戒 造型相对丰富、花瓣层叠围绕主石，但是并不夺主石的锋芒，适合固定星座如狮子座、金牛座佩戴。因这些星座的属性倾向于固定、丰富却不可更改的历史。（图片提供 侏罗纪珠宝公司）

橘钻裸石（图片提供 侏罗纪珠宝公司）

变动星座：前卫、新形态设计

变动属性在时间轴上的意义指的是"未来"，未来是过去不存在的，是全新的、新鲜的，因此在选取首饰主石上，可以挑异形钻作为主石，例如心形切割、橄榄形切割（又称马眼）、梨形式切割等等的钻石。在首饰设计上建议采取比较前卫、新形态的设计，也可以对一些过去的经典款加以改动，去创造全新的风格。

一个适合我们自己的首饰，越戴越喜欢、越戴越爱戴，不只是可以增强我们的自信，塑造自我的风格，对于人生正面思维也有帮助。以下是我们整理出的表格，希望大家都能有机会买到最适合自己的钻石首饰。

顺序	星座名称	星座属性	建议主石颜色	建议主石与首饰的风格
1.	牡羊座	火/基本	正红色、粉红色、紫色	圆形主石、首饰简约风格
2.	金牛座	土/固定	金黄色、橙色、咖啡色	先选款式再选主石，丰富、奢华风格
3.	双子座	风/变动	翠绿色、蓝绿色、墨绿色	异形钻主石，首饰前卫设计
4.	巨蟹座	水/基本	蓝色、紫色、灰色	圆形主石、首饰简约风格
5.	狮子座	火/固定	正红色、粉红色、紫色	先选款式再选主石，丰富、奢华风格
6.	处女座	土/变动	金黄色、橙色、咖啡色	异形钻主石，首饰前卫设计
7.	天秤座	风/基本	翠绿色、蓝绿色、墨绿色	圆形主石、首饰简约风格
8.	天蝎座	水/固定	蓝色、紫色、灰色	先选款式再选主石，丰富、奢华风格
9.	射手座	火/变动	正红色、粉红色、紫色	异形钻主石，首饰前卫设计
10.	摩羯座	土/基本	金黄色、橙色、咖啡色	圆形主石、首饰简约风格
11.	水瓶座	风/固定	翠绿色、蓝绿色、墨绿色	先选款式再选主石，丰富、奢华风格
12.	双鱼座	水/变动	蓝色、紫色、灰色	异形钻主石，首饰前卫设计

（非常感激威任整理此篇"不同星座搭配钻戒"的文字）

卢威任

卢威任，最早研究西洋古典天文学将近10年，师承学派为灵魂占星学，后来由因缘际会跟随汤老师学习宝石学，特别热爱彩色宝石，尤其是钻石；经过5年来的研究，结合目前国外对宝石能量资料，加上通过星座推衍个人的特质，将两者结合成一门从个人星盘来探讨最适合每个人佩戴的宝石学问。

目前任教于台湾地区的创觉心灵启发股份有限公司，教学之余持续通过研究宝石颜色与占星学星座的心理分析，协助每个人能佩戴给自己带来最佳运势的珠宝。

 钻石设计师

林晓同　"林晓同设计师珠宝"品牌创始人

1. 从事珠宝设计经历与个人创立品牌的初衷为何？

1990 年开始从事珠宝设计，曾为知名品牌 De Beers 设计男性钻石珠宝，多次获得国际设计比赛大奖。而当朋友要结婚时，市场上却没有太多婚戒的选择，为朋友量身设计婚戒的过程中，我开始思考为何台湾地区没有着重创意设计的珠宝品牌，且大众看待珠宝都仅着墨于宝石奢华的凸显、宝石价值的意义等。

我希望在珠宝的分野间有一股新的视野，让珠宝具有不同的生命力，"珠宝之所以动人，是因为佩戴它的人"。于是在 2000 年成立林晓同设计师珠宝品牌，传

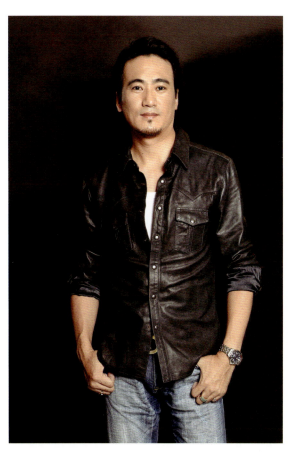

林晓同

递生活珠宝的态度。深思过自创品牌这条路，需要不断地突破、创新及面临市场的变化与挑战，但筑梦踏实，追逐理想没有遗憾。

品牌成立后曾受金马奖邀请，为影帝梁朝伟、刘德华、黎明，影后吴君如、杨贵媚、李心洁等巨星，以电影胶卷为题，设计两款别具创意的钻石荣耀胸章。也为奢华轿跑品牌 JAGUAR 顶级贵宾设计蓝宝戒指交车礼，并为名模王晓书等时尚名人量身打造婚戒。

创立品牌同时即成立自家珠宝工坊，致力结合原创设计与精湛珠宝工艺。我的珠宝工坊就像是我的左右手，一件件的设计图能成为隽永经典的作品。它们都是出自工坊里的老工艺师之手，他们用心专注，以时间岁月敲锻并淬

炼出精彩的作品，每一个敲打的响声，都像是一种节奏，更是工坊里最美、最动人的合奏。工艺是林晓同珠宝品牌的基底，更是文化及技艺的传承。

2. 在珠宝设计中，对您，最有启发意义或带来灵感的事情是什么？

随着年龄的增长，体会到很多简单微小的生活经验，都是这么难能可贵的幸福时刻，也一次次发现生命的美好，这些皆是创作灵感的精彩养分。

如随玉而安的"青鸟"系列便是与儿子生活对谈里感受到的美好幸福。在他七岁时，有次与儿子阅读故事"青鸟"时，纯真的儿子问："爸爸，幸福是什么？"当下一时语塞，不知如何确切回答，但这种父与子的生活互动就是最幸福的时刻，带给我直接的心灵感动。这生命里精彩的时刻幻化为"青鸟"系列珠宝，想传达的就是这份近在咫尺的幸福。

而"Eric Jade Bear"系列的灵感则是来自女儿一岁生日，我送了一只玩具熊给女儿。17年后的某一天，我走进女儿房间突然发现，这只熊仍坐在女儿房里的角落。阳光洒落在这只玩偶上，显现岁月的痕迹。原来，它一直代替着我，日以继夜地守护着女儿成长。脑海涌现的，是女儿从牙牙学语到亭亭玉立，一幕幕的欢愉、纯真、成长画面。我就好像是 Pinocchio 的爸爸，以东方男士内敛的情感表达对女儿深深的爱与期待，赋予玉熊各种姿态与生命。之所以选择玉石做为主要素材，除了玉石温润如月光的东方韵致，引人入胜的是它平安吉祥的守护寓意，期待能常伴眷顾佩戴它的人。

3. 您的设计风格是如何慢慢形成的，对自己作品的定位或期许等等？

从事珠宝设计时，早期累积的经验与基于对市场的了解，开始时便是切入分众市场，希望与大众珠宝市场有所区隔。结合极简主义设计与华丽元素，以一笔成型的设计手法，凸显作品个性，强调立体空间的层次变化。从东方设计师的角度，将西方意象与象征东方的元素加以融合，呈现于珠宝设计上，并融入生活态度，传递纯真幸福的生活哲学，更希望随着年龄的增长，可以将许多生命积累的精彩反刍，创作丰富的珠宝作品。

4. 身为珠宝设计师、品牌创立者，您满意自己现在的成就吗？未来有没有什么计划，最想要突破的事情？

在台湾地区，创立品牌是一种勇气，需要不断地突破、创新及面临市场的变化与挑战。一路走来，15 年的精彩，秉持"坚持原创，始终如一"的精神，幸运地有舞台为自己的梦想耕耘。期望随着生命不断地累积，将美好的生活感动幻化为一件件动人的珠宝作品。而且设计是直觉的事物，是传递美好的概念，本就该是无国界的，希望创作出无国界风格的珠宝作品，以台湾地区为基础，跨足海外市场，与世界对话。"精彩可期，无限愿林晓同珠宝可能"，成为一个让人充满期待持续成长的品牌。

5. 您设计的作品使用的素材相当多元，您是如何看待钻石这个素材？又是如何将钻石展现在珠宝设计上？

钻石有"宝石之王"之称，它纯粹美好，光芒璀璨。钻石拥有画龙点睛的效果，将它放置在对的位置，既可为作品加分，也更能展现钻石的光彩。为了呈现心目中的完美设计，使钻石裸面更广，集光及折射效果更加璀璨，我与自家品牌工坊的工艺师反复钻研夹镶工艺。我们时常运用"两点夹镶"手法于钻石设计上，使它跳脱出一般传统珠宝的框架，单以两个支撑点夹镶钻石，让钻石能完整接受四面八方的光线，更能呈现钻石璀璨火光。

此工艺虽在外观设计上化繁为简，使钻石呈现悬浮的效果，但在工艺技术层面却是更多重的考验。它考验的是珠宝工艺师对不同金属张力的掌握与角度控制的精准，这独特的"两点夹镶"仿佛是镶钻师用镊子夹取钻石观赏的最佳角度，也是品牌精湛的工艺之一。

6. 除此之外，您还想跟读者分享什么？

我认为珠宝应该是一件纪念你生命中某个重要时刻的珍贵之物，陪伴你度过人生的喜悦，拥有丰富精彩的生活记忆，以它的隽永来纪念生活。佩戴珠宝应该像生活一般简单自在，男士呈现自在而潇洒的态度，女士则呈现优雅而自在。"珠宝之所以动人，是因为佩戴它的人"，珠宝绝对不是锁在保险箱的一种投资标的物而已，不应只是一味地谈它的价格、投资保值，加上了人的情感，生活的纪念，生命的故事，它就变成全世界独一无二、最无可取代的无价珍宝，因此我们一直在分享传递"生活珠宝"的理念。

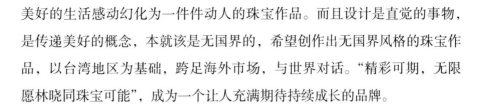

阿汤哥观点

晓同老师是台湾地区钻石设计最优秀的设计师之一，不但人长得帅，而且很多女粉丝也都崇拜他。第一眼看到他人就觉得他很有个性，因此他设计的作品也很独特，在许多场合屡屡得奖。这次笔者很难得邀请晓同老师提供作品来内地，让大家可以欣赏他5件优秀作品。这也是笔者的荣幸与骄傲。

晓

设计理念： 颈圈套链"晓"，以一股向上提升的力量，光影缓缓乍现，小草引颈而望，凝结的，是清新的起始之气，升华为广阔而宁静的美好片刻。抬头昂首，当下就是永远。集结580颗渐层渲染的钻石与蓝宝石，弥漫成日夜交替太阳初醒的温度，光彩由静而动、由深至浅，在天地交集的片刻，"预晓·遇见美好"。

材质： 白K金、托帕石、坦桑石、钻石、蓝宝、海水蓝宝、彩色刚玉

感动系列

    设计理念：感动系列源至为名模王晓书量身打造的结婚钻戒。以"勇敢·幸福·浪漫·感动"为设计发想。作品中皆以悬吊式"梨形钻石"点缀在主钻旁，让婚戒的佩戴有更活泼的亮眼动感，独特的设计灵感，源自于新娘被求婚时喜悦与感动的那一刻所流下的泪滴，渴望在瞬间凝结成永恒，收藏在指尖。

    材质：白K金、钻石

青鸟花雨夜

    设计理念：这幅作品用东方水墨手法表达西方意象，自然宝石光彩表达出晕染层次，藉中国水墨写意线条，不拘泥于物体外形具象的肖似，表现水墨渲染，远景抽象、近处写实的意境。颠覆西方珠宝既定奢华形象，强调以形写神，投射出宁静悠然的东方意境。

    雨夜，只闻夜里的花香，绽放晕染，透露着月光石、蛋白石、彩色刚玉的彩墨色调，如同月夜下的明珠，刻凿苍劲痕迹的黑色树干也缓和休憩，无声投射千颗茶钻所铺陈的月影光华。惊鸿虚实之间，风度翩翩的翠玉青鸟飞上枝头，悠然欣赏这座苍翠、蓊郁的林园，褪去灿烂华丽的日光景致，乍现雨水洗涤后的夜阑人静。林晓同设计师以西方珠宝工艺勾勒东方花鸟意境，以彩宝与翠玉作诗，绘成一幅曼妙、清丽的豁然宁静景致。

    材质：茶钻、白钻、黄色彩钻、彩色刚玉原石、月光石、翠玉、K金

Eric Jade Bear No.5

设计理念: 我的怀抱, 就像是纯真的白色羽毛, 轻巧而珍拥着你的一切。细腻的呵护与陪伴, 是我与生俱来的天赋, 随时间流逝而渐趋浓烈。我特别喜欢看到你安稳的睡姿, 不时转身伸展, 偶尔又露出浅浅笑容, 连你的呼吸都牵引出我莫大的心满意足。

设计师以类复古掐丝工艺, 塑形出羽毛的轻柔触动感, 每一根羽毛都展演着截然不同的飘逸转折。当浑圆饱满的玉熊依附其上, 仿若也一起变得优雅轻盈。

材质: K金、翡翠、钻石

Eric Jade Bear No.6

设计理念: 星空中弦月清丽高挂, 月光是大地最温柔的守护力量, 锋芒流泻, 宁静指引着梦想的方向, 轻洒下许多的希望与期许。尽管它时而阴晴圆缺, 却从不吝啬于黑暗中释放明亮, 如同你未来的人生, 无论阴晴圆缺, 都能优雅地靠着月牙轻躺着, 惬意享受, 笑脸迎接人生中的每个时刻。

作品呈现多面的融合, 设计师结合爪镶、密钉镶、微镶, 不同镶嵌方式虽有冲突性却异常的和谐; 设计师使用切割过的宝石与未经修饰的彩色刚玉原石, 错落排列, 在缤纷中绽放宁静祥和的月夜之光。

材质: K金、翠玉、钻石、彩色刚玉、蓝宝、沙弗莱石、黄宝、黄色彩钻、月光石

郑志影　ZENDESIGN 珠宝品牌创始人

独立珠宝设计师，ZENDESIGN 创建人。

拥有多年的品牌珠宝设计与私人定制经验，以国际视野与创新精神先后获得 DIA/Gold Virtuosi/EFD/HRD 等 20 多项国际/国家级设计荣誉；作品《珠穆朗玛》《Diamond Beard（钻石胡子）》入驻 2010 年上海世博会比利时馆钻石廊展出，《珠穆朗玛》被媒体誉为"具惊人之美的传奇展品"。

在创作上不断求新、求变、突破自我，不变的是十几年对于珠宝设计品位的坚持；作品被欧洲国家元首及众多私人收藏家收藏佩戴。2014 年受邀参与文化部为中法建交 50 周年举办的马年生肖设计大展，最新作品《The Horse 马首系列》《远方的风》在巴黎展出。

郑志影

郑志影设计作品

珠穆朗玛 2

251

珠穆朗玛：

    简洁对称的结构赋予作品崇高的宗教感，绽放的雪莲花是圣洁、高贵、吉祥的象征。正如世界的最高点——珠穆朗玛一样，矗立在湛蓝的天空与雪白的祥云间，神秘而端庄，充满着神奇的力量。

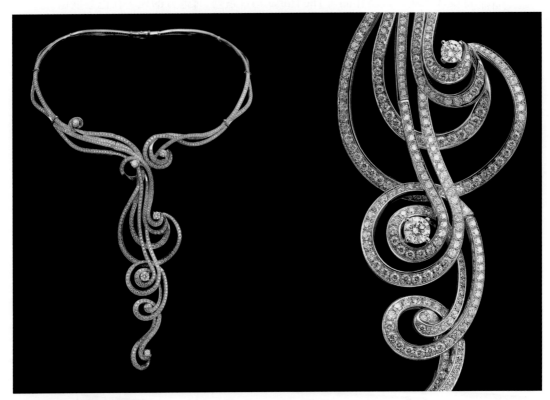

春风吹动你的发梢：

    古希腊爱神从爱琴海中浮水而出，风神、花神迎送于左右；作品交织了爱琴海翻涌的海浪，女神优雅的体态以及在微风中飘扬的金色鬈发等各种意象；流畅的线条构成优美的韵律，带有古典式的优雅与端庄。

钻石胡子：

HRD AWARDS 2009 "从前……我最喜爱的童话"世界钻石设计大赛设计奖

在中国童话中，白胡子是智慧与超自然力量的化身，闪耀着智慧与神秘的光芒，如同大自然赋予钻石的神奇魔力；当优雅迷人的女模特戴上这个钻石制成的胡子，这种怪诞感与幽默感正契合了童话本身的荒诞美与戏剧性。

女高音：

HRD AWARDS 2007 "歌剧之夜"世界钻石设计大赛设计奖

女高音艺术家的纯净、甜美、明亮的音色，以及穿透黑夜的高亢力度，它们都如钻石般璀璨。

将完美听觉艺术以视觉化的方式表达，歌剧赋予钻饰以灵魂，钻石展现了歌剧的魅力，契合歌剧之夜辉煌华丽的氛围。

蒲公英

2000 年 DIA 国际钻石设计大赛入选作品的商业衍生设计。

洛可可公主戒指

灵感来自欧洲宫庭服装元素；复古风格中彰显时尚感，简约中显奢华；360° 无死角的戒面层次体现超凡的品质与细节之美，整体上追求一种公主般年轻而高贵的感觉。

郑志影作品获奖名录

《蒲公英》入选"钻石奥斯卡""De Beers 2000 国际钻饰设计大赛"进入巴黎总决赛；

《精神王国》获"千禧永恒金"亚洲足金设计大赛优异奖，"GOLD VIRTUOSI"（黄金经典）首届国际珠宝设计大赛荣誉奖，入选世界 100 件优秀黄金设计作品；

《蓝调探戈》获第三届"E.F.D"公主方钻设计大赛原创艺术组金奖；

《百年好合》获第三届"E.F.D"公主方钻设计大赛市场潮流组金奖；

《NATURE》入选第 11 届 SAMSHIN 国际（韩国）钻石设计大赛；

《SOPRANO》获 HRD AWARDS 2007 世界钻石设计大赛设计奖，参加世界巡展；

2007 年应《凤凰周刊——珠宝》邀请为"插画珠宝首席设计师"，《缘定今生》获最佳设计奖；

《Diamond Beard》获 HRD AWARDS 2009 世界钻石设计大赛设计奖，参加世界巡展；

2010 年《珠穆朗玛》《Diamond Beard》获邀入驻上海世博会比利时馆钻石廊展出；《珠穆朗玛》被媒体誉为"具惊人之美的传奇展品"；《Chocolate 巧克力》礼盒系列获比利时王储珍藏；《poker》领带链被 30 多位国家元首政要佩戴珍藏；

2012 年《龙脉》参加 2012 生肖珠宝设计邀请展；

2013 年《无题》系列作品参展北京"国际首饰双年展"；

2014 年受邀参与中法马年生肖设计巴黎展。

阿汤哥观点

郑老师是中生代杰出的珠宝设计师的代表之一。他的作品也获得过许多国际大奖。笔者最欣赏的他的作品是荣获 HRD AWARDS 2007"歌剧之夜"设计奖的女高音。这种兼具实用与展示的作品具有双重美感，堪称国内时尚的领航者。

蒋喆 抽象派大师的经典代表

师承于中国珠宝首饰设计大师邹宁馨教授，2010—2013 年在国家珠宝玉石质量监督检验中心国检珠宝培训中心任珠宝设计部门主任；

2013 年成为吉肃工房文化咨询（北京）有限责任公司的联合创始人，并同年成立吉肃工房珠宝首饰设计工作室；

2014 年至今任北京红桥市场原创珠宝设计中心技术总监。

蒋喆

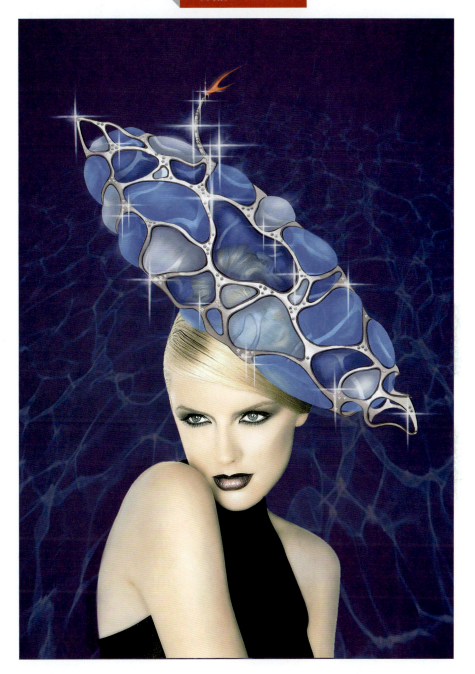

精卫填海

　　设计理念： 如何将虚幻的神话（文化代表）具象成一件首饰（实体）成为此类设计的关键点。精卫不畏艰难以及世俗对她的禁锢，以只身之力对抗浩瀚的大海，为了使形态发展可以更加自由，作者选择了头饰这种首饰类型。为了体现大海的体积感以及寻求外形的美观，作品主体保留了水波的设计形式，以富于细腻变化的梭形作为整体结构，令"精卫"和大海的形态大小产生强烈对比。表面运用形态不一的蓝色"水泡"作为肌理，使得整个作品有晶莹剔透的灵动感。在金属框架上镶嵌钻石，运用富有弹性的18K白金支撑起珊瑚枝代表的"精卫"，其嘴上衔接的钻石随着佩戴者的走动而摆动，让"精卫"扔石的动作生动起来。

　　材质： 925银、亚克力、钻石、白K金、珊瑚

竹音

　　设计理念：作品灵感来源于两片竹叶开合的形状，在繁复嘈杂的灯红酒绿之中，青竹的桀骜和坚韧唤起人们纯真的情感，使佩戴它的女性成为派对上低调的焦点。同时，这也是作者对于年少用竹叶取音童趣的缅怀。

　　材质：白K金、钻石

乍暖

　　设计理念: "一片苍茫水墨之中，谁不为一点暖光心动，哪怕只是乍暖还寒，也挡不住那一瞬的奢华。"作品运用水墨画的意境和色彩，加入现代首饰元素，将东方韵味融合国际潮流，尝试将首饰与服装元素完美结合，是一款时尚的礼服肩带。

　　材质: 铂金、钻石、红宝石、羽毛、丝绸

阿汤哥观点

　　蒋老师堪称时尚界的佼佼者，她的作品比较抽象，融合很多种不同的元素，是抽象派的极致表现，她的作品同样在国际大赛上获得很多奖项。

◈ Bestforu 珠宝首席设计师

1. 您从什么时候开始学设计，师从谁，或者谁带您进入这个领域？

我从小喜欢画画，高考的时候，面对许多选择，像平面、服装、广告、新媒体等，一股脑儿都到了眼前，可是究竟学什么，真是没有主张。几乎是到报考的前一天了，从清华美院一位教授那里得知还有珠宝首饰设计这个专业，第一次听说，我突然觉得"就是它了"，到现在我也没明白，为什么会有这个想法。

幸运的是，2005 年顺利应届考上中国地质大学（北京）首饰设计专业，懵懵懂懂开始了与珠宝相伴的日子。更加幸运的是，四年的努力换来了保送研究生的机会，更可

李雪莹

以师从中国首席珠宝首饰设计大师、我们珠宝学院教授任进老师，开启一段崭新的首饰设计生涯。"修行在个人"的前一句叫作"师傅领进门"，老师，为我掀开一扇神奇的大门，一眼望去，珠宝的世界璀璨生光。

2. 在设计行业里，您经历的最难忘的、最有启发意义抑或给您带来灵感的事情是什么呢？

在我已经是首饰设计专业的研究生的时候，有一年秋天，我走在北京落叶满地的小胡同里，忽然瞥见一扇老木头门墙缝里，开了一朵白色的小花，独独一朵。我低头细看，花瓣柔软慵懒，安静又自然。我忽然觉得，大自然的创造如此奥妙！那姿态、线条、色彩，这么美，这么和谐，好像全部都有规律可循。首饰设计，不一定都是花、草、鱼、虫的造型，但却

一定要"很自然"。每一个戒指，每一个吊坠，不是花，却都是一朵花，在一种名叫"自然"的规律之下。

3. 您的设计风格是如何形成的？

设计风格的形成真不是一朝一夕的事儿，三天打鱼两天晒网地画图，或是囫囵吞枣似的把所有大师作品临摹一遍，是成不了风格的。字如其人，设计风格也如此。我很传统、安静，不愿多言，爱好观察自然，欣赏传统，从中吸取养分，从而提炼出自己最为欣赏、最能符合现代人审美的元素加以利用。所以我的设计风格会偏于古典风格，清新细腻、有跳跃感但不失稳重，跟我的性格相符吧。

4. 从事设计您觉得满意吗，物质和精神能够满足吗？

从有记忆开始我就在画画，打骨子里就喜欢画，不管学业压力多大都从未间断过。画家的梦想虽没有实现，但是成为优秀的设计师却是我毕生的追求。而今设计不仅是我的爱好、专业，更是我谋生的技艺。试问有多少人能坚持儿时的梦想，并成为自己的事业呢？我很幸运，当然也很满足。

5. 未来有没有什么计划或者最想要突破的事情？

希望拥有足够的优质作品，办个人展，成为中国最优秀的珠宝首饰设计师。革命尚未成功，仍需加倍努力，呵呵。

6. 您认为钻石适合什么样的人来搭配，对当下年轻人选购钻石有没有什么建议？

有人认为月薪三千就离时尚圈很远，离珠宝圈更远，其实不尽然。就像戴妃款的戒指一样，你觉得它是最烂街的款式，街边小饰品店都有的卖，但它却是高端珠宝店永恒的经典时尚。

钻石的佩戴人群是不受年龄、性别、肤色、职业阅历等限制的。如果男人戴珍珠，你会觉得他很娘，但钻石不会。但不同的钻石款式诠释着不一样的个性，只有服装与钻石的搭配相得益彰，才能显示出独特高贵的个人气质。比如设计比较女人味的服装可以搭配款式柔和、造型小巧别致的钻石款式；传统旗袍或者中式服装可以选择稳重典雅、有对称感的钻石款式；职业装是职场女性工作时的着装，一定要体现出庄重、干练的气质，因此钻石的款式不宜过于繁杂，应选择大小适中、形状线条简洁、适度时尚的为好。

年轻人选购钻石，一方面是用作装饰，满足自己对美的追求，另一方面就是结婚之用。希望大家根据自己的经济基础来选择，毕竟钻石属于奢侈品。此外买钻石前，要了解下钻石"4C"标准，到可靠的商家那里选购，并且索要钻石鉴定证书。

另外也提醒一下年轻人，爸妈那会儿没有婚戒哦，不妨在他们结婚纪念日的时候作为用心的礼物吧！

8. 除此之外，您还想跟读者分享什么？

把我的座右铭分享给大家："天资差，不足畏，天道酬勤；堡垒艰，不足畏，专可攻之。"在你迷茫、徘徊的时候多坚持一下吧，一定会柳暗花明的。

李雪莹设计作品

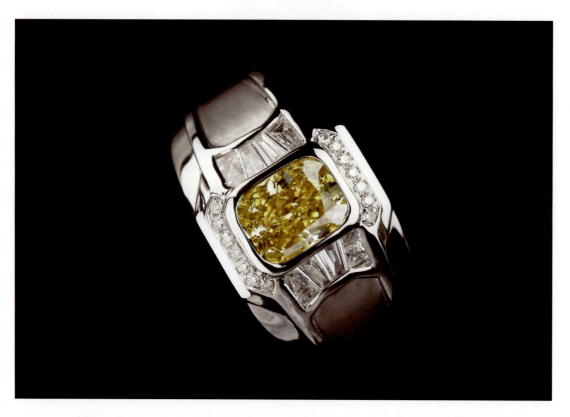

执着

设计理念：不惑之年的男士选择克拉黄钻，必然已经事业有成。他们成熟的心理、做事的理性化以及较为含蓄的个性，反映到戒指的款式上就是追求大方庄重并稍加个性，注重品质、价值和高贵感，以显示自己的社会地位和修养。所以多层次、几何感的宽戒臂设计，不仅可以表现出精致的工艺美感，而且造型的微妙变化，也能增添各设计元素之间的和谐感。大颗粒高品质的配钻，更足以提升戒指的附加值。

女人花

设计理念： 这朵钻石花，运用了 2000 颗黄钻和白钻群镶，张扬却不焦躁，婉约却又绝不平凡，在珍珠串起的朵朵浪花中怒放。花有情，水有意，钻石花可作胸针单独佩戴，也可搭配珍珠项链或一条或多条萦绕颈间。灵活多样的佩戴方式不仅平添情趣，百变造型更能让您轻松应对不同的妆容、服饰和场合。

一朵花，切切等候。

有心人，素手来摘。

钻石花项链设计手稿，可以搭配珍珠项链当作套链佩戴

《寄托》男士款对戒

《寄托》女士款对戒

《寄托》

　　设计理念：两人一世界，在彼此真爱的时空里，结婚对戒锁定了亘古不变的爱情誓言。男戒上高低错落的"山"字形钻石，暗喻着男人是山，在婚姻中要担当起如"山"一样的责任。女戒的主钻安然稳坐在皇冠之上，如女王般主宰着自己的爱情。底托"V"字形的结构设计，祝福着这对新人的婚姻美满。花体的英文字母是新人的名字缩写，增添了定制婚戒的专属性。

阿汤哥观点

　　李老师是新生代比较有潜力的设计师，她的作品有为有守，作品柔中带刚，刚柔并济，熔婉约与阳刚于一炉。她的钻石胸花作品相当有立体层次感，工艺已经超越了与她同时代的很多设计者，很实用。她属于务实派的优秀设计师。

Jone Zhang 古典风格代表设计师

Jone，原名张咏婕。父亲从事古董珍品、翠玉宝石买卖，她从小耳濡目染，对于珠宝拥有深厚的鉴赏力。曾定居加拿大，由于割舍不掉对珠宝设计这份爱，回中国台湾后，便着手创立维多利亚珠宝设计品牌，后与夫婿创立喜宝珠宝，任设计师总监，拿手于顶级翡翠设计。除了先前擅长的顶级翡翠设计，她更从加拿大定位出自我风格——维多利亚 / 花园 / 古典，使其珠宝设计东西并蓄，色彩丰富。

Jone Zhang

柔美的外表下，她却有着率性、具有个性的心，不愿随波逐流。你总会看到她身上的两个元素：蕾丝和帽子。蕾丝显现了她外表的温和浪漫，然而帽子则体现了她内心率直真情的一面，从此就可以一窥她的设计。

她喜欢尝试新的东西，充实自我，喜欢和年轻人接触学习，虽然时光不断流转，岁月终将衰老，她的心却依旧年轻。对于喜爱的事情，她都是投入最大的心。对于珠宝设计喜爱了 30 多年，可看出她对每一件珠宝设计的用心。

她眼中没有丑（不好）的珠宝（石），只有不好（不懂）的设计。其设计低调却有气度，精巧夺人眼目，注重顾客的"型"胜于"美"。她认为找到属于个人的型（格），会使人更加赏心悦目，历久弥新，而美是会被不断轮转的时间更迭，所以她的珠宝是要戴出每个人的"型"。

对于客她不止于客，她将他们当作朋友，帮他们设计，与他们互动，在这些交流之中她也学习，吸收并融入设计之中。她认为不断学习是最重要的人生课题，如果停止学习，就会置于踌躇不前，封闭跋扈，就不能将心中最美的珠宝艺术呈现出来。

挥笔亲自设计之外，设计制作的每一个过程，她坚持都是要经过她亲眼鉴定，就算再小的配石她都看在眼里，不轻易放过任何环节。不论挑选、排胚等，皆亲力亲为，这份执着——呈现在她的珠宝艺术上。

珠宝艺术设计特色：顶级翡翠设计最为拿手，维多利亚风格 / 花园风貌 / 古典呈现。大胆使用黑玛瑙设计——帽子，尽显率真，流线 / 流苏设计，再加上对蕾丝的运用，使得作品更加温润。

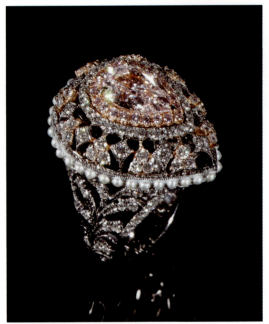

心形粉色彩钻搭配小珍珠戒指

镶钻蓝色宝石戒指，古典优雅风格，造型独特

流星花园粉红色彩钻戒指

梨形切割粉红色彩钻吊坠，维多利亚风格，堪称惊艳

阿汤哥观点

　　认识张老师是在香港珠宝展会上，恰巧同是中国台湾人，彼此感到很亲切。一看到她，你就会被她的优雅举止和谈吐吸引。张老师也是台湾地区很优秀的设计师，她走的风格是维多利亚式的古典风，经常用一些老矿工式与玫瑰式切工的钻石来搭配，有蕾丝花边的设计，是古典风格的一个代表典范。阿汤哥很荣幸能够邀请她及其作品为这本书增色。张老师也堪称中生代欧美风设计师的代表。

3 HRD 2013 设计得奖作品 Top5

◆ **主题：虚幻与真实**

NO.1 意大利 Paola STRAMMIELLO 神奇的蘑菇

设计理念：神秘蘑菇形是一个幻觉的戒指，它欺骗了我们的视觉，像在一个奇观里，是蘑菇这个触发器产生的神奇作用！以自然法为依据，钻石被镶嵌在首饰内部，如果你通过一定的视角观察，它会只是以蜃景的形式出现。真正的钻石被隐藏起来，只有当观察者在特定的视角观察时，才能被看到。多亏了镜子这个神奇的东西。在这个幻觉首饰上，你所看到的并不是真实的，真实的是看不到的；所有的钻石都像每一个幻想家的神奇内部世界。

第 1 名 神奇的蘑菇

NO.2 香港 温希彤 花瓶

设计理念：惊喜源自被推翻的假定。人都以片面的因素来作判断，我们所看到的，只是其中一面。然而，当他们经过亲身接触，看到的就又不一样了。花瓶灵感来自于中国的青花瓷，它表面看似花瓶，其实是以手镯、颈圈、耳环组成的一系列配件。它以骨瓷来表现出权力，以钻石来衬托出女性的高贵气质，体现现代女性的刚柔并济。

第 2 名 花瓶

NO.3 荷兰 Evi BAKKER 和影子约会

设计理念： 设计灵感来源于我们常见的手影艺术，通过手影表演传达一个故事。作品运用钻石和灯光的明暗和戒指的影子来表现现实与幻觉的巨大差异。影子可以代表任何你能想象到的东西，这款戒指的影子你可以说是一只鸟，一个怪兽，或是一件珠宝。

第 3 名 和影子约会

NO.4 中国 奉深 易如反掌

设计理念：该作品为戒指，静止摆放的时候是一棵被砍伐的树墩，令人惆怅；而反过来佩戴在手上时，你看到的却是一棵茁壮成长的树，令人愉悦。同时也表达出环保的概念，寓意只要人人都行动起来，保护环境实际上易如反掌。

第 4 名 易如反掌

NO.5 中国 马超 针和线

设计理念：作品《针和线》的创意灵感来源于生活中缝补衣服用的针和线。作品在画面中将钻石作为"线"，用针作为牵引缝制在衣服上，就像是衣服缝补的痕迹，惟妙惟肖。

工艺说明：钻石以单个或是数个为一组，用针依次穿插缝制在衣服上，而且它是可以活动的、可以拆卸的，是可以随意变幻形状的。用于穿插的绳线全部位于衣服和钻石的下面，在表面上我们只可以看到一段一段的"钻石线"。

第 5 名 针和线

4 2014/2015 中国珠宝首饰设计与制作大赛获奖作品

中国珠宝首饰设计与制作大赛自 1998 年启动，大赛秉承"原创中国、精工佳作"的主旨，挖掘了大批独具创意的设计师，提升了中国原创珠宝首饰的国际影响力；培养了一系列能工巧匠，将中国珠宝首饰工艺推向新的高度。

最佳首饰创意奖　左雅设计师　鱼悦

选送：深圳市甘露珠宝首饰有限公司

制作：深圳市甘露珠宝首饰有限公司

设计理念：寻根于民族文化，将富有中国文化底蕴的鲤鱼这一元素糅合到珠宝设计之中，承袭传统创意求新，整合东西方美学观念，让神秘、美好的中国风情在国际珠宝舞台上奢华绽放。产品采用专利工艺，使得鲤鱼的眼睛、鱼鳍甚至到每一个鳞片都可以活动，手镯的开合方式也采用了弹力金片，使得鲤鱼的形象更加生动，活灵活现。

婚礼主题首饰设计大奖　朱文俊　融·溶

　　选送：上海金伯利钻石有限公司

　　制作：上海金伯利钻石有限公司

　　设计理念：灵感来源自 2013 年 7 月，在北冰洋上空，我透过飞机窗外看到的景象：蔚蓝的海面上，浮冰在阳光下璀璨夺目、震撼心灵。这幅画面在我脑海里印象深刻，浮冰溶于海，爱情融于婚姻。

　　利用抛光、拉沙及镶嵌工艺，将璀璨的钻石与纯净的铂金完美的结合在一起，打造浮冰与水珠的效果。

婚礼主题最佳首饰创意奖　沈罕　心灵二维码

　　选送：北京菜市口百货股份有限公司

　　制作：北京菜市口百货股份有限公司

　　设计理念：灵感来源于现在社会上一种新兴的电子传播方式"二维码"。小小的二维码的信息量可以比传统的印刷纸质的宣传品要丰富得多，也是未来会广泛发展的"小方块"。该设计可以将自己有重要意义的信息经过设计排列，即可成为装饰图案的珠宝，也可以成为记录自己重要的，有纪念意义的信息载体，成为一种有双重意义的新时代珠宝。

最佳工艺表现奖　曾源德　浪漫时光

　　选送：深圳市缘与美实业有限公司

　　制作：深圳市缘与美实业有限公司

　　设计理念：选择浪漫的花草纹和丝带元素，用爪镶和多围一显钻镶嵌工艺。卷纹线条部分是采用虎爪微镶，星星点点花朵是爪镶拼出花瓣效果，下部分是用细细的金线连接多围一的钻石，营造蕾丝的效果，非常迎合婚纱蕾丝的感觉，呈现纯洁浪漫。

品牌文化影响力——传承文化奖　星光达御宝荟团队　绝色风华

选送：深圳市星光达珠宝首饰实业有限公司

制作：深圳市星光达珠宝首饰实业有限公司

设计理念：于中式旗袍中汲取灵感，黑与白的渲染，点缀红梅的妖娆，完美复苏时尚东方之美。黑白钻交相辉映，黑白分明，清晰勾勒出旗袍最具特色的领子的轮廓。精湛微镶工艺使产品外观只见钻石不见金，愈显精致与璀璨，弹金工艺改变贵金属的延展力，无搭扣设计的产品呈自然弧度弯曲，浑然一体，大方美观。

（该篇图片与文字提供 2014/2015 中国珠宝首饰设计与制作大赛组委会）

ASULIKEIT 古董典藏系列铂金镶钻石项链 1900 年
单价 2800000 RMB（图片提供 ASULIKEIT 高级珠宝）

黄色彩钻戒指套组（图片提供 钻石小鸟）

实战篇

1 钻石婚戒去哪儿买

目前钻石销量最大的大概就是结婚钻戒了，其次就是珠宝用的配钻。很多人第一次接触钻石就开始上网去查询该如何挑选，众多品牌中我是该买卡地亚还是周大福的，听说钻石小鸟也很有名，ENZO 也不错。到底要看切工还是要挑品牌，还是跟学钻石鉴定的同学开工作室，哪个比较可靠呢？

记得两年前到上海，朋友介绍带我去看钻石小鸟体验中心。它藏身在一个办公大楼内，豪华的装潢与亮丽的灯光，在周末甚至需要抽号，还能在等待的时间里自行查询自己喜欢的钻石的等级与价位，情侣们能挑选自己喜欢的钻石和戒托来定制自己的婚戒。而据我所知，钻石小鸟的上海体验中心现在已经成为全亚洲最大的钻石珠宝体验中心，可见这种崭新的购买形式很受欢迎。

通常消费者在自己家里都已经设定好心理价位，只是到实体店铺再去看一下钻石的真实状况。进到店里的结婚新人，排队等了将近一小时，九成都会购买，不会像在台北买钻石，有些人会说"我再回家考虑一下"，"我问爸妈"。我在台北演讲时，常提钻石小鸟的例子，地铁坐到上海南京东路站，甚至还会广播"南京东路站到了，钻石小鸟请上几楼"。

钻石小鸟上海旗舰体验中心，大厅很宽广，可以容纳很多人，环境优雅，在购买钻戒的时候享受一次奢华的体验（图片提供 钻石小鸟）

钻石小鸟体验中心，有豪华的休息室，情侣在选购钻戒的时候如果感到疲惫可以休息一下，很人性化的设施和服务。（图片提供 钻石小鸟）

　　朋友跟我说，上海人结婚挑选钻石有六七成都是要一克拉的，两三成要50～90分钻石，只有一成左右是挑选30分。与台湾地区相比，恰好相反。台湾地区年轻人结婚30分钻石占了约六成，50分大概两三成，一克拉钻石应该不到一成。据朋友说，一次婚博展中，知名厂商甚至可以卖出好几百颗一克拉钻石。

　　2011年我来到北京，无意中朋友带我逛了位于百货公司内的"全城热恋"钻石专卖店。光是展示空间就让人叹为观止。钻石是依照大小等级不同来分柜子。30分就有好几个柜台，接着还有50分的柜子。最后上一克拉的"钻石岛"也有好几个柜台，然后是不同切工一克拉的钻石还有好几个柜台。亲切的服务与豪华的装潢，让人来到这儿就感到无比的尊贵与时尚。这样大手笔的卖钻石的展示厅，全世界大概也只有中国才能做得到。

　　就我所知，国内许多60岁以上的父母挑选钻石送子女还是会到百货公司里面大品牌的黄金、钻石专卖店消费。主要是怕买到假货质量没法保证。20～40岁的消费族群，会上网比较价钱，然后到实体店铺去挑选自己喜爱的品牌。少数的人会找珠宝专业的朋友来帮忙挑选，在价格上会比网络品牌便宜一些。结婚是一辈子的大事，挑选婚戒在这年头已经跟拍婚纱照度蜜月一样不可少。如果您还是刚入社会的月光族也没关系，毕竟没有钻戒也是可以领证完婚的。打拼个三五年，一样可以补送爱人一颗代表传家的钻戒，作为一辈子的爱情见证。

国际网络票选十大钻石品牌

1. De Beers 戴比尔斯　创立于 1888 年，世界最大、历史最悠久的钻石供应商。

网址：http://www.debeers.com.cn/

2. Harry Winsto 海瑞温斯顿　始于 1890 年，世界顶级珠宝品牌，珠宝行业领导品牌之一。

网址：http://www.harrywinston.cn/

3. Cartier 卡地亚　1847 年创立于法国，世界顶级珠宝品牌，著名奢侈品品牌。

网址：http://www.cartier.com/

4. Tiffanny 蒂芙尼　创立于 1873 年，世界品牌 500 强，世界著名珠宝品牌，全球顶级奢侈品。

网址：http://www.Tiffanny.cn/

5. Graff 格拉夫　世上绝美华丽珠宝的代名词，世界顶级珠宝品牌。

网址：http://www.graffdiamonds.com/zh-hant/

6. 金伯利　上海市著名商标，中国最大的钻石销售商之一，中国珠宝业最具竞争力品牌之一。

网址：http://www.kimderlite.com/

7. 周大福　1929 年始创于香港，亚洲大型珠宝商，中国最著名及最具规模的珠宝首饰品牌之一。

网址：http://www.ctf.com.cn/zh-hans

8. 周生生　创立于 1934 年，国内最大的珠宝零售商之一，亚太地区著名品牌。

网址：http://cn.chowsangsang.com/sc/Home

9. 钻石小鸟　始创于 2002 年，国内知名珠宝商，最受年轻人喜爱的婚戒定制首选品牌。

网址：http://www.zbird.com

10. 谢瑞麟 TSL　1971 年创建于香港，上市公司，亚洲地区最大规模的珠宝零售及制造商之一。

网址：http://www.tslj.com/zh-cn/home.aspx

微商买钻石省最多

首先你的预算是多少，然后由你的预算来决定你要买的钻石的克拉数，然后就是款式的挑选，再来就是去哪儿买。

第一最省钱的是在微信朋友圈买，可以买裸石自己找镶嵌，或者是由卖家帮你完成制作。好处是：自己认识的朋友，可以信赖，有问题可以及时沟通。提醒大家在朋友圈买是必须先付钱，没有办法看到实物，只能看到图片，要是寄来的婚戒与想象有一些落差，钻石是不能再退货的。若是款式没那么喜欢，只能重新花钱再订，但戒圈的大小不合适，是可以免费调整的。在微信圈买婚戒，主要是买有 GIA 证书的产品，这样等级大家都清楚，不会有落差。它的最大的优点就是最便宜，性价比最高，有 GIA 证书，但是没有品牌。

◈ 哪些人适合在微信朋友圈买

- 懂 GIA 证书，了解钻石的 4C 分级的人；
- 不想花大价钱的人；
- 信得过朋友的人；
- 懒得逛商场的人；
- 对钻石质量有要求，但是对品牌没要求的人；
- 已经对很多卖家做过价格比较的人。

◈ 为什么微信朋友圈买钻石省最多

首先这些卖家没有店面，钻石直接从印度或香港进口，通常公司就只有两三个员工，靠着网络、朋友圈口耳相传营销推广。有些人甚至在家里或者咖啡厅就可以工作，省去租金的压力。这些微商也跟一些大型的镶嵌工厂合作，可以直接做出成品，不用承担养镶嵌师傅的费用，省去许多运营的开销。

另外，微信圈的商家一般利润只有 2% ～ 3%，薄利多销。若是要发票，需要另付 5% ～ 7% 的税金。

介绍一家微信圈的经营者

在买婚戒之前可以多多询价，毕竟省钱就是赚钱，好多我的出版社的同事与朋友结婚，我都推荐他来询价，货比三家不吃亏。

"钻石好事多"

"钻石比价王"

地面店 + 淘宝等电商平台

平常喜欢在淘宝买东西，或者搜寻价钱的人适合在网站购买。他们通常会选择评价较高的商家，然后再按照自己的需求去比较价格。这些厂商通常会提供不同的证书，比方说 GIA、HRD、国检、武汉地质大学（GIC）等证书。不同证书也会代表不同的意义。会在网站买的人，通常也在网站搜索钻石 4C 的一些基本知识。

在网站购买的优点是产品还是有品牌的，部分电商有实体店，它的成本就会增加。如果没有实体店的商家，就要看看它的中评或者差评，看是否存在商品描述跟实际收到的商品品相不符。不过也不要担心，因为一般七天内可以退货或者取消支付。这样可以保障自己的权利。因而有些电商会经常遇到退货的消费者，很多电商为了要维持声誉，还是会尽量满足消费者退货、换货的需求。值得注意的是，若是有电商标明不能退货，从消费者角度来说，笔者建议您就换一家厂商吧。

电商的价钱还是会要贵一些，因为他们会雇一些客服人员，有独立办公室。如果还兼有店面的话，成本就会再增加。

另外，网店的利润在 10 % ~ 15%，消费者在购买的时候可以问商家价格里含不含发票。

　　下面介绍的网络电商大多有实体店，没有实体店的卖家货会更便宜，因为它的成本低，运营管理成本极少。

◇ 佐卡伊

　　佐卡伊是著名珠宝品牌，以第一位设计师 ZOCAI 命名。ZOCAI 严格遵循美国珠宝学院提出的 4C 标准挑选钻石，由首席珠宝设计大师 DirksZocai 领衔国际设计师团队，打造富于生命力、经典与时尚的原创情感钻饰。

　　ZOCAI 被业内普遍评为互联网"钻石大王"。作为中国互联网第一钻石品牌，佐卡伊坚持以个性化钻石首饰为载体，以情感为诉求点，以安特卫普经典切割技术为支撑，一

六爪镶圆明亮形婚戒（图片提供 佐卡伊）

心形白钻套链（图片提供 佐卡伊）

白钻婚戒（图片提供 佐卡伊）

钻双证，为消费者带来贴心的购钻体验和无与伦比的 DIY 乐趣。

◇ 心之源

心之源是一个集钻石裸钻、钻石首饰的设计、生产、加工、批发、零售为一体的一站式的珠宝品牌。心之源，爱同心，心同源，用心生活，是心之源的品牌理念。

心之源珠宝拥有近乎苛刻的选钻流程，钻石每一个刻面都以精细至0.05 毫米的标准精致打磨，拥有优质切工和八心八箭，每颗钻石都能散发出 360° 闪耀光芒。

心之源珠宝的每件钻石首饰都经过知名设计师的精心设计，在确保其各方面比例完美协调之余，更必须达到美学和几何学的严格要求，因此可以说心之源钻石的设计可以流行但绝不平庸。

◇ 恒久之星

恒久之星是专注高端珠宝设计和制作的珠宝品牌，是珠宝行业新势力的领军品牌，致力于创造意义非凡的钻石饰品，为顾客呈现完美奢华的产品和完美体验。

作为新生力量的代表，恒久之星始终坚持追求完美，不断以开拓创新的精神从事高端定制珠宝饰品的业务，并以个性高端定制演绎钻饰市场独特风景，被喻为"最高性价比"品牌。

恒久之星同时也是国内最早从事电子商务钻石销售的专业珠宝品牌，并通过 office 直营与网络销售 O2O 相结合的全新销售模式，省去了高额的入场费和钻石零售环节，成为钻石零售业规模最大、性价比最高、影响最为广泛的品牌之一。

◇ 洛宝希

1987 年成立于比利时，是由深圳市善润珠宝有限公司投资控股的钻石公司。以世界第一钻石交易中心——比利时安特卫普为基地，与全球奢侈品品牌共享钻石行业链条，从事钻石毛坯批发、切割打磨、钻石裸石的批发销售、钻石珠宝的设计制造以及各种高级珠宝定制业务。

2008 年洛宝希进入中国内地市场，致力于利用互联网信息技术优化钻石珠宝销售模式，根植于安特卫普，引领电子商务珠宝设计品牌潮流，实现 B to C 的精准结合。洛宝希不仅是一个钻石品牌的名字，它更是高级珠宝的品质保证和荣誉象征。

洛宝希公司在业内享有更高盛誉的是他们无可比拟的"洛宝希切工"。他们每年都会派出代表，参加各种世界级钻石切割工艺大赛，并积极参与钻石设计的各种创新。在安特卫普，洛宝希切工几乎成为一种行业标准，洛宝希的钻石工匠亦是最好切割工匠的代名词，他们多年来专注于钻石美学，让经手的钻石拥有精确比例和最完美火彩，这使得洛宝希成为世界各大顶级珠宝商最值得信赖和尊重的合作伙伴之一。

◇ 恒达福

恒达福珠宝有限公司始创于 1991 年，是亚洲最具影响力的钻石批发商之一，中国上海钻石交易所首批会员单位，广东省钻石商会副会长级企业。拥有自主钻石加工厂及钻石批发电子商务平台，专注深圳钻石批发二十年，以其深厚的品牌积蕴领军中国珠宝市场，在业界享有盛誉。

与 NGTC、GIA、IGI 等国际著名的权威钻石机构达成长期战略合作。为戴比尔斯（DTC）中国区指定钻石毛坯合作商，拥有覆盖印度、南非、美国、比利时等众多国际原材料供应商，致力于打造全球网络美钻联营中心，让客户轻松共享全球高品质钻石资源。

恒达福珠宝作为全国最大成品钻石库，首创以"网络甄选＋实店体验

+无线互联"为核心的全新线上销售系统，为广大商家提供更为全面的支持系统，企业网络域名提供、品牌形象元素共享、个性化需求定制、专业后台服务支持、海量裸钻库存共享、在线轻松甄选下单，恒达福全国营运网络正快速形成。

◈ 网络品牌钻戒价格比较

18K 金 30 分白钻钻戒（女戒）

商家	重量	颜色等级	净度等级	金重(克)	证书	售价	备注
佐卡伊	30分	F－G	S－I	2.5	GIC	4999	
恒达福	30分	H	VS	2.824	国检	10704	
心之源	30分	H	VS	3.049	国检（30分以上有GIA证书）	8656	
洛宝希	30分	I－G	VVS	约1.5到2克拉	GIC	4199	
恒久之星	30分	F－G	SI	1.5左右	GIC（CMA认证）	3299	PT950

LOVE U 系列守候 U 你（图片提供 Enzo 珠宝公司）

18K 金 50 分白钻钻戒（女戒）

商家	重量	颜色等级	净度等级	金重(克)	证书	售价	备注
佐卡伊	50分	I—G	VS	2.3	GIC	12999	
恒达福	50分	F—G	SI	约2.659	国检	18624	
心之源	51.2分	K	SI	3.360	GIA	15130	
洛宝希	50分	F—G	VVS	约1.5到2克拉	GIC	11099	
恒久之星	50分	F—G	SI	无	GIC（CMA认证）	9199	PT950

18K 金 1 克拉白钻钻戒（女戒）

商家	重量	颜色等级	净度等级	金重(克)	证书	售价
佐卡伊	1克拉	F—G	VS	3.2	GIC	88999
恒达福	1克拉	H	VS	2.45	国检	102504
心之源	1.012克拉	I—J	SI	2.27	GIA	29999
洛宝希	1克拉	I—G	VVS	约1.5到2克拉	GIC	30999
恒久之星	1克拉	I—J	SI	2克左右	GIC（CMA认证）	24998

Tip

　　笔者推估，互联网电商加上实体店在未来的钻石销售业绩会更加快速，年轻族群上网消费比例越来越高，以后1ct以下的钻戒成品，相信有大半江山都是电商的天下。消费者最后会是最大赢家，可以买到便宜实惠钻戒。

　　这是 2015 年初编辑所查询到的价位，依照重量、颜色等级、净度等级，证书去区分。

　　以 30 分为例，可挑选 3000 ～ 5000 元价位的婚戒；50 分大小可挑选 11000 ～ 15000 元价位的婚戒；1 克拉大小可挑选 24000 ～ 90000 价位的婚戒。

　　为了保证你的利益，可挑选有 GIA、国检双重证书的，这样并不会花费更多。1 克拉钻戒价差相当大，请参考本书提供的克拉报价表，或自行上网站查询当月钻石报价表。

　　以上电商请自行搜寻网址，价格会有时间波动，详细情形请自行上网与店家询问，以上表格价钱仅供读者参考。

百货商场

多数上了年纪的长辈帮自己的孩子买婚戒就是直接到百货商场，找几个知名的店家挑选款式。或者是一些时尚的年轻人，不懂钻石4C，只能靠品牌。担心买到假的，被人忽悠，钻戒动不动好几万，怎么可能在网络上买呢？百货商场的钻石都是一些老品牌和拥有好几千家的连锁品牌，或者是刚创业的品牌。百货商场通常要抽三到四成的税金，还要发票，因此再加上人事成本，想买便宜一点的就别来百货商场了。

通常扣除商场的运营成本还需要有30%～50%的利润，因为他们的人事成本开销太大了。

◆ 在百货商场买婚戒的优点

- 送礼有面子，对方知道价钱（因为有发票）；
- 有发票可以报销；
- 服务态度亲切，"高大上"的购物体验，心情愉悦；
- 会有厂商的发票、保单和鉴定书，不怕买到假的；
- 遇到周年庆或节假日还会有折扣优惠；
- 非常省事，当场挑选，直接购买，可以刷卡。

地面热门品牌

◆ 周大福

周大福集团是郑裕彤博士及其家族拥有的一个实力雄厚的私人商业集团。集团总资产值超过50亿美元，所经营的业务遍布全世界，共雇佣员工约8万人。集团业务主要由两间公司经营。周大福珠宝金行有限公司在香港及内地的珠宝首饰行业里，每年销售额占市场第一位。周大福在中国内地的店铺数量超过两千家。

◆ 钻石小鸟

钻石小鸟，创立于2002年，国内知名珠宝品牌，婚戒定制首选。钻石小鸟售出了中国互联网上的第一颗钻石，并开创了"鼠标＋水泥"的珠宝销售模式，是国内珠宝O2O模式的缔造者和引领者。

拥有目前"全亚洲最大的钻石珠宝体验中心"。作为钻石行业的领导品牌，钻石小鸟率先推出婚戒定制服务，为每一对情侣的爱情誓约打造专属的闪耀信物，以对钻石极致品质的追求，以精工工艺打造璀璨臻品钻戒，为消费者带来卓越的钻石体验。成立至今，钻石小鸟累积拥有百万会员，业已成为中国情侣的婚戒定制首选品牌。"因为特别，所以闪耀"，钻石小鸟以钻石之永恒为每一段动人爱情幸福见证。

四爪单颗主石镶嵌白钻女戒（图片提供 钻石小鸟）

闪亮的求婚钻戒和吊坠，满溢幸福的味道。（图片提供 钻石小鸟）

◈ 老凤祥

老凤祥创建于公元 1848 年（清道光 28 年），距今已有 160 多年的历史。老凤祥银楼几经变迁，历经沧桑，已发展成为中国首饰业历史最久、规模最大、珠宝门类最全、文化底蕴最深的珠宝首饰龙头企业。老凤祥拥有一条完整的产业链，既有首饰研究所、大师创意工作室、珠宝首饰分公司，还有钻石加工中心；既有象牙、玉石、翡翠的专业分厂、礼品加工厂，又有企业营销专业公司，还有拍卖行、典当行等服务产业。目前也推出婚戒系列作品，投放年轻族群市场，争夺婚钻戒指这一块大饼。

老凤祥婚戒对戒 1（图片提供 老凤祥）

老凤祥婚戒对戒 2（图片提供 老凤祥）

◇ 周大生

中国知名珠宝品牌，15 年历史，2300 家连锁店，覆盖全国 32 个省市的 300 多个大中城市。获得国家相关部门和社会各界的高度评价，享有极高知名度和美誉度，获得"亚洲品牌 500 强""中国 500 最具价值品牌""中国驰名商标""CCTV 中国年度品牌""安永中国最具潜力企业""公益爱心企业""中国产品质量电子监管网首批入网百家名优企业""创建中国珠宝品牌龙头企业"等诸多荣誉。

◇ 金伯利

是中国较早从事钻石首饰的推广、加工与零售的专业机构，拥有遍布全国的销售网络，亦是首屈一指的知名品牌。金伯利品牌发展至今，始终立足经典，创意不断，通过每一颗钻石传达愉悦与幸福的感觉，带来独特的钻石消费体验与精致时尚的生活态度。 拥有卓越品质与服务的金伯利钻石，用亲情化的服务构筑与顾客沟通交流的平台，多年来致力于引领时尚潮流，现时销售网络及办公机构遍布中国、加拿大及比利时，专营店近 600 家，遍布中国三十个省市，是中国最大的钻石零售商之一。

复古造型白钻婚戒（图片提供 钻石小鸟）

◈ Enzo

ENZO 为劳伦斯集团（LORENZO GROUP）旗下的零售品牌。ENZO 隶属于深圳市劳伦斯实业集团有限公司。秉承"从矿到市场"（Mine to Market）策略，依托其母公司——劳伦斯集团在国际珠宝界的强大实力，ENZO 从世界各地的不同矿场直接采购宝石，经由集团设备现代化的先进厂房进行切割、设计及镶嵌的精细工序，为市场提供全天候一站式的服务；所有生产及制作过程皆自主自导，不假外求，确保每一件珠宝首饰，均经精挑细选，达到国际级的专业标准，亟臻完美。

银河之眸 The Eye Of The Galaxy 系列钻饰产品

　　ENZO 银河之眸系列，火彩盛耀，光芒激涌，以巅峰切割工艺缔造绝世之钻，镌刻着独一无二的爱之诺言。其系列中所选用的钻石，具有全球顶级权威认证，同时兼具钻石的稀有度与美丽度，以 4C+B（Brilliance）的创新方式，引领钻石闪耀潮流，满足消费者对钻石的极致追求。如同银河中最耀眼的星星，悄然凝望着爱情，使其他一切都暗淡寻常。（图片提供 Enzo 珠宝公司）

Commitment by Omar Torres

　　ENZO Commitment 系列为 Omar Torres 先生为情感而创作的作品。粗犷的线条下不乏细腻与柔美的体现，变幻于简单与繁复间的平衡感是最好的情感表达。而对戒之间平等又相互契合，相反却融为一体的设计正是两个人之间毫无保留的共存的情感的最佳表达。这份共存，这份分享，没有局限，不分性别，甚至跨越社会的束缚。Commitment 不仅仅是对戒更象征着真正的情感融合。（图片提供 Enzo 珠宝公司）

Passion by Omar Torres

　　Omar Torres 先生特有的建筑美学功底，使得其设计出 Passion 钻石系列的每一款产品在佩戴时都可以 360° 展示戒指的美感，同时每一个侧面都视觉丰满，线条比例极致完美。而在钻石的选择上，Passion 系列也均以克拉钻戒为主，并采用最优等级的钻石打造，让您尊享无与伦比的顶级奢华。（图片提供 Enzo 珠宝公司）

ENZO Bridal Collection 约定系列

　　是约定也是誓言！求婚的惊喜，订婚的浪漫，纪念日的相守，爱的光辉闪耀着整个人生。ENZO 引入欧美流行婚戒时尚，以"二合一"叠戴的潮流趋势，突破婚戒单枚佩戴的传统概念，以多种不同佩戴方法打造独特、个性而又 Fashion 的婚庆系列。（图片提供 Enzo 珠宝公司）

◆ 每克拉美

　　每克拉美成立于 2010 年 1 月，是国内首家专业的全渠道钻石零售品牌，通过"网络＋实体"的运营模式，为广大消费者提供钻石镶嵌首饰、钻石裸石、钻石定制、钻石投资等产品及服务。

　　每克拉都很美，是每克拉美一直倡导的主张，也是其非凡品质的本源。每克拉都很美，看似简单，其实需要投入比普通钻石品牌多 3 倍的人力物力，专家鉴定人员会苛刻地分析每颗钻石的颜色、净度、切工、重量、火彩，确保每颗钻石都达到每克拉都很美的标准。充满灵性美的创意设计，也使得每克拉美赢得消费者的喜欢。在每颗订制的钻石饰品背后，都讲述着一段动人的爱情故事。

（图片提供 每克拉美）

◆ 菜百

北京菜市口百货股份有限公司（以下简称菜百公司）位于北京市西城区广安门内大街306号，营业面积8800平方米。主要经营足金、千足金饰品、摆件、金条、铂金、钻石、翡翠、白玉、珠宝、金银币章、卡金及18K金、银饰品等大类商品，拥有中国金币特许零售商资格，是北京规模最大、品种最全的黄金珠宝首饰专营公司。在多年的实践中，菜百公司逐步确立、形成、完善和发展了黄金珠宝特色经营。

◆ 恒信钻石

恒信钻石诞生于1999年。是中国珠宝行业的年轻领军品牌，成功打造了恒信钻石宫殿并一手缔造了全球第一婚戒品牌I Do全球婚戒典范。在全球钻石界享有不可撼动的领导地位。

◆ 曼卡龙

曼卡龙珠宝股份有限公司是一家涉及珠宝设计、制造、批发、零售等多个领域的大型国际专业珠宝集团。多年来，公司以国际化的视野、前瞻性的经营理念和科学化的管理方式迅速从中国珠宝行业中脱颖而出，成为中国珠宝市场的领军品牌，也成为戴比尔斯集团、世界黄金协会和国际铂金协会在中国最重要的战略合作伙伴之一。

LOVE U 系列——温柔　　　　LOVE U 系列——衷情

爱她就要珍惜它　曼卡龙浪漫婚戒系列

爱她就要保护它 曼卡龙浪漫婚戒系列

爱尚炫——假日系列 遇见时光

爱尚炫——假日系列 邂逅时光

蜜语系列 听纱

蜜语系列 听影

蜜语系列 听虹

蜜语系列 听见

（图片提供　曼卡龙）

四大国际品牌钻石价格比较

品牌	重量(克拉)	颜色	净度	价格（RMB）
海瑞温斯顿Harry Winston	2.03	E	VS1	79万
格拉夫Garaff	2.04	I	VVS1	45万
蒂芙尼Tiffeny	2.03	G	VS1	59万
卡地亚Catier	2.07	F	VS1	71.5万

参考电商平台价格，以恒得福钻石为例

品牌	重量(克拉)	颜色	净度	价格（RMB）
恒得福	2.00	E	VS1	457744
	2.43	G	SI1	161010
	2.11	G	IF	147093

在颜色、净度差不多的情况下，网络品牌恒得福相比国际知名品牌钻石的价格，相对要低很多。其中，恒得福 2.0 克拉，E 色、VS1 等级的那颗标价为 45 万多，要超过格拉夫 2.04 克拉，I 色、VVS1 等级的价格。这就要看消费者是注重钻石的品牌，还是注重成色。钱在自己的口袋里，要怎样买的开心最重要。每个人的消费习惯不同，如果我不在意售价，我会选择国际知名品牌婚戒；如果我经费有限，那就精打细算，货比三家，至少要买有 GIA 证书的钻石。因为不同鉴定单位对钻石评估也会有 1 ~ 2 级的误差。不同鉴定正书的钻石是无法比价钱的。

粉红色彩钻配钻石挂坠项链，戒指，耳坠套装 ——➤

　　18K 金镶嵌、3.52 克拉梨形切割非常淡粉红色彩钻挂坠，边缘配镶圆形切割钻石，连接圆形切割项链，另配同款设计戒指，耳坠，项链长约 43cm，指环尺寸 7，附 GIA 证书。

　　拍卖预估价：HKD 4,200,000—5,500,000　USD 542,000—709,700

　　（图片提供　香港保利拍卖公司）

婚博会买钻石

    婚博会是近几年流行的钻石选购渠道，主要是针对想结婚的新人，目标非常地准确直接，基本上来的新人都可以挑到自己想要的钻戒。根据调查，在内地一年结婚的新人有1000多万对，这是一个相当庞大的商机，钻戒都已经成为所有大城市的年轻人结婚的必备品。

    因此，许多厂商愿意投入人力和财力开发新产品，赚到更多的财富。

    婚博会主要集中在大城市，比如北京、上海、广州以及一些省会城市，会去婚博会的人主要是在半年或一年内计划结婚的年轻人。通常他们会在婚博会上挑婚纱、钻戒举办婚宴的餐厅，婚庆公司与（台湾喜饼业者、度蜜月的旅行社），可以一次搞定婚礼所有的程序。

    去婚博会人多数都是第一次接触钻石，偶尔是办公室同事给一些意见，抑或是自己在网上百度的一些钻石4C的常识。

    有些人已经有自己喜欢的品牌，也事先做足了功课，就会直接去找厂商洽谈。有些是看哪些厂商人潮最多，气氛最热烈，就会过去询问。如果完全没有想法的人，就是靠发传单的人的资讯，看有哪些优惠。

    在婚博会可以买到有品牌的钻戒，价格比百货商场实惠一点。款式基

跟亲爱的人要求，一定要一起去婚博会挑钻戒，珍惜婚姻最开始那段相濡以沫的时光。
（图片提供 钻石小鸟）

有的男人会对自己的女友说，你去挑选，带我的卡随便刷，而女孩子总会羞涩地说，我更看重你能陪我一起去。话虽如此，可是有张能随便刷的卡也不错啊。（图片提供 钻石小鸟）

本上大同小异。品牌差异不大，要注意在同样等级下去比较价格。当然如果你有特别喜欢的品牌，就可以直接去挑选款式。通常婚博会有一些特价商品，会有八五折到九五折的优惠。

中国婚博会是全球超大规模婚博会、世界级品牌结婚展，每年分别于3月、6月、9月、12月在北京、上海、广州、武汉、天津同时举办。先后有30多个国家的名品名店、名设计师、大牌明星来中国婚博会发布每季国际前沿结婚时尚新品。婚博会以"联动国际结婚流行趋势、引领中国结婚时尚消费"为宗旨，准确定位于结婚消费人群，紧密围绕结婚消费需求，现已成为百万新人首选的结婚采购品质平台和结婚时尚风向标。

婚博会在各地的举办均获得可喜的成绩，其推出的各种优惠活动受到年轻人的追捧和喜爱，各地总交易额十几亿，几万对新人订单，其中珠宝订单所占比例在30%左右。

◈ 婚博会入驻珠宝品牌

中国婚博会组委会盛情邀请亚洲品牌 500 强、中国珠宝首饰业驰名品牌——千叶珠宝，独家冠名"2015 北京名牌珠宝展"活动。同时参展的珠宝品牌还有：

中国内地及港澳的领先珠宝商【周大福】

婚戒定制首选品牌【钻石小鸟】

中国黄金第一品牌【菜百首饰】

京城铂金第一家【国华商场】

全国 2200 家连锁店珠宝品牌【周大生】

中华百年老字号金店【老凤祥】

有关婚博会的详细信息请上 中国婚博会网站：

http://www.jiehun.com.cn/

心形白钻戒指（图片提供 佐卡伊）

精选十大婚戒款式

"爱之舞"独钻直臂六爪钻戒（图片提供 钻石小鸟）

"动心Ⅱ"群钻直臂六爪钻戒（图片提供 钻石小鸟）

北极光"百花女王"独钻直臂四爪钻戒（图片提供 钻石小鸟）

"享悦"群钻扭臂六爪钻戒（图片提供 钻石小鸟）

"共舞"独钻扭臂六爪钻戒（图片提供 钻石小鸟）

"沉蕊"群钻扭臂四爪钻戒（图片提供 钻石小鸟）

"爱的皇冠"群钻直臂六爪钻戒
（图片提供 钻石小鸟）

白钻四爪订婚戒指（图片提
供 钻石小鸟）

Elegant 群镶直臂四爪钻戒
（图片提供 钻石小鸟）

"拥暖"群镶直臂心形六爪钻戒
（图片提供 钻石小鸟）

中国国际珠宝展（北京）

随着改革开放的步伐，我国珠宝玉石首饰行业发展迅速，伴随着行业的发展，中国珠宝展览业有很大的发展。据不完全统计，全国各地的珠宝展由曾经的每年二十多个已发展到现如今每年几百个，但其中最具代表性的珠宝展览当属中国国际珠宝展（北京）、上海国际珠宝首饰展览会、深圳国际珠宝展，这三大展均由中国珠宝玉石首饰行业协会主办，汇聚了来自全世界各地的知名珠宝制造商、批发商、零售商和加盟商，是珠宝品牌宣传推广的最佳舞台，是商贸洽谈、交易的重要场所，更是珠宝企业家、设计师、鉴定师、业内专业人士共话趋势、寻求合作与发展的平台。这三大展览规模较大、档次较高、国际化程度高，已经成为国内影响力最大的专业珠宝展。

由中宝协主办的珠宝展览始于 1992 年，起初展览规模较小，展位数量在 200 个左右，参展的企业多是一些做玉石的小型个体户。随着行业的发展，根据需要，协会领导与时俱进，调整了思路，对全国珠宝展览会做了长远的规划，要把珠宝展览会办成有规模、有档次、国际化的展览会，使展览会真正成为促进贸易发展、信息交流，推动行业发展的平台。我会

2014 年中国国际珠宝展开幕典礼，中宝协常务副会长、秘书长孙凤民先生发表讲话
（图片提供 国土资源部珠宝玉石首饰管理中心）

珠宝胡同，人流量很多，卖的商品种类也很繁多，顾客可以自行选择（图片提供 国土资源部珠宝玉石首饰管理中心）

于2002年决定每年在北京举办一次专业珠宝展，依据北京现有的展馆设备，选择了在中国国际展览中心举行。

2015中国国际珠宝展将于11月28日-12月2日在北京中国国际展览中心和国家会议中心隆重举行。为了进一步提升中国国际珠宝展的影响力，本次展会在以往中国国际展览中心全馆开放的基础上扩大规模，新增国家会议中心场馆，总展览面积60000多平方米，总展位数量4000余个，已成为中国大陆规模最大的珠宝专业展览会。

上海国际珠宝首饰展览会

上海珠宝展在 2005 年以前，一直没有形成规模，且每年三到四个展览，不集中、不成规模、不上档次，与上海这座国际大都市不成对比。上海是国际大都市，且连带长三角地区、华东地区，是我国经济最发达地区之一，中宝协 2005 年底北京会长办公会议决定，着力办好上海国际珠宝展，与深圳珠宝展、北京珠宝展并驾齐驱，成为我国三大珠宝展之一。2006 年四月由中宝协牵头，联合国土资源部珠宝玉石首饰管理中心、上海黄金交易所、上海钻石交易所、上海黄金饰品行业协会、深圳市黄金珠宝首饰行业协会、上海宝玉石行业协会联合主办的"2006 上海国际珠宝首饰展览会"在上海浦东新国际博览中心隆重举行并在业界产生了广泛的影响。

2016 上海国际珠宝首饰展览会，将于 5 月 4 日 -8 日在上海世博展览馆隆重举行，展出面积近 60000 平方米，展位数达 2700 个，将汇聚来自美国、以色列、德国、澳大利亚、泰国、韩国、法国、巴西、意大利、斯里兰卡、尼泊尔、印度、缅甸、新加坡、波兰等 22 个国家和地区的 1000 多家参展商参展，是上半年中国大陆品牌化、国际化程度最高的国际性珠宝展。

圆形六爪白钻婚戒（图片提供 钻石小鸟）

2015年上海国际珠宝首饰展览会新闻发布会现场（图片提供 国土资源部珠宝玉石首饰管理中心）

2013年上海国际珠宝首饰展览会开幕典礼众多领导合影（图片提供 国土资源部珠宝玉石首饰管理中心）

香港国际珠宝展

香港每年三、六、九、十一月都有举办大型珠宝展。其中又以九月规模最大。

如果您也想与阿汤哥一起畅游导览香港珠宝展也可以微信联系 t1371203421

香港国际珠宝展会场

◆ 香港国际珠宝展详情

香港国际珠宝展目前已经到第 32 届

展出时间：每年 3、6、9、11 月（其中以 9 月规模最大）

展出地点：香港国际会展中心（湾仔）

展品范围：珠宝首饰、银首饰、制成首饰、古董首饰、翡翠首饰、钻石裸石、贵重宝石裸石、宝石原矿、南洋珠及大溪地黑珍珠、淡水珍珠、珠宝零配件、珠宝陈列及包装用品、珠宝鉴定仪器、珠宝鉴定机构与教育机构、珠宝杂志刊物、品牌表及时钟与珠宝专题演讲。

展览概览：香港贸发局国际珠宝展是全球三大珠宝展览会之一，第 32 届展览定于 2015 年 3 月 4 日至 8 日，是一连 5 天举行。

展出规模与厂商：香港国际珠宝展声誉昭著，历史悠久，汇聚优质参展商，规模不断扩大，2014 年举行时有超过 2 300 家来自 43 个国家及地区的商号参展，刷新纪录。一些国家及业界组织更分别在会上设置展馆，藉此凝聚同业力量，缔造更多机会接触优质买家，了解客户对当代设计的诉求。大会网罗世界大厂的首饰和宝石，吸引超过 45 907 名来自 140 个国家及地区的买家到场参观。会上国际展商云集，共设置 22 个地区及团体展馆，数目为历届之冠，其中包括中国大陆、迪拜、德国、印度、以色列、意大利、韩国、马来西亚、新加坡、西班牙、中国台湾、泰国、土耳其、美国，以及多个业内组织，计有安特惠普世界钻石中心、国际宝石

2015 年 3 月，笔者在香港珠宝展厂商摊位前

水滴形流苏风格天然白钻耳环
（图片提供 骏邑国际珠宝公司）

协会、以色列钻石协会、日本（珠宝协会、珠宝设计师协会、珍珠出口商会、山梨县水晶宝石协会）和国际铂金协会。

另外 2015 年香港国际钻石、宝石及珍珠展与香港国际珠宝展同时期在香港举行，展出时间：第 2 届展览于 2015 年 3 月 2 ~ 6 日举行。

展出地点：在香港国际机场亚洲国际博览馆—连 5 天举行。

展出的展品：钻石、珍珠、贵重宝石、半宝石等。

展出规模与厂商：首届香港国际钻石、宝石和珍珠展示，有 1515 家参展商携宝石及钻石原材料参展。

参访国家地区与人数：珠宝收藏家也达到 2341 家，并有超过 74000 名来自 145 个国家和地区的买家前往参观洽谈，盛况空前。展会吸引了 28733 名来自 126 个国家和地区的买家。根据主办方说包括 6014 名香港游客和 22719 名来自其他国家的观展商，充分证明了此展的国际性。参观的海外国家中中国内地、印度和美国的人数是最多的；其次是中国台湾、泰国、日本、菲律宾、澳大利亚、俄罗斯和韩国。

香港国际珠宝展网址：http://www.hktdc.com/fair/hkjewellery-sc/

> **Tip**
>
> 香港国际机场——亚洲国际博览馆，若下飞机可以搭机场快线五分钟左右就可以到达会场相当方便。主要展出钻石裸石、彩色宝石裸石、珍珠、半宝石成品等。

◇ 珠宝展可以买到便宜钻石吗？

　　参观珠宝展必须要持有名片，基本上只要是留有公名字、个人名片，填写个人资料就可以参观，也可以事先网络上申请到现场换证。珠宝展的门禁相当森严，每一个馆出入口都设有刷卡机制，来管控参观买家。虽然如此戒备，每一年还都是会发生盗窃案。其中又以钻石被窃或掉包居多。珠宝展钻石厂商上百家，说实在每家卖的价位都不太一样。三十、五十分与一克拉 GIA 钻石竞争最激烈，比过三家就差不多可以下手。黄色彩钻部分，差不多在两克拉下基本上也是刀刀见骨，可比的商家太多了。如果您是在高档珠宝店或百货专柜买钻石，那在珠宝展你应该可以挑到性价比高的钻石。如果你习惯在网络上买钻石，那价格就相差几百元到几千元而已。只是要买一颗当婚戒，光机票住宿开销都不够，自己可以多盘算一下。

单颗钻石，基本上都打好了证书。（笔者拍自香港珠宝展）

买家可以直接向厂商说出自己的预算和需求。（笔者拍自香港珠宝展）

◇ 香港珠宝展买钻石攻略

到了会场你应该会头昏眼花，来自世界各地厂商都来参展。其中以印度、香港、以色列、美国厂商居多。裸石也是会分等级。具体经营种类如下：专卖一克拉以上 GIA 圆明亮型白钻与花式切割白钻。一克拉与一克拉下裸钻无证；专卖 GIA 彩色钻石；专卖等级差的钻石，灰色、咖啡色、黑钻与钻石成品。专卖配石 1 ~ 10 分。

成堆的咖啡色钻石、偏黄色钻石等着让买家慢慢挑选。（笔者拍自香港珠宝展）

有 GIA 证书的钻石一字排开，等着客户来挑选。（笔者拍自香港珠宝展）

◈ 在珠宝展一定要买有证书克拉钻

　　鉴定书以 GIA 最通用，其次是 HRD、IGI 三种证书居多，也有 AGS 证书。刚开始通常店家会要你交换名片，问你的需求，现在展览会场厂商通常都会找会讲中文，略懂钻石的工读生，有些厂商就以英文或广东话沟通。通常店家都会有一本公司现有钻石报价单，买家可以翻阅上面数据寻找自己最"对装"的钻石。依据我的经验，通常都要比过三到四家，才能找到最低折扣，常常要花上半天或一天时间。来珠宝展你就要不怕累。你也可以把自己要求的颜色与等级、心理价位告诉厂商，请对方协助寻找。一克拉钻石大概是厮杀最激烈的，因为价位太透明，几乎都是肉搏战来抢客，平均利润一个点到两个点，这是多数消费者很难理解的。当然克拉数越大，利润空间也会最大。钻石买卖通常都要现金，会场也可以刷卡，可是需要手续费 3% 左右。基本上买家都会想办法给现金或者是银行卡转账，交易完成记得索取收据与公司名片。同样厂商并非每次都可以提供最优惠价位钻石给您，因此每次去都得多问多比较。

笔者在展会上找一颗 1 克拉黄色浓彩钻石

阿汤哥与程思老师一起在香港珠宝展合影

◈ 买一克拉以下 30 ～ 50 分钻石有证与无证攻略

现在许多新人结婚都会购买 30 ～ 50 分附 GIA 证书的钻戒。在会场可以找到十几、二十家以上卖一克拉下钻石。基本上有鉴定书已经省事多了，不需要每一颗挑出来检查。但是部分有小黑点内含物在桌面上的，有时会打 VVS2，这要避免掉。在切工上有些人相当讲究，就是要 3EX，也有些人可以接受 VERY GOOD 切工。要注意每一颗都要有八心八箭效应，颜色注意不要偏咖啡色、绿色、牛奶色。有荧光较强者通常折扣可以多一点，追求完美者就是要无荧光。并非每一颗都要最高等级，生意做久了自然知道哪一种等级卖得最快，薄利多销就好。

买无证书的小钻石要避免买到合成钻石。买钻石需要花眼力挑选，一盒里面可以挑出两三颗就算不错，有时候得多跑几家询问。如果整合的等级很一致，价位可能就很难谈下来。一个上午可能就看个一两家厂商的货。买完记得要跟对方索取名片与收据。回国后马上送去国检鉴定，避免买到合成钻石或优化处理钻石。多数 30 ～ 50 分小钻颜色都在 I 以下，H 色以上的小钻石通常都会送 GIA、HRD 去做鉴定。如果能挑到 G、H 色钻石出来，都算是漏网之鱼。不过净度也会差一些，在 SI ～ I 之间。

辐照改色钻石（笔者拍自香港珠宝展）

◈ 在珠宝展如何挑选无证钻石

这是要展现每一个人基本挑钻石功夫的时候。先把自己需求（净度、颜色与价位）告诉卖方，然后她会挑出几盒钻石出来让你挑选。首先就是看颜色，大家都知道要挑选白一点。将十几颗钻石放在卡纸上，依序排列，尖底朝上，每一盒中钻石颜色至少都会差一到两级。先将最白的四五颗挑出来；第二步骤就是检查这四五颗净度，通常 VS 级的净度就算不错了。第三步骤就是挑选切工；当然有部分是大桌面的，闪光就会差一点。切工通常不会太标准，尽量

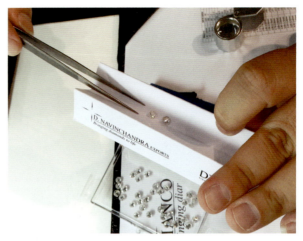

挑选无证钻石就必须要有经验和耐心，心情要放松，因为自己是在为客人把关，钻石挑得美，客户也会越信任你。（笔者拍自香港珠宝展）

挑有八心八箭就比较容易销售。一盒当中通常最多只能挑到一两颗满意，杀价就得看自己功力，赊账借货门儿都没有，银货两讫，现金为王。买回去无证的钻石，通常需要马上去国检检验，避免买到合成钻石或有优化处理的钻石，交易收据与公司名片一定要好好保存。

◈ 在珠宝展如何挑选小配钻

许多设计师与工厂都会来挑选小配钻。小配钻最大的问题是很多小颗合成钻石混在其中，尤其是印度商家。要解决这种问题不是没方法，可以送去国检检验。因为小钻利润微薄，有些货都会掺一些合成小钻或者是其他颜色等级较次的配钻。真是你砍价钱、我就做手脚。

买小配钻要有耐心，把钻石摊开来挑，有些设计师会不耐烦。说实在的，挑钻石是件苦差事，眼睛都会看花掉。平均看一颗一分小钻在两三秒钟，很在意的是净度。因为净度差，整体看起来就不闪。通常设计师会把今年需要用到的小配钻分两三次补齐。一般消费者除非自己要镶嵌的珠宝多，不然不会到会场上找配钻。配钻的颜色、大小、形状、重量、尺寸等级相当多，有些工厂专做购物台的，他就是要白花的小钻石（颜色约 G、H 等级，净度在 SI 或 I 等级）。颜色偏黄是大家肉眼都会看出来的。所以在镶嵌工厂一般配钻就分 A、B、C 三等级。A 级适用在高级珠宝镶嵌；B 级适用在铸模台珠宝镶嵌；C 级适用在购物台或是小拍卖行贩卖。小钻石

左侧为咖啡色彩钻裸石；右侧为偏黄的小碎钻。（笔者拍自香港珠宝展）

笔者2015年3月参观香港珠宝展看到许多厂商贩售高温高压改色钻石，其中以红色、黄绿色为主。（笔者拍自香港珠宝展）

注意不要带咖啡色或偏奶白色（乳白色）。有些小钻石印度切工腰围特厚，火光稍差，售价便宜。

通常有很多镶嵌工厂，印度厂商都会主动去供货，采用按月结账，用多少结多少。听我在深圳水贝朋友说，很多印度厂商都被倒货，收不到账款或者是永远收不齐帐款。甚至有些恶性厂商大量进货，然后拿配钻去当铺质押借钱，每次印度人来收款就还⅓或½，并且继续再进货。到了一定程度就恶性倒闭，印度人也只好摸着鼻子自认倒霉。我觉得全世界最聪明的商人有犹太人和内地人。比较可悲的是一些内地工厂做坏声誉，动一些歪脑筋，没多久工厂就关门大吉了。

◈ 在珠宝展买彩钻的攻略

想买颗彩钻来犒赏自己或者帮客户找彩钻，来珠宝展就对了。二三十家厂商，可比性很高。因为彩钻没有报价表，因此没比过3～5家以前千万别下手。彩色钻石以黄色居多，粉红色与蓝色、绿色居次。咖啡色与黑色通常用于配钻（复古造型），当主石的人不多。

买彩钻要注意别买到合成钻石与HPHT钻石。因此买GIA证书的彩钻比较有保障。要注意的是，彩钻都是以颜色为主，同样是Fancy等级的颜色，也有可能因切割比例不同、形状、净度不一样造成视觉效果颜色差异。另外就算同一颗彩钻，不同时间，送去不同地点鉴定，同是GIA证书也不一定有相同鉴定等级结果。通常买彩钻选得最多的是雷地恩切工；其次是枕形、祖母绿形，水滴、椭圆、心形有很多人喜欢，反倒是明亮圆形切工的彩钻挑选的人最少。

彩钻另一个要注意是着重颜色，净度除了黄色彩钻外 SI ～ I 都可以接受。因此部分 GIA 证书上就缺少净度一栏，比方红钻、粉红色彩钻、蓝色彩钻与绿钻。黄颜色彩钻在产量上还是比较多的，因此对净度要求也相对高。就我要求而言至少要 VS 等级以上。粉红色彩钻除了净度稍差外，切工比例与对称都会差一点，原因就是舍不得损耗重量。因此上述这几种颜色彩钻很难切到 EXCELLENT，如果能到 VERY GOOD 就算不错了。通常也会出现 GOOD 这个等级。粉红色彩钻通常会带紫、橘。通常纯色粉红色彩钻会比较贵。蓝色彩钻颜色多数会偏灰或带绿，很少能达到 INTENSE 或 VIVID 等级，常见 DEEP 或 DARK 等级。

有看到中意的钻石，可以先让员工帮你拿出来挑选，也可事先询问价钱，价差太多就不要挑了。（笔者拍自香港珠宝展）

每一颗彩钻背后都有一段动人的故事，感情有时候很难用钱来衡量。（图片提供 骏邑珠宝）

展会上出现瞬间秒杀众人的粉红色彩钻戒指、套链，让人不舍得离开。（图片提供 骏邑珠宝）

如此多的钻石好像不用花钱一样，能否买到真正合你的心意又天然的钻石，就看你的眼力了。（笔者拍自香港珠宝展）

在珠宝展买钻石最好和珠宝班的同学一起，或者有老师一起，不然卖家只看你拿夹子看钻石的姿势就知道你专业不专业。（笔者拍自香港珠宝展）

◇ 在珠宝展如何挑选供货商

通常钻石供货商都有自己的优势。有些主打黄色彩钻，有些是粉红、蓝、绿一克拉与几十分小钻。有些印度商人主打咖啡色与灰色、黑色低档次钻石。白钻有人主打两克拉到十几克拉大钻，也有主打一克拉各种花式切割钻石，另外也有主打一克拉下无证钻石。卖十分以下配钻的也有相当多厂商，总而言之，每种商品都有可能找 3 ~ 5 家供货商。供货商这次给你的价格你可能满意，下次说不定就没有竞争力。价格方面基本上都可以谈，但是根据我的经验，除非你购买的量相当大，不然问价九折的空间就很不错。

◇ 消费者如何去珠宝展挑选钻石

是不是消费者一听你讲的专业术语就知道。比方说我们在外面讲钻石重量不说一克拉多少，而是说一斤多少。为何这样说？因为这样避免周遭的人知道你身上有钻石，转移注意力。专业的进货商，到了展会直接看 GIA 的库存单，挑选自己喜欢满意的钻石，直接把钻石调出来详细观察。折扣多的必定荧光强、切工稍微差一点，重量刚好克拉整。

等级完美的钻石基本上折扣就会少一点，甚至无法有折扣。从消费者自己拿夹子看钻石的姿势，业者也可以知道你内行不内行。要是自己没经验，也可以跟有经验的朋友、宝石班同学一起前往，若是有专家同行那是更好不过。买钻石现买现卖就是赚差价，想赚大钱就要等一段时间，但是放太久，比方十年以上资金又压得太重，自己得考虑自己资金杠杆平衡的问题。

参观珠宝展买钻石，事先做功课必不可少。客户让你找的等级、价位，随时用微信沟通，确定对方打钱过来才能订货。如果遇到不懂行规的消费者，一会儿要、一会儿不要，就会有很多纠纷。

行家直接拿报价表跟老板谈折扣，有的人对价钱很敏锐，同样等级货比三家都会有3% ~ 5%的差价。

◈ 结语

参观珠宝展可以让自己扩展视野，也是慢慢缩短走向收藏或开业这条路的距离。许多刚学完GIA、HRD、IGI、FGA、GIC等的同学都会去朝圣。在学校所学的是如何鉴定与4C分级，到现场是要磨刀霍霍砍价钱。试试自己看钻石4C，不要偷看等级，是否跟GIA等级一样或接近，看看合成钻石与改色钻石特征与内含物。当然流行款式与设计趋势，以及知名设计师设计，其他翡翠与彩宝的批发价格，都是可以一起来了解，总之学珠宝，不管鉴定、设计还是镶嵌工厂与珠宝教学鉴定都需要经常来造访，无意中还可以遇到好久不见的朋友或同学，久别重逢也可以晚上小聚一番。当然也有可能遇到欠钱不还的债主或是借货不归还的店家，说不定可以要债成功也是不错的。

Tip

参观香港珠宝展最好三四人同行结伴，一方面互相照顾，也可以分担房费。一两个月前订好机票与酒店，离展会日期越近，房价与机票越贵，说不定也订不到机票与房间。通常在上环与湾仔附近酒店标间都在七百港币到两千港币左右，大多不附早餐，房间内空间相当窄，跟东京差不了多少。到香港吃美食是一定要的，海鲜、港式A、粤菜，相信也有当地朋友可以带路。多数人到香港旅游都发现，消费变贵了，基本上简单一餐每一个人要两三百港币。四五天看展，每天走路下来腿都要断掉，晚上饭后可以去按脚，消除一天疲劳。

名牌珠宝店买钻石

◈ 蒂芙尼（TIFFANNY&CO.）

1837 年由查尔斯·刘易斯·蒂芙尼创立于纽约百老汇。蒂芙尼珠宝被束以白色缎带的蓝色小盒子令无数女人魂牵梦萦。在漫长的岁月中，蒂芙尼这个珠宝世家早已成为地位与财富的象征，但是路易斯·康福特·蒂芙尼有句话说得好，我们靠艺术赚钱，但艺术价值永存。

位于高级的百货商场或者独立的专卖店，价位是全世界统一定价。多数年轻、有经济实力的女孩都会追捧名牌钻戒，首选是蒂芙尼，因而它是众多名牌珠宝里入门级的品牌。这主要因为受影星奥黛丽·赫本在电影《蒂凡尼早餐》中佩戴过蒂芙尼的钻戒的影响。无数好莱坞明星也对蒂芙尼趋之若鹜，以《穿 Prada 的女魔头》红遍全球的影星安妮海瑟薇佩戴蒂芙尼的戒指和耳环，在黑色套装的映衬下更加闪耀夺目。

蒂芙尼的钻石饰品风格以花朵、星星、月亮造型为主，以繁多的小碎钻搭配衬托主石的设计，她就是要让所有佩戴的人成为令人瞩目的公主。1 克拉六爪镶嵌设计的钻戒是最经典的流行款式，价格约 1 万～25 万人民币，外面很多家厂商模仿它的做工。许多买不起蒂芙尼的人也会去别处找，说我要六爪蒂芙尼经典款。另外，蒂芙尼卖得最好的一款就是钻石主石旁边围一圈小碎钻，连同戒脚也镶满小碎钻。这款比较适合作结婚周年

梵克雅宝 Irène 耳环 （图片提供 《中国宝石》杂志）

纪念的钻戒，价格约 3.5 万 ~ 27 万人民币。

另外，蒂芙尼有一款钻石吊坠也炙手可热，那就是钥匙吊坠。一经推出就引起一大堆跟风的仿冒品，钥匙吊坠颇受年轻的白领青睐。很多人买来自己戴或者当礼物送给别人。主要是很多钥匙吊坠没有镶钻，价格很亲民，在 1 万人民币左右。镶满小碎钻的钥匙吊坠价格在三四万人民币左右。

◆ 卡地亚（CARTIER）

1847 年由路易·弗兰克斯·卡地亚创立于巴黎，1904 年成为英国王室的皇家珠宝供应商，这使得卡地亚一跃成为上流社会的尊宠，历经百年而不衰。如今，卡地亚珠宝依旧延续奔放不羁的创意，传递着品牌的高贵价值，令人心驰神往。

看到卡地亚就会想到它的"豹"系列作品。记得我有一位学生在一次谢师宴上，身上戴了一个豹的胸针，由白钻和黑钻组成，两个眼睛镶嵌的祖母绿，炯炯有神。到现在我仍然记忆犹新。

卡地亚是所有成功人士与企业大老板的首选品牌，年纪都在四五十岁以上，在婚钻上它是主打公主方的钻石，有 30 分、50 分与 1 克拉。采用夹镶的方式，没有爪子，俗称"坦克"造型，属于中性风的设计，男女都适用。记得当年笔者结婚前，还特地到台南卡地亚专柜询问价钱，30 分30 万台币（6 万人民币）、50 分 50 万（10 万人民币）。当时现场没有 50

珍珠搭配白钻手链（图片提供《中国宝石》杂志）

四爪镶正方形切割白钻戒指（图片提供 《中国宝石》杂志）

分的钻戒，但是 30 分钻戒看起来，钻石太小，店里没有现货，必须从台北调拨。于是销售人员劝我说，买 30 分钻戒也很好看，其实是看我的打扮不像能买得起 50 分钻戒的成功人士。现在回想起来，不由得莞尔一笑。我想很多年轻人可能跟我当时一样，对于这种名牌珠宝店敬而远之，只能远远看，连进去的勇气都没有，更不要说拿起来佩戴了。要是听到价钱，都得被吓得晕过去。恐怕一年的薪水，不吃不喝也买不起。

卡地亚的部分钻戒会在戒圈上打上"Cartier"的字样，有很多人会以此炫富。它的经典款钻戒是三色金三环镶钻戒指，价格一般约在 4 万～5 万人民币，也算是入门款钻戒之一。

◆ 香奈儿（CHANEL）

香奈儿高级珠宝的设计灵感源自 1932 年香奈儿女士首个高级珠宝系列的大胆理念，以及代表着品牌独特内涵的标志性主题。1988 年到 2007 年，LORENZ BAUMER 设计了多个臻品珠宝与高级珠宝系列。此后，香奈儿高级珠宝成立了创意工作室。从香奈儿女士的宇宙汲取灵感，画下最初绘稿，之后细化到为珠宝工坊准备的工艺制图，创意工作室不断精彩演绎香奈儿高级珠宝的设计理念，将卓尔不群的奢华美学呈现在我们眼前。

看到香奈儿就让我想到山茶花，在它的设计元素里，除了双 C 的造型外，最具代表性的图腾就是山茶花造型。山茶花造型的饰品除了用钻石之外，也会用到黑玛瑙，蛋白石、K 金。比如山茶花胸针通常可以是碎钻做花瓣造型，环绕中心的主钻。以一个 18K 白金钻石胸针为例，价格约为 20 万人民币，这一款胸针卖得特好，我好多朋友都有买。

香奈儿其实也是贵妇专享的品牌，根据我几年前一个在香奈儿做销售的朋友讲，香奈儿包包、珠宝多是男人用来买给女友的礼物，甚至遇到过一个老板一个月内带三个不同的女孩来购买。这也意味着很多女孩难以抵挡香奈儿的诱惑。

◈ 肖邦（CHOPARD）

1860 年，由路易于利斯肖邦创立于瑞士。在珠宝创作的过程当中，宝石本身的细致度和肖邦无限的敬意，全都借由一丝不苟的珠宝工匠来执行，从而孕育出卓尔不凡的杰作。

想到肖邦，最令我印象深刻的就是它会活动的钻戒 "Happy Diamonds" 系列，钻石可以在戒台的框架内上下、前后滑动。Angelababy 曾佩戴 Happy Diamonds 圆形浮动钻石镶嵌白金戒指，衬托出她的清新的气质。这个品牌很适合十几岁、二十几岁的少女，作为成年礼或者大学毕业的纪念礼物。售价在 2 万 ~ 4 万人民币之间，相当有诱惑力。这个设计到目前为止，也只有肖邦在做，如果有别家做，大多就是仿冒品。

有一款泰迪熊玫瑰金项链也卖得特别好，我的朋友就曾经买一组送给她的女儿，作为 20 岁生日的礼物。

◈ 戴比尔斯（DE BEERS）

戴比尔斯珠宝创立于 2001 年，由戴比尔斯集团 (De Beers Group) 及 LVMH 集团共同成立，戴比尔斯集团 (De Beers Group) 的专业知识和丰富经验为戴比尔斯珠宝 (De Beers Diamond Jewellers) 奠定了坚实的基础，有

雷地恩形、豪华款白钻戒指（图片提供 《中国宝石》杂志）

CHAUMET -Joséphine（加冕—爱）系列 "Aigrette —羽翼" 白金戒指
（图片提供 《中国宝石》杂志）

实力雄厚的 LVMH 集团则凭借超凡的时尚魅力以及奢侈品文化的深厚渊源为它提供坚强后盾。戴比尔斯钻石珠宝 (De Beers Diamond Jewellers) 是国际钻石市场中最顶级的钻石珠宝商。

戴比尔斯就等于钻石，因为它的广告太响亮了。戴比尔斯的款式没有特别明显的标志，最难识别，意味着它的饰品都是实用型的，不是夸张的舞台效果。唯一与众不同的就是它的 8 Talisman Virtius 系列，即力量之泉、勇敢之神、恬淡之星、忠诚之盾、希望之星、智慧之盆、荣耀之光、爱之瑰宝系列作品，真的太有才华了。打破传统的切磨钻石，利用不同的原石配色，凸显出与众不同的个性。原矿特别多，运用的材料也就特别广，因而才会有如此多不同主题的作品呈现出来。男女都可以佩戴，用来彰显个人的品位，低调、内敛而质朴，连我自己看得都非常心动。

戴比尔斯 2015 年初在台北的彩钻展览推出系列作品，明星代言人章子怡、舒淇、莫文蔚都是它的忠实粉丝和座上嘉宾。

戴比尔斯在 2015 年 4 月台北诚品信义店展出多款钻石珠宝，其中最引人注目的是一颗 4.4 克拉 Fancy pink（粉红）心形钻坠，要价 1336 万人民币。一颗 3.69 克拉、枕形切割、Fancy vivid（粉红色）彩钻钻戒，要价 2672 万人民币。一颗顶级祖母绿切割的钻戒，3.06 克拉、Fancy vivid 黄橘钻戒，两边镶有两颗三角形切割的配钻要价，301 万人民币。其中台湾地区的名主播侯佩岑最喜欢蓝色彩钻，她手上佩戴了一颗 2.6 克拉梨形切割 Fancy vivid blue（蓝色）彩钻钻戒，价值 2294 万人民币，直呼过瘾，梦寐以求。可见彩钻的魅力与明星多么匹配，都是众人瞩目的焦点。

◈ 永恒印记（FOREVERMARK）

Forevermark 永恒印记隶拥有 120 多年历史，全球钻石权威 De Beers Forevermark 永恒印记完美地诠释了"精选的艺术"，全世界仅有经过精心甄选、不足 1% 的天然美钻才有资格被印上 Forevermark 永恒印记。每一颗带有 Forevermark 永恒印记的钻石从勘探至开采，每一步都得到悉心的呵护。

汤唯、刘亦菲与因《和玛丽莲的一周》获得最佳女主角提名的 Michelle Williams 都曾佩戴永恒印记的钻石项链。刘亦菲曾佩戴永恒印记的钻石项链参加第 15 届上海电影节，贵气逼人，秒杀众多粉丝。

永恒印记主打产品是四爪爪镶钻戒，旁边没有配钻。爪镶最容易让钻石火光绽放。系列产品主攻婚钻市场，算是实用型的款式，以并不张扬、低调而简约的风格为人喜爱和追捧。

因为这个品牌比较年轻，所以一直在国内各大媒体杂志打广告，要打入年轻族群的市场，而且它也是找一些知名时尚的艺人代言，如汤唯、刘亦菲等。永恒印记钻石的售价在国际知名品牌中比较容易入手的。

◈ 格拉夫（GRAFF）

格拉夫 (Laurence Graff) 由劳伦斯·格拉夫于 1960 年创立，是一家不折不扣的"钻石"公司，今天，格拉夫是南非最大的钻石生产商之一。

格拉夫是世上绝美华丽珠宝的代名词，她象征稀有、美丽、卓越，最重要的是其钻石的纯高品质及工艺的精湛绝伦。作为一家非凡的钻石公司，格拉夫将产自世界各地矿场的钻石原石加以精刻细琢，从而使其成为全球钻石商中的佼佼者。在南非首都约翰内斯堡的格拉夫钻石切割工场里，一支 300 多人组成的团队把成千上万克拉的钻石原石加以切割和打磨。

这个品牌的钻戒采用顶级的白钻与彩钻，以大克拉数的钻石饰品投资与收藏为主，在许多国际拍卖会上都有它的踪迹。

作品的主题以崇尚自然、回归原始的设计为主，多数是以昆虫或者花卉为主题，它的用钻会经过特别的精挑细选，具有浓重豪华的贵族氛围。适合参加隆重场合的宴会，比如国宴、奥斯卡奖红毯走秀，或者是明星派对的场合。精湛的工艺搭配完美的主石，使得它的每一款钻饰都是顶尖的艺术作品，具体价格请您亲自造访各地的格拉夫专柜。

◈ 乔治杰生（GEORG JENSEN）

由 Georg Jensen 乔治杰生于 1904 年创立于丹麦哥本哈根。以其纯粹优雅的斯堪的纳维亚设计风格征服了世界数百万用户，常常被誉为丹麦最著名的品牌之一。

乔治杰生是以银饰品起家，工艺是当下年轻人喜欢的简约风，号称平民中的贵族。记忆当中它的很多作品都是黑玛瑙、紫水晶、月光石搭配银台、吊坠的设计，价格多在 2000 元左右。乔治杰生几乎是踏入国际一线品牌的最低门槛。可以在飞机上或者在机场免税店买到。我也曾经送一个乔治杰生的小吊坠给我妹妹当生日礼物，她开心得痛哭流涕。近几年它也开始加入钻石的设计，其中最出色的就是 Fusion 系列镶钻戒指，采用 18K 金材质，镶嵌小碎钻，流动线条造型，可拆分，风格自然而别致，价格在两万~八万元人民币之间。比较适合有个性的人佩戴，如艺术家、设计师、演员等。

◈ 海瑞·温斯顿（HARRY WINSTON）

美国顶级珠宝品牌公司，拥有精湛的花式切工和镶嵌工艺，买卖过 60 枚以上历史上最重要的宝石。1890 年由 Jacob Winston 创立于纽约曼哈顿。品牌创始人海瑞·温斯顿一直与女星们保持着友好关系。好莱坞女星们以佩戴海瑞·温斯顿为荣。安妮·海瑟薇、美国第一夫人米歇尔·奥巴马都曾佩戴海瑞·温斯顿的钻饰。

记得大概十年前，曾经在台北的晶华酒店大厅看到有大批的媒体在准备采访，后来才知道是舒淇来为海瑞·温斯顿做活动剪彩。从外观就可以看出这家珠宝店非常尊贵高端，当你走进去的时候就会有高大帅的警卫帮你开门，而且一旦是预约的贵宾，当你来访的时候，便不再接待其他的客人，让你显得非常尊荣高贵。

它的品牌给人的感觉是在金字塔的最顶端，专门是皇室贵族打造的专属珠宝品牌。如果你有自信可以走进它的珠宝店大门，其实也就是对自己打拼大半辈子取得的成绩的肯定。这家品牌的特色就是大，白钻在一二十克拉，颜色白又干净；黄色彩钻都是二三十克拉；粉红彩钻都是 5 ~ 10 克拉；蓝色彩钻都是 3 ~ 5 克拉；简直每一颗都可以收进博物馆，让当年我这个穷教师只能偷瞄，不敢直视。

海瑞·温斯顿的钻饰的设计风格以花朵造型、雪花造型等较为常见，精致的切工与完美的造型结合，营造出华丽缤纷的浪漫美感。另外，交叉环钻戒、四排钻戒设计也颇具创意，戴在手上给人富丽堂皇、至尊至贵的感受。

◇ 名牌钻石平民风

让人印象中高不可攀，只有贵族大款才能拥有的国际品牌钻石，最近也吹起一股平民风，为的就是要抢攻年轻族群婚钻市场。

记得十几年前，我在台南卡地亚专柜，问了一个基本款30分钻石，公主方切割"坦克"造型戒，销售员说要30万台币(约6万人民币)，戴在我手上又嫌太小，于是乎我就想换一颗50分钻石。营业员看了一下我穿着打扮相当平凡，便跟我说，其实你戴30分大小钻石也很合适啊，公司目前刚好没有这款50分钻戒，需要从别家店调来给你试戴，可能要一周时间。50分钻戒要50万台币(约10万人民币)，您可以自己考虑一下。50万台币，当时要我10个月的薪水(可以买一台1600cc台制汽车)，我怎舍得花下去呢！这价钱都可以在银楼买两颗一克拉的钻石了。

如今，卡地亚变得让年轻人可以轻松购入，Solitaire 1895系列钻石，主钻0.18克拉，玫瑰金，约11000元起；Love系列0.23克拉，约21000元起；Destinee系列钻石，主钻0.40克拉，约6万元起；Trinity Ruban系列钻戒，主钻0.50克拉，约7万元起；0.50克拉钻戒比起十几年前少了将近3万元(这里并没有比较钻石颜色与净度等级)。

对于精打细算的年轻朋友，想让女友永远难忘又惊喜，可能要不吃不喝至少花一年以上积蓄(以每月薪水5000人民币算)，才能买到0.40克拉的结婚钻戒，想求婚不成也难啊!!(正确售价请参考全国各地卡地亚专柜门市，或卡地亚官方网站)。

以上所有名牌钻石饰品款式均无提供照片，消费者可以自行上各大珠宝公司网站查询。因为涉及图片版权，笔者无法提供，再次向读者致歉。

在拍卖行买钻石

在拍卖会看钻戒一般是让工作人员将钻戒放在托盘上给你看，或者是让他佩戴在手上给你看。如果是戒指，戒围太紧不要戴，以免戴上以后取不下来。手链、项链不要自己佩戴，一定要请工作人员帮你戴，戴上照完镜子后，也请工作人员帮你取下来。因为这样万一掉下来，碎掉或者裂掉，就不关你的事，但如果是自己试戴，万一有闪失，就得自己赔了。

其次是拿戒指、耳环尽量在托盘上，手拿起首饰距离托盘的距离在 10 公分以内，即使滑落掉在托盘里也不会有损坏。这是在观赏珠宝应该注意的小细节，避免因手出汗或过于紧张造成自己的财务损失。

每一次拍卖会都会有一些基本资料。钻石都有 GIA 证书，很多拍卖会不太喜欢拍 10 克拉以下的白钻，因为 10 克拉以下都有报价表，而且竞争非常激烈，因而在拍卖的时候 10 克拉以下的白钻出现的频率不高。

通常 10 克拉以上的钻石没有报价表，它们会选用 D、I、F，净度在 IF ～ VVS2 之间，有时候也有低一点的；颜色在 F、G、H、I，净度 ～ VS 的有。如果是在苏富比或佳士得，全美的钻石最多，颜色 D、I、F，净度通常到 VVS2。

三环黑钻项链　长 47.5cm（图片提供 匡时拍卖公司 2014 秋拍）

在拍卖行能不能买到性价比高的钻石

很多人会关注自己在拍卖会会不会买到性价比高的钻石？要拍10克拉以上的圆钻也好，花式钻石也好，是非常容易的，你可以看最近这3～5年的拍卖记录。

重量等级除以克拉数，大概可以知道一克拉多少钱。一般来讲，有些来投标的人不懂，价格拍很高，而有些人是做足功课的，而这些做足功课的人遇到这些不理智的人，也是没有办法的。

如果各位朋友对于白钻10克拉以上的价格不了解，可以参考本书，但是这个价格是个平均值，在这个基础上还要加17%左右的佣金，部分还要加税金。

拍卖行买彩钻需要注意什么？

另外一个观察重点就是彩钻，其中红、蓝、黄三种颜色的彩钻最受瞩目。黄色彩钻在好的拍卖场主要是Fancy Vivid或 Fancy intense两种颜色，净度都在VVS以上。多数在5克拉以上，最大颗的主石可能达到二三十克拉或四五十克拉不等。

彩钻要注意看切工，形状，切工形状不同，颜色深浅也会有差异。越大克拉数对颜色要求没那么高，所以有些大克拉数的黄钻颜色级别知道Fancy。小克拉的黄钻颜色要求就会再高一点，因而黄色彩钻的颜色等级是要看大小来稍微作一下调整的。

消费者对自己有兴趣的标的物，可以做足功课，询价。自己可以设定几个目标，得标之后还要付15%左右的佣金给拍卖公司。你可以看书、上网或者跟专家请教。彩钻近几年如火如荼，看来大家对彩钻有信心，越来越多人投入收藏。

总之，在拍卖行买钻石除了买特别大、稀有外，小钻石就不存在真假难懂问题。大钻石因为没有固定行情，如果买的老板没有事先研究，确实可以有机会卖到好价钱，相对来说，在国际拍卖会质量好而且又稀少的东西，价钱不可能便宜，千万别想有捡漏的心态。

◆ 香港保利拍卖

　　首先介绍一款 2015 年 3 月香港保利拍卖的拍品——19 世纪古董钻石皇冠、项链。这款铂金镶嵌总重约 25 克拉钻石的古董钻石皇冠设计制作于 19 世纪中期，钻石星花配以卷叶和月桂叶设计衬托出优雅的贵族气质。皇冠另可拆卸作为胸针、耳环、项链佩戴。钻石星花优美的线条及风格多变的造型也是茜茜公主十分钟爱的发饰，并在 19 世纪开始掀起了佩戴的热潮。

　　茜茜公主本为伊丽莎白·亚美莉·欧根妮公爵夫人，这位皇后以美貌、魅力和浪漫的忧郁气质而受到臣民的爱戴。她的美丽无人不晓，堪称洲王室第一美女。在当年，茜茜公主绝对走在潮流的尖端，她的非传统理念也在她喜爱的珠宝款式中显示出与众不同的品味。据说，茜茜公主是在观看了一场莫扎特的《魔笛》之后，逐渐爱上了星形饰物和珠宝。剧中，"深夜女王"这一角色在台上穿着带有星星装饰的长袍，同时佩戴着同样为星形的配饰。茜茜公主的丈夫，约瑟夫皇帝，为了博得红颜一笑，在他们第一个结婚纪念日上送给令茜茜公主着迷的星星形状钻石珠宝，也成为她常佩戴在头上的饰品。自此以后，星形造型的珠宝开始走红，人们疯狂地模仿，她佩戴的那些星星头饰也成为奥地利珠宝设计的代表作，而最注重容貌的她，也缔造出一个大帝国形象代表的绝色佳人。

古董钻石皇冠、项链
　　铂金镶嵌总重约 25 克拉钻石的古董钻石皇冠设计制作于 19 世纪初期，钻石星花配以卷叶和月桂叶设计。皇冠另可拆卸作为胸针，戒指，耳环，项链佩戴，约 1880 年制。
　　拍卖预估价：HKD 680，000—880，000（港币）　USD 87，800—1113，600

彩黄色钻石耳环

　　18K 金镶分别嵌约 5.16 及 5.18 克拉方形切割彩黄色 VVS2 净度钻石，边缘配镶黄色钻石，顶部配镶方形切割钻石，附 GIA 证书。

　　拍 卖 预 估 价：HKD 1,100,000—1,800,000　　USD 142,000-232,300

3.02 克拉鲜彩黄色钻石

　　3.02 克拉心形鲜彩黄色 SI1 净度钻石，附 GIA 证书。

　　拍卖预估价：HKD 1,350,000—2,000,000 USD 174,200—258,100

10.17 克拉浓彩黄色钻石戒指

　　铂金镶嵌方形切割浓彩黄色 IF 净度钻石，两侧配镶梯形切割钻石，指环尺寸 6 ½，附 GIA 证书。

　　拍 卖 预 估 价：HKD 2,200,000—3,200,000 USD 283,900-413,000

钻石项链

　　铂金镶嵌总重约 100 克拉圆形及梨形切割钻石项链，项链长约 40cm。

　　拍 卖 预 估 价：HKD 6,000,000—8,000,000 USD 774,200—1,032,300

30.03 克拉浓彩黄色内部无瑕钻石戒指

　　18K 金镶嵌 30.03 克拉浓彩黄色内部无瑕钻石，两侧配镶三角形切割钻石，指环尺寸 6。附 GIA 证书。

　　拍 卖 预 估 价: HKD 7,800,000—10,000,000
USD 1,006,500—1,290,400

7.24 克拉淡彩蓝色配浓彩紫粉红色彩钻戒指

　　铂金镶嵌 7.24 克拉梨形切割淡彩蓝色内部无瑕钻石，两侧配镶 0.57 克拉及 0.66 克拉心形切割浓彩紫粉红色彩钻，边缘配镶圆形切割粉色及白色钻石，指环尺寸 5 ½，附 GIA 证书。

　　拍 卖 预 估 价: HKD 14,500,000—18,000,000
USD 1,871,000—2,322,600

　　这次参加香港保利珠宝拍卖在台北的预展，看到许多珍稀的珠宝。其中又以 7.24 克拉淡彩蓝色梨形切割彩钻、内部无瑕、两旁搭配浓彩紫粉色钻石的拍卖钻戒最受瞩目，这颗估价大概在一千万人民币左右，相信最后应该有亮丽的成绩。这几年蓝钻与粉红钻都是富二代争相竞标的宝贝，这些企业二代都是身家好几个亿，出手几百、几千万都不眨眼。我现场看了几个贵妇佩戴，只见她们嘴角露出微笑，心中默想这宝贝就跟定我了，刚好最近帮老公添得一子，如果能抢到，真是双喜临门啊。

　　另外，有一个粉红色彩钻套链，戒指重 3.52 克拉，整体来说估价大概是 350 ~ 430 万人民币，都已经制作成套，很适合公司开幕或者是结婚周年来佩戴。现在戴翡翠套链出去都嫌老气，换换口味，这粉红钻相信朋友圈里没几个人有，价钱也不容易比，卖几张股票就可以买了。

　　还有一条五彩缤纷色彩钻手链，共有十七颗彩色钻石，每一颗都有 GIA 证书，两颗超过一克拉，其他的都在 30 ~ 70 分。这很适合在婚礼或者是参加生日 Party 佩戴。尤其夏天到了，手链是非常抢眼的，如果不知道送什么给老婆做生日礼物，这条彩钻手链我看是最合适的。估价大概在 160 万 ~ 215 万人民币之间。香港保利这次钻石拍品价位从 50 万 ~ 1000 万都有，很符合社会名流人士投资收藏。相信敢出手都是眼光出众的，通常嫌贵的永远只能说"早知道我就下手买了"这句话。

　　(特别感谢香港保利拍卖公司提供精美照片与解说)

私人订制

私人订制主要是一些珠宝设计师所成立会所或者工作室，通常主要针对高端人士来从事珠宝钻石设计。这些都是通过朋友圈口耳相传，对于镶嵌品质要求特别高，不喜欢跟别人撞款式，不在乎价钱的高低，才能显出他的高大上与独特品位。通常这些客人是一些高级白领，企业主管，还有一些是银行或外企高管、土豪、甚至是一些有钱贵妇或者富二代，都是这些高端私人订制的消费人群。

私人订制的设计师在设计最初与你沟通，知道你想要的款式，把这个设计稿画出来，从几张设计稿中选出你满意的；然后是制作初坯；再让你看一下款式的初步造型；最后才制作出成品交到你手上。

通常会做高级定制的客户都非常吹毛求疵，所以设计师都要很有耐心，反复修改，也有设计师改了10次也没让客户满意。消费者在选择设计师上必须事先充分地沟通，看看他之前的作品与风格，双方写明交付的定金与尾款怎么付，通常就是定金3成，制作中交3成，尾款4成。如果消费者想捡漏儿，千万别去私人订制。因为这里的钻石基本上没什么折扣，而且还会加上设计费和镶嵌的费用，价格高于有实体店的电商，但是比百货公司有品牌的店铺低。

另外，好多私人订制的客户是因为喜欢某个设计师的风格才会选择订制钻戒。此外，还可以显示自己对艺术的眼光和品位。

"纽约风格"钻石戒指 指环号 :US#6.5
（图片提供 匡时拍卖公司 2014 秋拍）

黄金手袋形碎钻戒指（图片
提供 匡时拍卖公司 2014 秋拍）

2 钻石去哪儿卖

卖给恰好有需求的朋友

有些厂商在钻石卖出一年后会回购回来，按照当初买的价格回购或者打折回购，也有的商家不回购，但是会给你利息，钻石在消费者手中，一年后保证给你多少利息。在典当行如果有 GIA 的回购，大概是 4 ~ 6 折，很少有超过 6 折的。

值得注意的是，这样的承诺要有银行的担保，不是一家公司说了算，一旦日子久了，遇到不景气，那一家公司可以承受几千万元到好几亿元的资金外流吗？但是有一点可以相信的是，这颗彩钻在 2 ~ 3 年后，可能比实际的价格涨了几倍。原来的价格已经买不到了。

是阿汤哥在此强调，任何投资都有风险，但钻石比基金、股票好的是，钻石一直在你的手上。只要你不丢掉，它就是有价值的。

如果你没有别的渠道，只能拿到珠宝店或典当行回收，通常不会超过报价的 6 成，基本是 3 成，这价钱想到就心疼。所以卖给亲友是较好的途径。如果你的钻石有 GIA 证书，你就可以按照当时的报价给亲友一点折扣（约 8 ~ 9 折）。钻石不像其他的物品，不会受到岁月的改变而受影响，只要清洗过，戒台重新整理、电镀，它就是新的了。

我有朋友收到 30 分的钻戒生日礼物，但是男女朋友分手，回头想卖掉。钻戒是 8000 左右的价格买的，拿去典当行卖一般就是一两千块，很少会超过 3000 块的价值。经过我的建议，刚好她有朋友结婚，送给姐妹淘当结婚贺礼。因为她这礼物价值非常高，也不用包红包。50 分的钻戒回收在三四千左右。一克拉钻石的回收，没有 GIA 证书的话，回收价大概是在 1 万 ~ 2 万块之间，很少能超过两万块。

珠宝店、银楼回收

钻石如果有 GIA 证书，珠宝店（在台湾地区是银楼）都会回收。只要它等级不要太差，不要太黄。颜色在 J 以下，K、L、M 等的钻石都不会有

钻石项链（图片提供 匡时拍卖公司 2014 秋拍）

人收，净度在 I1、I2 等级也不收，最好净度在 VVS、VS、SI 等级，这些是他们比较喜欢的。所以在购买钻石的时候都应该知道这潜规则。

淘宝、微信朋友圈卖

自己放到淘宝去卖，或者在朋友圈里卖也是一种途径。那你就得将你品牌的保证书、鉴定书当初购买的价钱，目前市场的行情价写清楚，相信朋友圈的人也能看懂，自然有人会想买。在朋友圈的朋友知道您急需用钱，有时候也会帮你渡过难关，你的损失就不会那么大。

瑞士精工制红宝石配钻戒指（图片提供 匡时拍卖公司 2014 秋拍）

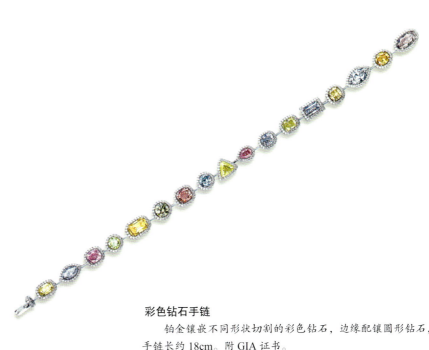

彩色钻石手链

铂金镶嵌不同形状切割的彩色钻石，边缘配镶圆形钻石，手链长约18cm。附 GIA 证书。

拍卖预估价：HKD 1,980,000—2,680,000　USD 255,500—345,900（图片提供 保利拍卖公司）

拍卖行拍卖

国内拍卖公司依照拍卖售价规模大小有分。小规模几千到几十万。中型规模几万到上百万。大型规模从几万到上千万。全球性的拍卖公司从几十万到上亿都有。我就有学生在河南信阳开拍卖行，主要拍字画与瓷器及文玩珠宝。如果你是一克拉以下的钻戒，大概只有小拍卖行才会收。

中型的拍卖行偶尔拍 5 克拉以下的白钻。大型拍卖公司都是要拍卖上 10 克拉的白钻与粉红、蓝、绿、黄色彩钻。因为拍卖公司是靠抽成，拍卖价越高，获利越高。由于白钻 10 克拉以下都有报价表，因此抢标的人不多，只要有朋友做珠宝，都可以买到。彩钻就不一样，它价位还是一层面纱，许多人刚接触，往往就是比较任性抢标，因此送去拍卖行卖还是不错的渠道，获利也高。

拍卖行每一家作业流程不一样，收取图录费与保险费用与提成百分比都不太一样。有些老卖家的客户还可以跟拍卖公司谈提成，因为如果流拍卖方与拍卖公司都没好处，各让一步就可以让结果圆满。我建议平常可以到任何渠道回收各种颜色彩钻，然后再送到拍卖行去竞拍。笔者预测这将是一个新的投资渠道。至于大型的拍卖公司会收什么等级以上的钻石，可以参考本书苏富比与佳士得白钻与彩钻拍卖分析部分文字。看看身边有无这样的大钻，如果有的话就可以主动联络拍卖行各地办公室。

卖到典当行

许多人有逛典当行的习惯，认为典当行可以买到便宜的钻戒。第一，典当行钻戒的来源是很多人的流当品，或者是珠宝店家倒闭成批收来的。因此，典当行的钻石等级就没那么多可选性。第二，它的证书有的并不齐全。第三，典当行钻戒品质通常都会低一些；第四，它是二手的，有的新婚的人不喜欢戴别人戴过的戒指，或来历不清楚的戒指。

通常典当行收到好的钻石，也不会随便便宜卖掉，比方说收到有 GIA 证书的钻戒，通常它会以报价的 4～5 折来收，但是大概以 7～8 折来出售。中间会有 3～4 成的利润。如果有些钻戒所附的证书是不知名的质检站的，它的等级就不是那么靠谱，消费者自己要搞清楚。

通常会去典当行选购的人，对钻石的 4C 并不是非常清楚，只在意价钱，因而你认为价格低的钻戒，品质通常也是相对会低一些。但是在典当行买也有一些好处，如果说有典当行的朋友，刚好收到好的钻戒，或者也可以捡到漏儿。

通过典当行看人生百态

通常拿钻戒去典当的人群多是工薪阶层的人、比如出租车司机、体力劳动者、路边摊小摊贩；KTV、舞厅、酒吧陪酒的小姐，收到客人送的礼物；做生意的人急需钱；逢年过节赌博缺钱，拿钻戒抵押换钱；一些家庭主妇因为孩子开学缺学费，筹措出国求学的费用；夫妻离婚拿钻戒出来卖的；有祖父母留下来的钻戒；小孩偷父母的钻戒拿去卖钱；在路边捡到钻戒拿去卖，甚至不知道真假。这是笔者目前担任台北市政府动产质借处钻石咨询老师最常听到的市井小民的人生百态。

Nobuko Ishikawa 设计钻石项链　长度:43cm
（图片提供　匡时拍卖公司　2014 秋拍）

"纽约大桥"钻石手镯（图片提供　匡时拍卖公司　2014 秋拍）

3 如何经营一家钻石的店

　　开钻石专卖店，资金是最重要的考虑。也就是说没钱无法办事。钻石买卖几乎都是现金，钱没到位，想开店恐怕很难，只能帮朋友在微信圈转发信息。开一家钻石店的门坎不低，现在挑选婚钻都喜欢到百货商场或者是婚博会现场，不然就是在网络商店加实体店挑选。从简单男女对戒 10 ～ 30 款，可以单颗小钻 5 ～ 10 分，也可以是整排小钻线戒。这些小款式基本上是成本最低的，每款售价 3000 ～ 6000 元不等。许多家款式都雷同，有些厂商自己设计开发，有些是在深圳水贝或者从珠宝展批发过来，加上自家商店品牌 logo。30 ～ 70 分钻戒是最畅销的，售价在 7000 ～ 20000 元不等，要看旁边搭配的小钻重量，刚工作 3 ～ 5 年的结婚新人差不多都是这个预算以内。一克拉以上的结婚钻戒，是家里环境较好、收入所得高一点的，预算可以从 3 万 ～ 30 万不等，就看钻石等级与婚钻的品牌。现在的消费者都变聪明了，想要有一点知名品牌，也想要有微商的价格，因此如果您的店租成本与人事成本过高，品牌刚成立不到一年、知名度低，都很难支撑下去。

微信圈

　　所需经费：平常跟朋友泡茶聊天，喝酒唱歌交际费。朋友就是一通电话就到，到对方家里作客，吃住由对方包办，去哪玩都不能忘记对方，逢年过节就会寄金华火腿、云南普洱茶、天津麻花圈、北京的京八件、唐山的栗子、台南麻豆文旦、台中太阳饼与凤梨酥、南投高山红茶等土产给你。这些朋友逢年过节总是会送媳妇、女儿钻石饰品，知道你有这门路，当然就会找来拿货。在朋友圈卖钻石，首先，需要在朋友圈是个有信用的人，因为交易通常是买家必须先把钱打给你；然后，你帮他下单去订钻石。定制戒指成品需要再另外加钱。

　　完全靠朋友，可能一个月做不到两三笔订单。毕竟朋友不会每个月结婚、过生日。有时候还是得加入各种社团，拓展自己人脉，只要前一年可以撑过去，就可以有每个月上万元的进账。微商不一定要辞掉现有工作，可以白天上班晚上或假日来操作。有可能是在家带小孩的职业妇女，也可以是刚出社会工作的新人，也有刚退休的公务员。只要一部手机，每天转发微信，日子久了朋友有需求就会从你那下单。与百货商场与连锁品牌钻石店相比，价差少的上千元，多的可以到一两万到三四万不等。所有钻石都有 GIA 鉴定书，也可以上网查是否有作假。口碑越做越好，就会口耳相传介绍客户给你，这时候就是开花结果的日子。

微商的麻烦点，就是无法看现货，也没办法现场挑款式，对于临时想买去送礼的人就无法等待 7 天制作与运送时间。有些朋友没钻石 4C 基础，发现寄来的商品与想象有落差，这时候钻石或钻戒是无法退的。常常弄得双方不愉快，甚至撕破脸。有人款式一改再改，钻石没有想象那样中闪，钻石订了又要换，戒圈不合要退，买了找你脱售等问题，都是做微商前需要知道的。由于都是快递送货，还会有货品遗失责任归属问题，只要你微商做大了，相信我刚刚说的问题，你都会有机会遇到的。

做微商不需要上过 GIA、HRD、IGI 等课程，只要看过我的书，有了基本 4C 钻石分级概念，知道客户预算，协助朋友挑选款式，这样完成交货就可以赢得朋友信任。切勿拿了钱就跑，一辈子的信誉就没了，天天躲债主电话也很不好受。

ASULIKEIT 古董典藏系列古董马耳他十字架金银镶钻石胸针 1880 年，银＋金 单价 226800RMB。（图片提供 ASULIKEIT 高级珠宝）

ASULIKEIT 古董典藏系列古董黄金镶钻石胸针（可拆卸）1930 年，可拆分胸针戒指 54 号，俄国 单价 428300RMB。（图片提供 ASULIKEIT 高级珠宝）

电商平台（淘宝网、微商）

　　电商平台需要申请公司登记、申请网域账号，架设网页。网页内容需要时常更换，不定期推出特价商品，最好有客服人员随时回答客户问题。通常一开始都是同学两个人或者夫妻一起经营。主要开销大概就是自己的人事成本。电商主要还是以结婚 K 金戒指、钻石对戒、30 ~ 70 分钻戒与一克拉钻戒为主。初期的成本大概要 50 万 ~ 100 万，主要以白钻为主。经营的时间越久，口碑越好的时候，就可以增加黄色或其他颜色彩钻。通常在电商消费的客户都会看店商的评价，上网的客户通常都会比价钱，因此给消费者适当引导是很重要的。这里可能要有不同的国际证书与国内证书，让消费者去选购。再怎么精明的消费者，对于不同切工等级、重量、荧光强弱、不同证书，不同的款式也是没有那么多耐心比较，讲明白点就是要性价比高的。有时候就会超出他原本预算，或者将你一些库存不容易销售的款式推陈出新。经营电商平台需要薄利多销，无法让你一个月卖两三颗，有资金压力，卖了货又准备进货，前两三年先别想分红，等到获利每个月有 10 万以上，基本上就算是稳定了，可以准备开一个实体店。

电商加写字楼实体店

　　能达到这目标，恭喜你，你应该做电商 3 ~ 5 年左右。有人在 2 年内，有人超过 5 年。你已经有好几百个甚至上千个客户基础，当然七八成是只

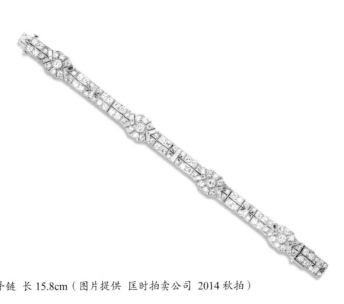

钻石手链 长 15.8cm（图片提供 匡时拍卖公司 2014 秋拍）

买一两次。只有一两成客户喜欢买各种钻石产品自用或者买来送礼。这时候你的规模可能有 6 ~ 8 个客服人员。老板主要是进货，员工负责工厂加工联系与客户回答问题及包装出货。有时候产品不能达到客户满意，还得改到对方满意为主。

做电商最麻烦的事就是有 7 天鉴赏期，许多顾客没任何理由就要退货。遇到这样的事，你要用平常心看待。一百个客户遇到五个、十个都很正常。做电商多数都在比价钱，因此我建议一定要做品牌。也就是说你的产品要与众不同，要有私人订制这一块，因此你自己或是你员工必须要有人懂珠宝设计，唯独珠宝订制才能有较好的利润。

当然并非只是实体店与网络营销，也可以到全国各地参加珠宝展，或者与各地会所配合展览。好多人都问我说网络通讯这么发达，电商互相砍价抢客户，几乎刀刀见骨，利润低是大家共同的困扰，如何经营下去呢？品牌价值很重要，要珍惜每一个客户的口碑，培养客户，五年、十年后持续回头买更大的商品。我的许多学生买钻石产品，通常不会只买一个或一次，钻石除了颜色可以选择，还可以有不同的切割形状。随着年纪增长也会换钻石大小，逐渐有投资概念之后，就会想买彩钻投资收藏。通常做钻石久了以后，慢慢也会投入彩宝等业务，因为珠宝店本来都会有这些产品。

选择写字楼要注意交通方便，最好是在地铁口附近。规模要看自己的营业额，初期只要 100 ~ 150 平方米，方便客户到现场取货，挑选款式，增加对公司的信心。等到规模逐渐扩大，就可以扩展到 300 ~ 500 平米，可以有贵宾休息室，设计师可以与客户沟通，也可以请一两位镶嵌师傅在现场制作戒台与改戒圈。能在这阶段，算都是闯出一些名号，可以考虑在一二线城市招募加盟店，或者是培训店长到自己故乡开展店，并给予股份。

工作室形态

工作室形态的钻石专卖店，大多数都是兼卖其他的珠宝。隐身在大楼之中，除非有事先约定，否则是无法接待。方便的是可以出差进货看展，工作累了也可以旅游休假。可以一个人经营或者两个人轮流看店。通常这方式经营最适合珠宝设计师，或者是收藏家。平常可以约朋友或客户来工作室泡茶喝咖啡，也可以在外面餐厅看货。工作室大约一室二厅大小，约 60 ~ 90 平米，着重在屋内装潢布置摆设，当然灯光设计也是相当重要。

蝴蝶形钻石胸针 6.1×8.9 cm（图片
提供 匡时拍卖公司 2014 秋拍）

珠宝设计师一定要有自己风格，服装穿着与发型等都可以看出你的风格。多数的学院毕业生，展开人生的珠宝职业生涯，通常都是从创立工作室开始。有些人在大专院校任职，或者某小区大学任课，假日也可以约学生在工作室里聊天、喝下午茶。当然学生都知道老师有很多作品与收藏，就会想请老师设计成品，或者直接购买成品。工作室经营相对而言没经济压力，最大的卖点就是个人魅力，地点也不一定要选在市区繁华地段，反而偏远有景观的山区或郊外更能吸引朋友过去。

通常工作室作品的价位会比店商来的高，设计师名气是主要原因。在这里不是批量生产，往往每件作品都不超过三五件。说到这儿，是不是觉得自己也想成立一个工作室呢？

大品牌的连锁钻石店

名牌珠宝店门槛较高，有些时候光加盟金就要 300 万～500 万。在百货商场的钻石专卖店，适合那些家里有巨款的人，自己对钻石珠宝又是门外汉，想给老婆或小孩开一家珠宝店的人。商场内开一家连锁钻石店，资金可能要三五千万。另外也要有一笔现金周转，可以维持两三年营运。钻石连锁店通常通过总公司可以培训员工，教授售货技巧与钻石专业知识。所有 SOP 作业流程写得清清楚楚。定期做各种宣传广告，与明星代言广告，母亲节、情人节各种节日促销广告等。前来的客户大多事业有成，买来送给另一半或者是长辈送给晚辈的礼物。他们就是因为怕买到假的，而且钻石珠宝那么贵重，怎可能在网络上购买呢？我有几位朋友，都是在百货专柜钻石连锁店上班。我问他通常都是什么样的人来购买？他们说大多数都是贵妇、电子新贵、企业老总、有时是夜市摊贩、公务员不等。通常这些消费者认的是品牌，看款式是不是很流行，有无哪些明星代言。总而言之，带出去体面，可以在朋友间高调讲我是在哪个百货专柜购买的。

百货专柜都会有业绩压力，每个月需要固定给柜台费或者抽成。如果业绩不好，很可能就会被百货公司请出去。不过请放心，能来百货专柜上班的柜姐，都有两三把刷子。三四十岁的专柜小姐，能说善道，口才棒得没话说。只要你愿意停下来多听他解说，她就有把握将钻石成交。因为他们就是靠提成奖金，懂得客人心态，将对方捧在手掌心，看对方穿着打扮与问几句话，就可以知道真的来买，还是来乱探听价钱的。专柜里只要有两三位业务高手，老板只要在店内数钱喝茶就好。

个人建议您刚开始可以做微商，在微信朋友圈卖，等到你做到一定的程度之后，才有实力做电商和实体店铺销售。如果资金够的朋友，可以直接加盟钻石连锁店，快速完成你的开店梦想。当然品牌种类一二十种，你都得分析多比较，了解每一种投资管道风险，将营运成本、人事成本、货物成本、利润、税务问题等精算出来。景气再差，还是得买钻戒结婚，还是会有人送礼，一切都准备好了，您就可以轻装上阵了。

彩色钻石项链及耳环套装（图片提供 匡时拍卖公司 2014 秋拍）

4 Rapaport 国际钻石报价表解读

钻石价格的报价方式非常统一与公开，全球的钻石（白钻或微黄色钻石）交易几乎都以 Rapaport Diamond Report 作为报价标准依据。Rapaport Diamond Report 是 1976 年由纽约钻石商人马丁·雷朋博先生（Martin Rapaport）成立的 Rapaport 公司发行的，并以他的姓氏命名。有人称它为喇叭博，更方便记忆。

需要说明的是 Rapaport 价格指针单并非钻石交易时的实际报价价格，而是钻石价格参考报价，全球的钻石商进行交易时要视钻石的实际质量状况定夺，以表上的价格为依据上下增减来报价，此表以美元百位为单位，方便好用。

雷朋博先生根据 GIA 钻石 4C 分级标准为依据，用表格的形式以重量为标准分开各个级距，再以颜色与净度分别作为纵坐标与横坐标，排列组合成各种等级价格指针，每周四深夜发布，亚洲地区每周五发布。它使得钻石价格公开、透明，买卖双方更有保障，市场也更规范，也是除了黄金之外最有可靠行情报价的宝石。

参考网页 PAPAPOVT.Diamonds.net

> **Tip**
>
> Rapapart Diamond Report，提供珠宝专业付费阅读，收录 0.01 克拉到 10.99 克拉，成色由 D 到 H，净度由 IF 到 I3 的钻石报价。比一期上涨就用粗体字标示，下跌了则用粗斜体，方便观察。以前是用红色底，防止钻石从业者传真，但是影印不受影响。目前是用 PDF 档传送。报价表有四张，其中两张是圆钻报价表，另外两张是花式切工报价表。

RAPAPORT 国际钻石报价表（以圆钻为例）

RAPAPORT DIAMOND REPORT

Tel: 877-987-3400 ◆ www.RAPAPORT.com ◆ info@RAPAPORT.com [R]

November 7, 2014 : Volume 37 No. 41: APPROXIMATE HIGH CASH ASKING PRICE INDICATIONS : Page 2
Round Brilliant Cut Diamonds per "Rapaport Specification A" in hundreds of US$ Per Carat.

We grade SI3 as a split SI2/I1 clarity. Price changes are in **Bold**, higher prices underlined, lower prices in italics.
Rapaport welcomes price information and comments. Please email us at prices@Diamonds.Net.

0.95-0.99 may trade at 5% to 10% premiums over 0.90   1.25 to 1.49 Ct. may trade at 5% to 10% premiums over 4/4 prices.

RAPAPORT : (.90 - .99 CT.) : 11/07/14   ROUNDS   RAPAPORT : (1.00 - 1.49 CT.) : 11/07/14

	IF	VVS1	VVS2	VS1	VS2	SI1	SI2	SI3	I1	I2	I3		IF	VVS1	VVS2	VS1	VS2	SI1	SI2	SI3	I1	I2	I3	
D	148	116	100	88	77	70	62	48	38	22	15	D	257	185	162	129	113	87	74	60	47	27	17	D
E	115	100	92	78	73	65	59	45	37	21	14	E	179	157	127	113	100	84	70	58	45	26	16	E
F	100	92	82	73	69	63	55	43	36	20	14	F	150	127	113	103	90	81	68	56	44	25	15	F
G	91	82	73	69	64	59	52	41	34	19	13	G	121	111	101	89	84	77	65	54	43	24	14	G
H	83	72	67	63	60	55	49	38	32	18	13	H	99	93	86	80	76	70	62	51	41	23	14	H
I	69	61	58	55	52	50	44	34	30	17	12	I	83	79	73	71	68	65	58	47	37	22	13	I
J	53	50	49	47	46	44	39	31	26	16	11	J	71	66	64	62	60	57	54	42	32	20	13	J
K	43	41	40	38	37	35	32	26	23	15	10	K	59	57	55	54	53	50	46	37	30	18	12	K
L	38	37	35	34	32	30	27	23	20	14	9	L	51	49	48	47	46	44	40	34	28	17	11	L
M	35	33	32	30	29	27	24	21	17	12	8	M	43	41	39	38	36	34	31	27	25	16	11	M

W: 85.00 = 0.00%   T: 46.15 = 0.00%   W: 121.80 = 0.00%   T: 62.43 = 0.00%

1.70 to 1.99 may trade at 7% to 12% premiums over 6/4.   2.50+ may trade at 5% to 10% premium over 2 ct.

RAPAPORT : (1.50 - 1.99 CT.) : 11/07/14   ROUNDS   RAPAPORT : (2.00 - 2.99 CT.) : 11/07/14

	IF	VVS1	VVS2	VS1	VS2	SI1	SI2	SI3	I1	I2	I3		IF	VVS1	VVS2	VS1	VS2	SI1	SI2	SI3	I1	I2	I3	
D	318	231	200	175	153	114	93	72	54	31	18	D	500	375	330	284	213	160	125	84	65	34	19	D
E	226	195	168	158	138	111	90	70	51	30	17	E	360	315	277	245	193	155	120	81	63	33	18	E
F	196	168	145	138	125	106	86	67	50	29	16	F	315	272	243	209	180	145	115	78	61	32	17	F
G	157	143	128	120	114	100	81	65	49	28	16	G	254	216	194	173	157	135	110	73	59	31	16	G
H	127	119	108	104	100	92	76	61	47	27	16	H	186	180	170	153	132	120	105	68	56	30	16	H
I	101	97	91	88	85	80	69	56	43	25	15	I	142	138	130	122	113	105	95	62	52	28	16	I
J	87	81	78	76	72	67	61	49	38	23	15	J	113	107	103	99	93	90	80	57	48	25	16	J
K	69	67	65	64	62	57	52	43	35	20	14	K	99	95	91	87	83	80	70	53	43	24	15	K
L	60	58	56	55	54	50	45	38	32	19	13	L	84	80	76	74	72	65	60	47	38	23	14	L
M	49	47	45	44	42	41	39	33	28	18	13	M	71	68	66	64	60	55	50	40	31	22	14	M

W: 158.16 = 0.00%   T: 77.65 = 0.00%   W: 245.04 = 0.00%   T: 109.98 = 0.00%

3.50+,4.5+ may trade at 5% to 10% premium over straight sizes

RAPAPORT : (3.00 - 3.99 CT.) : 11/07/14   ROUNDS   RAPAPORT : (4.00 - 4.99 CT.) : 11/07/14

	IF	VVS1	VVS2	VS1	VS2	SI1	SI2	SI3	I1	I2	I3		IF	VVS1	VVS2	VS1	VS2	SI1	SI2	SI3	I1	I2	I3	
D	1004	665	568	464	360	235	165	97	78	40	21	D	1098	755	676	559	436	280	195	105	86	45	23	D
E	653	570	480	406	331	215	160	92	73	38	20	E	745	676	588	500	416	270	190	100	81	43	22	E
F	567	480	404	340	301	195	155	87	68	36	19	F	676	583	520	455	376	250	185	95	77	41	21	F
G	436	381	333	297	247	180	140	82	66	35	18	G	510	456	417	396	322	220	170	90	72	39	20	G
H	320	299	270	247	203	155	130	78	64	34	18	H	383	363	329	312	267	195	160	85	66	37	20	H
I	237	223	212	198	170	135	115	73	60	32	17	I	280	265	245	233	205	165	140	80	62	35	19	I
J	182	174	172	163	140	120	105	66	54	29	17	J	226	216	201	188	170	145	125	70	56	33	18	J
K	155	145	141	134	120	105	90	60	48	27	16	K	187	177	167	158	145	120	104	65	51	31	17	K
L	113	111	109	105	95	80	70	52	42	26	16	L	138	128	120	116	105	89	78	59	45	29	16	L
M	98	95	92	89	80	70	59	47	34	25	16	M	118	108	103	99	90	78	67	54	37	27	16	M

W: 425.04 = 0.00%   T: 169.81 = 0.00%   W: 512.56 = 0.00%   T: 201.96 = 0.00%

Prices for select excellent cut large 3-10ct+ sizes may trade at significant premiums to the Price List in speculative markets.

RAPAPORT : (5.00 - 5.99 CT.) : 11/07/14   ROUNDS   RAPAPORT : (10.00 - 10.99 CT.) : 11/07/14

	IF	VVS1	VVS2	VS1	VS2	SI1	SI2	SI3	I1	I2	I3		IF	VVS1	VVS2	VS1	VS2	SI1	SI2	SI3	I1	I2	I3	
D	1490	1038	897	787	604	375	247	115	92	48	25	D	2401	1555	1352	1188	922	590	380	175	107	59	29	D
E	1022	897	803	718	554	345	240	110	87	46	24	E	1530	1352	1210	1064	841	545	370	165	102	57	27	E
F	877	803	715	643	480	320	229	105	82	44	23	F	1303	1196	1068	940	735	510	360	160	97	55	26	F
G	657	603	539	495	421	280	220	100	78	42	22	G	1034	955	857	782	643	460	345	155	92	52	25	G
H	515	468	430	391	332	245	194	90	73	40	21	H	833	764	691	624	524	385	310	136	87	51	24	H
I	383	353	338	307	280	215	169	85	68	38	20	I	603	573	534	480	427	330	265	121	83	48	23	I
J	287	269	253	243	235	185	149	75	63	36	19	J	451	431	412	396	359	280	230	112	80	46	22	J
K	226	211	196	183	175	149	121	70	58	33	18	K	333	318	309	297	267	223	185	102	75	43	21	K
L	163	153	144	137	130	113	87	65	48	31	17	L	245	235	225	213	194	170	125	90	65	40	20	L
M	136	131	126	122	115	102	76	60	40	29	17	M	211	201	191	183	170	140	115	80	55	36	19	M

W: 687.16 = 0.00%   T: 260.85 = 0.00%   W: 1054.56 = 0.00%   T: 398.20 = 0.00%

❶ 标头——报价表名称。中文翻译为"雷朋博钻石价格报告表"。下面有电话、网址可参考。

❷ 发行日期与期号。特别声名此表是价格指标单，并非实际售价。

当价格改变时以粗体体现，上涨价会用粗体表示，跌价会用斜体粗体表示。价格指针的数据是以每克拉百位美元为单位，实际估算时要乘上100，转换成美元／克拉为售价单位。

❸ 净度。分为 IF—I3 共 11 个等级。（净度 FL 并没有在此报价表中出现。）

❹ 颜色。分为 D—M 工 10 个等级。

❺ 在这一区块，重量较大的部分,，价格会偏高 5 ~ 12%

❻ W（White）指数：成色在 D—H，净度在 IF1—VS2 这区块的整体平均值。

❼ T（Total）指数：成色 D—M，净度 IF1—I3 大区块总平均值，两个指数同时以 77.65% ~ 0.00% 来表示价格浮动的高低比例。

这个价格指针单上的售价并非一直不变，Rapapor 公司会因全球经济状况、裸石市场供需情形等许多条件为依据，往上提升或往下调整报价表中的钻石价格。DTC 钻石推广中心对于钻石毛胚产销供应的平衡作用，使得钻石价格具备了基本稳定因素，加上 Rapaport 国际钻石报价表，体现了钻石价格的公开透明化。

钻石价格演算

由于报价表所列报价基数是以美元为计价单位，并非真实售价，所以交易时要以报价表算出"整颗基础交易价"，再乘以"售货折扣"即为真实的钻石价格，因此，

钻石售价 = 整颗基础交易价 X 售货折扣

◇ 整颗基础交易价和售货折扣如何计算？

1. 整颗基础交易价

计算整颗基础交易价时先从报价表里查出报价基数，由于报价基数是以每克拉 100 美元来计价的，所以计算价格的时候先乘以 100，之后再乘以当地国货币兑美金的汇率，再乘以克拉重量就是"整颗基础交易价"，

因此形成以下简单公式：

整颗基础交易价 = 报价基数 X 100 X 美金汇率 X 钻石重量

例如我们计算一颗 5 克拉、D 色、IF 净度的钻石，其报价表上的基础报价是 977，当时的美元兑人民币的汇率是 6.2。那么

整颗基础交易价 =977 X100 X6.2 X5=3028700RMB

上述算出的 3028700 元整颗基础交易价已经很贴近市场实际售价，但是并不是真实售价，真实售价需要再乘以售货折扣。

2. 售货折扣

售货折扣是各厂商在销售时依照钻石形状、所配的鉴定书、公司经营成本与销售利润率而设立的百分比。依照这个百分比乘以整颗基础交易价便得出真实售价。售货折扣根据报价表上的售价上下增减调整的情形，在钻石市场上通称为报价表的加百分比或减百分比，比 Rapaport 上的价格高称为加百分比，反之则为减百分比。钻石在销售时通常为加百分比，由于不同的厂家情况和钻石真实状态的差异，通常酌加 10% ~ 60% 不等的售货折扣为实际售价。

如果继续依照上面的例子，假如我们将售货折扣定为往上加 50%，那就需乘以 150%，那么

真实售价 = 整颗基础交易价 X 售货折扣 =3028700 X1.5=4543050 元

若是将售货折扣往下减 10%，那就是乘以 90%，即

真实售价 = 整颗基础交易价 * 售货折扣 =3028700*0.9=2725830 元

因此钻石克拉数大，折扣相差 5%—10%，影响价钱也相当大。

Tip

影响放货折扣的因素主要有钻石本身品质（切工好坏、净度高低、颜色深浅、荧光强弱、重量大小），市场需求的好坏，所附鉴定书种类（GIA 折扣最少，约 90% ~ 95%，HRD 80% ~ 90%，IGI 75% ~ 80%，EGL 折扣最多 60% ~ 75%），要注意颜色 D、净度 IF 等级不打折甚至加成数。重量一克拉的为 70% ~ 80%，一克拉以下的折扣为比一克拉以上还高，以 GIA 为例可到 65% ~ 75%。突然发现大矿，钻石会供过于求，2012 年就曾下跌 10% ~ 15%。颜色外观偏咖啡色（褐色）带绿、带乳白色（奶色）的，平均折扣 50% ~ 60%。中国人选择在龙年结婚的人特多，钻石的价位也会上升；不宜嫁娶的年份，钻石的价格就会下跌。

男士简约造型白钻婚戒 （图片提供 钻石小鸟）

5 钻石的投资

白钻投资

◆ 白钻投资的心态

基本上投资钻石是无法今天买明天卖就获利的，不像黄金，按照市场挂牌买卖。钻石虽然有回收渠道，但是通常回收大概只有 RAPAPORT 报价的 3 ~ 6 成。举例来说，今天你在市场上买一颗 10 万块的钻石，明天你找厂商或者是典当行质押或者回收，只能拿回 3 万 ~ 6 万（要看钻石所附的证书或者是否是国际名牌，都会影响到它的折扣成数）。那这样看来，投资钻石不是就赔钱了吗？不是宣传一克拉钻石具有投资价值吗？但事实上，任何物品尤其是珠宝若是急着要卖的话，基本上都不可能用原价回收。如果一克拉的钻石平均每一年有 3 ~ 5 个点的涨幅，那对于有些想要获利 3 ~ 5 成的人是没有吸引力的。

那难道投资钻石确实没有获利可言吗，那也不一定。你首先要了解在所有选购钻石的人中有五六成基本上是结婚自用，甚至作为传家宝传给下一代，因而他们也不会去变卖或者从中获利。这些人对钻石的需求是一直存在的，因而卖钻石的商家肯定是在赚钱的。

◆ 投资一克拉钻难以赚钱的原因

汇率

我们知道买钻石是用美金计价，因此购买时就会受到美金汇率的波动影响，若是人民币跌价的话，就会亏本。如果人民币对美金的汇率涨的话，就会省钱。

时间

投资钻石如果想在两三年之内就想卖出获利，告诉你三个字：不可能。因为钻石的涨幅是稳定的，而且是缓慢的，不可能有暴涨或暴跌的情况，因为这不是民生用品。所以短时间内是不可能涨出百分之三五十以上的。

购买的折扣

买裸钻或者钻戒，在微信朋友圈最便宜可以买到 RAPAPORT 报价的

7.5 ~ 8.5 折，如果在网络电商渠道买到报价的八九折，另外就是珠宝订制，可能就是报价的或九折不打折。除此之外，在百货商场甚至品牌专柜是要比报价加一至两成。另外，要是您到国际名牌珠宝，相同的钻石品质，可能都要两三倍的价钱。所以，当我们要售出的时候，假如是按照当时的 RAPAPORT 报价加价的话，那怎么可能赚钱呢？

物价波动

30 年前去香港买一颗 10 万块的钻石，放到现在报价为二三十万。十万块在北京三环内 30 年前可以买到一栋房子，在现在二三十万我看只能买到一个停车位。

由以上可以得知，买钻石首先是你自己喜欢，并不考虑要抛售。如果你想投资一克拉钻戒获利，那就是想太多了。

◈ 投资一克拉钻哪种情况下可能获利

但是，并不是不存在获利的情况。比方说，你本身就是商家，你有销售渠道，或者你有亲朋好友可以把钻石拿去寄卖，这种情况下就可能获利。

记得 15 年前，我有一位中学老师请我帮他找一颗钻石，是他女儿要结婚用的的钻戒，颜色为 G，净度等级为 VS1，当初价格为 25 万台币（5万人民币）。两年前他跟我说想把钻戒卖了。我非常诧异，怎么会有人想卖掉结婚钻戒呢？是离婚还是经商失败？我也不敢问。后来才得知，因为不常戴钻戒，加上要买房子，所以才想卖掉分担房贷的压力。

当时她购买的是 1.01 克拉的钻石，并没有八心八箭。现在所有的人结婚挑选钻戒都会选八心八箭。如果没有八心八箭，基本上是卖不掉的。1.01 克拉要是重新切割成八心八箭，恐怕已经无法保重到 1 克拉了。我帮他询问了好多回收的厂商，只愿意用现在的报价再打五折回收。经过重新评估价格，虽然现在的挂牌价是有上涨，但是台币汇率是跌的（台币与美金汇率从 1:34 ~ 1:31），所以卖出的价格跟当初购买时的价格差不多。那差不多的价格是什么意思，其实就是赔钱了。因为你把钱放在银行的话还有利息的，虽说没有实质赚到钱，但是赚到了佩戴钻戒的喜悦，别人的艳羡与赞美。

那时候我的老师有点舍不得卖。于是，我建议他，他还有一个妹妹即将结婚，就把这个钻戒转手给妹妹好了，不用额外再买礼物。如果他妹妹出去买，同样品质肯定比这个价格高很多，而自己人买只要给个当初买的价钱就可以了。

◈ 克拉钻投资

1 克拉白钻（圆钻）投资（表格中的数据以每克拉百位美元为单位）

RAPAPORT 2014.11.7 1 ~ 1.49 克拉圆钻报价

UNDS	RAPAPORT : (1.00 - 1.49 CT.) : 11/07/14											
	IF	VVS1	VVS2	VS1	VS2	SI1	SI2	SI3	I1	I2	I3	
D	257	185	162	129	113	87	74	60	47	27	17	D
E	179	157	127	113	100	84	70	58	45	26	16	E
F	150	127	113	103	90	81	68	56	44	25	15	F
G	121	111	101	89	84	77	65	54	43	24	14	G
H	99	93	86	80	76	70	62	51	41	23	14	H
I	83	79	73	71	68	65	58	47	37	22	13	I
J	71	66	64	62	60	57	54	42	32	20	13	J
K	59	57	55	54	53	50	46	37	30	18	12	K
L	51	49	48	47	46	44	40	34	28	17	11	L
M	43	41	39	38	36	34	31	27	25	16	11	M

W: 121.80 = 0.00%　✧ ✧ ✧　T: 62.43 = 0.00%

RAPAPORT 2010.9.3 1 ~ 1.49 克拉圆钻报价

UNDS	RAPAPORT : (1.00 - 1.49 CT.) : 09/03/10											
	IF	VVS1	VVS2	VS1	VS2	SI1	SI2	SI3	I1	I2	I3	
D	245	180	155	120	95	73	61	49	42	29	16	D
E	165	154	128	105	85	68	58	46	40	28	15	E
F	144	131	116	95	80	65	55	44	38	27	14	F
G	110	104	95	82	73	61	53	42	37	26	13	G
H	92	87	80	70	63	58	51	41	35	25	13	H
I	78	72	66	59	55	52	46	38	32	23	12	I
J	64	60	56	53	48	46	43	34	28	21	12	J
K	58	54	50	48	41	40	36	31	26	19	11	K
L	51	48	45	43	38	36	32	29	24	17	10	L
M	44	41	38	35	31	29	26	23	21	16	10	M

W: 114.16 = 0.00%　✧ ✧ ✧　T: 56.15 = 0.00%

1 ~ 1.49 克拉圆钻 4 年间价差

	IF	VVS1	VVS2	VS1	VS2	SI1	SI2	SI3	I1	I2	I3
D	12	5	7	9	18	14	13	11	5	-2	1
E	14	3	-1	8	15	16	12	12	5	-2	1
F	6	-4	-3	8	10	16	13	12	6	-2	1
G	11	7	6	7	11	16	12	12	6	-2	1
H	7	6	6	10	13	12	11	10	6	-2	1
I	5	7	7	12	13	13	12	9	5	-1	1
J	7	6	8	9	12	11	11	8	4	-1	1
K	1	3	5	6	12	10	10	6	4	-1	1
L	0	1	3	4	8	8	8	5	4	0	1
M	-1	0	1	3	5	5	5	4	4	0	1

2010年9月到2014年11月RAPAPORT报价1～1.49克拉圆钻报价差异，我们制作出一个差价表，基本上由图表可以看出涨幅在每克拉1000美元以上的都是值得投资的钻石。原本以为D、IF全美钻石是涨幅最大的，后来发现涨幅最大的是D、VS2等级的钻石，每克拉涨了1800美元（11600人民币），可以请一桌人吃顿大餐啦，但是不能开拉菲和茅台。

　　每克拉涨幅超过1000美元的是买钻石之前最优先的参考，如图中黄色底标示部分。

　　阿汤哥将钻石的涨幅分成四个投资区块，分别是黄底标示的大于1001美元的部分；绿色标底的为501～1000美元之间的部分，属于中间投资段；第三个是蓝色标底的为1～500美元之间的部分；第四是红色标底的为小于零美元，亏本状态。

　　要注意的是E、VVS2，F、VVS1，F、VVS2都是高单价的钻石，通常购买时都会认为未来涨幅会比较高，没想到没涨反而跌，真是令人意外。分析其原因，可能多数人宁可买颜色更白的，D、VS1，D、VS2。

　　许多投资者都不需要净度那么高的，只要VS或者SI就可以。现在看到这本书的读者该偷笑了，因为你只需要花一百来块钱就可以得到这宝贵讯息，如果你是入会员听投资分析师的课可能至少都要上万块的会员费，恭喜你。

　　投资人仔细看这里，净度在VS2、SI1、SI2的涨幅最高，所以意味着并不是每一颗都要买到VVS1、VVS2和VS1净度，涨幅没预期的高，可能是总价太高的缘故。其实在GIA的分级里，VVS级与VS级不就是10倍放大镜下容不容易观察得看的差别。但是这两个等级的差别相差就好几万块。许多人还是会精打细算的。

　　从颜色来看，D～J的颜色都有人选购，所以在颜色上就看你自己的预算来挑选。

　　除了刚才上面提到涨幅为负数的不能买之外，就我而言，我是不会投资净度在I的等级，因为实在内含物太多了，我自己都看不过去。

5克拉白钻（圆钻）投资 （表格中的数据以每克拉百位美元为单位）

2009年11月6日5克拉圆钻报价表

	IF	VVS1	VVS2	VS1	VS2	SI1	SI2	SI3	I1	I2	I3
D	840	640	588	526	432	261	169	110	82	47	27
E	629	586	540	486	403	252	164	104	77	45	25
F	535	500	470	430	349	229	155	100	74	43	23
G	438	400	375	340	288	205	148	96	70	41	22
H	380	350	315	288	248	178	128	87	66	39	21
I	259	240	225	205	188	140	108	77	61	37	19
J	187	178	168	156	145	116	97	68	55	34	18
K	149	142	135	125	120	95	81	63	50	31	17
L	105	100	95	92	90	72	60	54	44	28	16
M	88	85	80	76	92	60	52	42	33	25	15

PAPAPORT:（5.00—5.99CT.）11/06/09

2014年11月7日5克拉圆钻报价表

	IF	VVS1	VVS2	VS1	VS2	SI1	SI2	SI3	I1	I2	I3
D	977	705	647	594	470	290	185	97	74	38	20
E	705	647	608	541	440	280	180	93	69	36	18
F	618	569	531	469	378	256	170	89	64	34	16
G	501	453	424	372	310	227	160	85	59	32	16
H	404	375	337	304	265	198	141	80	56	30	15
I	296	276	257	228	213	163	124	74	61	37	19
J	211	202	192	173	168	144	112	67	55	34	18
K	165	160	150	136	130	107	92	58	50	31	17
L	112	104	98	94	91	82	68	48	38	25	13
M	93	88	82	78	94	66	58	42	31	21	12

PAPAPORT:（5.00—5.99CT.）11/07/14

2009 年 11 月 6 日与 2014 年 11 月 7 日 5 克拉圆形切割白钻报价比较

	IF	VVS1	VVS2	VS1	VS2	SI1	SI2	SI3	I1	I2	I3
D	251	118	69	90	74	52	28	5	10	1	0
E	111	77	81	93	54	46	28	6	10	1	1
F	77	83	55	58	50	47	26	5	8	1	1
G	57	63	42	38	41	28	28	4	8	1	1
H	35	33	30	31	31	26	21	4	7	0	1
I	37	29	25	27	28	30	19	9	7	0	1
J	27	22	23	23	25	20	16	6	9	0	1
K	23	23	17	14	16	19	11	7	9	0	0
L	14	10	8	7	10	13	11	10	5	1	0
M	7	8	8	9	7	12	8	11	3	2	0

由以上表格我们可以分析出 4 种不同投资区域，其中以 A 区域获利最高，B 区域良好，C 区域普通，D 区域差。A 和 B 区域都适合投资。

A. 最好（Excellent），用黄色底标示，差价为 5000 美金以上／每克拉的钻石等级

B. 良好 (Very good)，标绿色色块的区域是差价为 2000—4999 美元／每克拉

C. 普通（General），用蓝色底标示，差价为 1000 ~ 1999 美元／每克拉

D. 差（Bad），用红色底标示，差价为 0 ~ 900 美元／每克拉

以 D、IF 为例，该等级的钻石增值价为：251×100×5×6.2=778100RMB（6.2 为汇率）

5 克拉白钻 阿汤哥 A 级投资布局
（适合资金雄厚的人，如土豪、企业老总）

	IF	VVS1	VVS2	VS1	VS2
D	251	118	69	90	74
E	111	77	81	93	54
F	77	83	55	58	50
G	57	63			

5 克拉白钻 阿汤哥 B 级投资布局
（适合精打细算型的投资人，金融投资人士）

	IF	VVS1	VVS2	VS1	VS2	SI1
G			42	38	41	28
H	35	33	30	31	31	26
I	37	29	25	27	28	30
J	27	22	23	23	25	20

5 克拉白钻 阿汤哥 C 级投资布局（有钱但不想花大钱的人）

	IF	VVS1	VVS2	VS1	VS2	SI1	SI2
K	23	23	17	14	16	19	11

　　5 克拉投资因为金额高，若长期持有考虑物价波动、汇率变化，故建议适合中期 3—5 年获利了结。其中 D、IF 和 D、VVS1，E、IF 每克拉都有 10000 美金以上，是最大获利的投资。

10 克拉白钻投资

RAPAPORT 2009 年 11 月 6 日 10 克拉圆钻报价

ROUNDS RAPAPORT : (10.00 - 10.99 CT.) : 11/06/09

	IF	VVS1	VVS2	VS1	VS2	SI1	SI2	SI3	I1	I2	I3	
D	1887	1360	1224	1040	820	516	349	171	103	61	30	D
E	1350	1215	1090	930	750	478	339	161	98	59	28	E
F	1150	1035	930	820	650	443	324	156	95	57	27	F
G	930	850	770	700	586	405	306	152	90	54	26	G
H	750	680	620	550	470	350	275	135	88	53	25	H
I	540	510	480	420	380	300	240	120	83	50	24	I
J	404	385	366	350	320	259	207	110	75	47	23	J
K	305	284	273	260	240	202	171	100	68	44	22	K
L	227	218	210	193	178	154	118	88	60	41	21	L
M	200	190	180	171	157	130	105	78	52	37	20	M

RAPAPORT 2014 年 11 月 7 日 10 克拉圆钻报价

ROUNDS RAPAPORT : (10.00 - 10.99 CT.) : 11/07/14

	IF	VVS1	VVS2	VS1	VS2	SI1	SI2	SI3	I1	I2	I3	
D	2401	1555	1352	1188	922	590	380	175	107	59	29	D
E	1530	1352	1210	1064	841	545	370	165	102	57	27	E
F	1303	1196	1068	940	735	510	360	160	97	55	26	F
G	1034	955	857	782	643	460	345	155	92	52	25	G
H	833	764	691	624	524	385	310	136	87	51	24	H
I	603	573	534	480	427	330	265	121	83	48	23	I
J	451	431	412	396	359	280	230	112	80	46	22	J
K	333	318	309	297	267	223	185	102	75	43	21	K
L	245	235	225	213	194	170	125	90	65	40	20	L
M	211	201	191	183	170	140	115	80	55	36	19	M

2009年11月6日与2014年11月7日10克拉圆形切割白钻报价比较

	IF	VVS1	VVS2	VS1	VS2	SI1	SI2	SI3	I1	I2	I3
D	514	195	128	148	102	74	31	4	4	-2	-1
E	180	137	120	134	91	67	31	4	4	-2	-1
F	153	161	138	120	85	67	36	4	2	-2	-1
G	104	105	87	82	57	55	39	3	2	-2	-1
H	83	84	71	74	54	35	35	1	-1	-2	-1
I	63	63	54	60	47	30	25	1	0	-2	-1
J	47	46	46	46	39	21	23	2	5	-1	-1
K	28	34	36	37	27	21	14	2	7	-1	-1
L	18	17	15	20	16	16	7	2	5	-1	-1
M	11	11	11	12	13	10	10	2	3	-1	-1

A. 最好（Excellent），用黄色底标示，差价为 5000 美金以上 / 每克拉的钻石等级

B. 良好 (Very good)，标绿色色块的区域是差价为 2000—4900 美元 / 每克拉

C. 普通（General），用蓝色底标示，差价为 1000 ~ 1900 元美元 / 每克拉

D. 差（Bad），用红色底标示，差价为 < 900 美元 / 每克拉

E. 非常差（Very Bad），用橙色底标示不增反减的区域

以 D、IF 为例，该等级的钻石增值价为：514×100×10×6.2=3186800 RMB（6.2 为汇率）

Tip

基本上 10ct 钻石的售价都在 300 万—1200 万之间，在北京就是一套公寓或一栋别墅的价钱。很多人大概也从来没有投资 10ct 钻石的想法。如果您当初买的时候没有打折，甚至加成买的，过几年后想赚钱也难。投资钻石必须要有管道卖，才有可能获利。

一样的资金，有人买房买地产，有人投资股票、基金、外汇，自己都得承担风险。投资钻石的好处是，它不会坏，不会变成一张废纸，也不会叫你补差额。平常可以佩戴、炫耀，出国携带方便，任何国家都承认，体积小，重量轻，如果有几亿资产的朋友，可以买 10ct 钻石 5—10 颗分散投资风险。如果身边有几千万，那就投资 5 克拉就好。苏富比、佳士得投资白钻，大多要 10ct 以上，因此买 10ct 以上钻石不怕没有卖的管道，但是颜色、净度等级不能太差。

10 克拉白钻 阿汤哥 A 级投资布局　获利最高
（适合资金雄厚的人，土豪、企业老总）

	IF	VVS1	VVS2	VS1	VS2	SI1
D	514	195	128	148	102	74
E	180	137	120	134	91	67
F	153	161	138	120	85	67
G	104	105	87	82	57	55
I	63	63	54	60		

10 克拉白钻 阿汤哥 B 级投资布局　获利其次（图中绿色部分）

	IF	VVS1	VVS2	VS1	VS2	SI1	SI2	SI3	I1	I2	I3
D	514	195	128	148	102	74	31	4	4	-2	-1
E	180	137	120	134	91	67	31	4	4	-2	-1
F	153	161	138	120	85	67	36	4	2	-2	-1
G	104	105	87	82	57	55	39	3	2	-2	-1
H	83	84	71	74	54	35	35	1	-1	-2	-1
I	63	63	54	60	47	30	25	1	0	-2	-1
J	47	46	46	46	39	21	23	2	5	-1	-1
K	28	34	36	37	27	21	14	2	7	-1	-1
L	18	17	15	20	16	16	7	2	5	-1	-1
M	11	11	11	12	13	10	10	2	3	-1	-1

10 克拉白钻 阿汤哥 C 级投资布局　投资金额少　获利也少

	IF	VVS1	VVS2	VS1	VS2	SI1	SI2
M	11	11	11	12	13	10	10

◆ 克拉钻消费指南

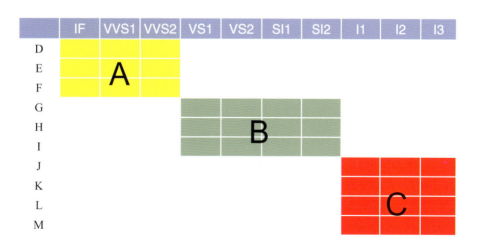

A 区：颜色为 D、E、F，净度为 IF、VVS1、VVS2

B 区：颜色为 G、H、I，净度为 VS1、VS2、SI1、SI2

C 区：颜色为 J、K、L、M，净度为 I1、I2、I3

购买 A 区钻石的职业人群

企业主、职业经理人、银行高管、律师、设计师、建筑师、医生、法官、贵妇、明星或演员。

个性：积极投资型人群，追求完美，财大气粗，追求高获利，做表面功夫，常常要出入一些高级的会所。

预算：7 万 ~ 15 万（裸钻，不包含镶嵌，没有品牌，以 2014 年 11 月 1 克拉白钻的报价为参考数据）

投资前瞻性：高（因为品质高，比较稀有，多数有钱人都会选择这个区块，具备较高的增值潜力）

备注：根据 Rapaport 1 克拉钻石报价价差分析表，在 E、VVS2，F、VVS1，F、VVS2 这三个投资组合出现负成长，是所有选购的人必须避开的雷区。至于更精确的投资获利点，请参阅这个表格，有详细的获利数据参考。

购买 B 区钻石的职业人群

老师、公务员、白领阶层、企业高管、SOHO 族

个性：保守型投资人群，收入稳定，有一定的社会地位，有固定的社交圈，做任何事情都提前计划，善于精打细算，也比较斤斤计较。

预算：3 万 ~ 5.5 万

投资前瞻性：高（多数人都会挑选的区块，性价比最高，一样具备较高的增值潜力）

购买 C 区钻石的职业人群

蓝领、学生、有钱但不想花大钱的人、贪小便宜的人

个性：格局比较小，但又爱面子，对生活品质要求不高，只要有一克拉就好。

预算：7 千 ~ 2 万

投资前瞻性：低（这一区域的钻石不具备增值的条件，只能自用）

以上预算都是一克拉裸钻的价位，不包含镶嵌，没有品牌，以 2014 年 11 月 1 克拉白钻的报价为参考数据。

阿汤哥对购买白钻的善意提醒

很多人刚接触钻石，可能懵懵懂懂，什么 4C 啊，净度啊，为什么价差那么大啊，我该怎么挑选结婚钻戒。每次上课我老是被学生问到这些问题，为了让大家选购方便起见，我简单将购买一克拉的钻石依照职业与个性，还有预算做了一个基本分析与推荐，为大家初次购买钻石给予指导。也省的大家总是为买什么等级的钻石而苦恼。

首先，必须按照你的预算去选择，另外就是对品牌的认知，还是只是认 GIA 鉴定书。如果你想要完全符合自己风格和审美理念的钻戒，不想跟别人撞款，又没有预算限制，那就可以选择高级私人订制；如果你认品牌，没有预算的限制，那就可以去百货商场或者名牌珠宝专柜，挑选你喜欢的款式就好；如果你的另一半对牌子有一点要求，但是预算又有限，笔者建议取电商加实体店的品牌钻石购买，另外还有婚博会现场，有很多折扣优惠，也可以买到喜欢的品牌，挑选自己喜欢的款式；如果您要求品质，需要有 GIA 证书，又在意价钱，要买到最便宜的钻石，笔者建议去你信任的微商购买，他（她）也可以为你服务。会有几个基本款式让你挑选，唯一的小小遗憾就是戒圈内没法打上品牌的 logo。

我们在书中也一一推荐微商、电商、实体店、高级订制的设计师、国内连锁珠宝和国际名牌珠宝，就是为了尽量满足您买钻戒的要求。因为您花钱来买这本书，这是我该帮各位详细介绍的。如果您觉得这本书真的对您有帮助，可以利用微信、微博来跟我互动，那我及我的工作团队的所有辛苦就值得了。

微信：阿汤哥的宝石派

微博：@ 阿汤哥宝石

彩钻的投资

　　彩钻投资主要以黄色彩钻、绿色彩钻、蓝色彩钻、粉红彩钻、红色彩钻为主。因为每种颜色的稀有程度不同，直接影响到价位。彩钻的价钱会因为购买渠道的不同而不同，因此也无法正确告诉大家合理的价位。

◇ 黄色彩钻投资

　　在所有彩钻当中，以黄色彩钻数量最多。当然，它还是比黑色、咖啡色的钻石产量少。当我们选购黄色彩钻，两克拉以下基本上只能算是自戴，搭配衣服。就算是有涨价，也是有限。所以，两克拉以下是最热销的产品，尤其是以 Fancy intense yellow 与 Fancy yellow 最受欢迎。价位基本相当于白钻两克拉、中上等级的价位。也不过 10 万左右。许多人都能够承担得起。

两克拉以下（贵妇、时尚圈人士、艺术家、白领阶层——自用型）

　　值得注意的是，由于黄色彩钻的量相对来说比较多，如果你未来想要

彩钻颜色丰富，配合不同切割形状、不同设计风格将美丽与闪耀发挥到极致。
（图片提供　承翰珠宝）

雷地恩形切割淡蓝色彩钻裸石
（图片提供 侏罗纪珠宝公司）

脱手的话，我个人的建议买净度在 VS 等级以上的黄色彩钻。如果你是自用型，只想省钱，预算没那么高，那就可以买 SI 等级就好了。至于 I 等级，净度太差了，都会影响视觉效果。个人建议不如不买。

3～5克拉（明星、社会精英建筑师、会计师、律师——自用兼投资收藏）

如果你是想做个小投资，想保值也要增值的话，个人建议可以购买 3～5 克拉的黄色彩钻。整颗从 25 万～80 万人民币左右，相当于一辆奔驰或者宝马的进口车，豪华程度、等级配备不等。由于克拉数稍微大一些，因此每克拉的涨幅就可以感受得到。比如 1 克拉涨 5000，3 克拉就涨 15000 元人民币。但是对于一些投资高风险的人，可能对这些涨幅基本上是不屑一顾的。

如果你是想投资获利翻好几番，那投资黄色彩钻前请慎重，因为它还是相对稳定的投资选择，不是高回报率的。

5～10克拉（房地产开发商、企业高管、富二代——稳赚投资型）

如果你是想上拍卖场，至少要选择 5 克拉以上的黄色彩钻。这时候你必须选择 Fancy intense yellow、Fancy vivid yellow 的等级。在净度方面，最好是 VVS 等级。因为很多人都在排队送去拍卖。如果你是 VS 以下等级的，基本上就被人抛到后面去了。

5 克拉等级以上的黄色彩钻投资最好能放 3 ~ 5 年再出手，经济效益会更高，基本在国内的许多拍卖场上都可以小试身手。

10 克拉以上（企业家、身家亿万的富豪——炼金术投资）

黄色彩钻超过 10 克以上价格至少都要上百万，甚至一颗到达三五百万都有。一颗 10 克拉的黄色彩钻就相当于一栋两室一厅的房子。投资者也是要相当谨慎，因为这些黄色彩钻是可以有机会上苏富比和佳士得拍卖的。等级最好在 Fancy intense yellow 和 Fancy vivid yellow，净度等级在 IF 到 VVS。由于这些有钱人要买就买最好的，所以只有最高等级才能显示他们的身价和地位。价钱方面，他们可没有时间去比较。

10 克拉以上的黄色彩钻本身就很稀有了，本来就没有报价表，因而很难比得到价钱，所以卖家想卖多少就看买方对黄色彩钻的知识、行情了解多少。这种大克拉黄色彩钻的得标买家过三五年后，可能就会想脱手获利。并不是一定要长期持有。通常也不缺出手的管道。只要钻石品质好，就像地段好、户型佳的豪宅别墅，总会有中介来询问要不要出售，就看你想不想卖，缺不缺钱。

◇ 蓝色彩钻投资

蓝色彩钻的投资要点

蓝色彩钻投资主要还是看颜色，颜色如果能达到 Fancy intense blue、Fancy vivid blue，这种颜色基本上是可遇不可求的。当然价位也会让你吃惊到有点下不了手。蓝色彩钻的颜色也相当稀少，只要有 Light blue 或者是 Deep blue 都可以下手。至于它的净度，就无法像黄色彩钻要求那么严

Fancy vivid blue 梨形（艳彩蓝色）彩钻裸石

（图片提供 每克拉美）

格。通常有 SI 就很不错了。如果颜色等级高的话，甚至连净度 I 等级的也都得考虑购买。

1克拉以下（基本入门级）

1 克拉以下，绿豆大小的体积，单价至少都好几十万，相当于就是一辆进口车的钱。如果不是非常识货的人，还以为你戴了那么小一块玻璃，还那么开心。由于颜色是选购彩钻最重要的因素，花几十万买一颗，对上班族来说很心疼，又发愁如何转手。

1克拉（明星、社会精英建筑师、会计师、律师——自用兼投资收藏）

超漂亮的至少要两三百万，颜色在中间等级的也要一百多万，差一点的等级也要接近 100 万。这要不是对钻石了解透彻，恐怕都难以下手购买。一般会从钻石供货商或者是在珠宝展上询问价钱，并非看了马上就下手，就像买房子会先看几家，不同地段、户型，看完后综合考虑再下手。我在内地四年有个感受，多数投资者都是比较理性谨慎的，到目前为止还没遇到一个煤老板或土豪，完全不假思索就大几百万出手的。

彩钻主要是这两年通过国际媒体报道，让大家了解多一些。刚开始大家接触白钻多一些，然后才是黄钻、等级较高的蓝色彩钻、粉红色彩钻、红钻。

我曾经在 10 年前就接触到蓝色彩钻，当时 1.5 克拉 Deep gray blue 的钻石，商人给我价钱是 1 克拉 70 万人民币。当初这价钱几乎等于笔者住的房子的价钱，这样大的投资，几乎不是上班族可以下得了手的。说实在，我只能过过瘾，并没有能力购买。没想到现在价钱会涨成这样。当然我房子也涨价了，目前基本上是当初购买的两倍的价格。相对而言，钻石的涨幅差不多一到两倍。但是你不能天天戴钻戒却露宿街头，基本的住房是必需品。

2 ~ 4克拉（房地产开发商、企业高管、富二代——稳赚投资型）

基本上会挑选投资 2 ~ 4 克拉蓝色钻石的，都是财力雄厚的人。对于很多事物都有他自己独特的看法，也许他只是来分散投资风险而已。2 ~ 3 克拉的蓝色彩钻颜色到 Fancy blue 都很不容易，那净度就不用说要求到什么程度了。况且钻石商人一定会保留一些重量。因此，切工上也无法像白钻那么苛刻。

在市面上很难看到陈列在珠宝店 2 ~ 4 克拉的钻石，往往是有需求的时候珠宝店才会从上游供应商调回来给你看。由于彩钻的颜色相差一点点，价差就非常大，选购的时候都必须眼见为凭。假设是厂商传照片给你，或者是看到某些拍卖图录，大多都没有真实的颜色好看。就像在网上认识一个异性朋友，照片都用美颜相机处理过，真人往往让你大吃一惊。

你问我 2 ~ 4 克拉的投资报酬率一年到底要多少，我也不好说。因为真的很难去比价，因为它不像彩色宝石那么好估价。主要是彩色宝石的数量多，而蓝色彩钻一年只生产那么几颗，数都可以数得出来。以内地的有钱人来说，买得起的人大有人在。少说几万人，绝对没问题。如果大家都有攀比的心态，再加上媒体、明星的宣传营销，基本上它没有下跌的可能性。

手头上有几颗蓝色彩钻，去哪儿都方便。几乎就是移动的城堡，想去美国就去美国，想去澳大利亚就去澳大利亚，全世界公认。也不怕有买到假货，而无法变现的困扰。

近几年，蓝色彩钻在国内的珠宝拍卖中也是常客，而且它成绩都亮丽不俗。这也说明了，多数人从玩文玩艺术品、瓷器、书画转向时尚的钻石珠宝。这个转变，就是在这两三年才开始。这意味着它还有一段漫长而遥远的路要走。就我的观察，短期 10 年应该可以预期的。在当下股票指数涨到 4500 点的情况下，投资人有了闲钱。买蓝色彩钻就像买白菜那么轻松容易。

5 克拉以上（房地产开发商、企业高管、富二代——稳赚投资型）

5 克拉以上的蓝色钻石是苏富比、佳士得拍卖的常客。由紫图图书发行的《2015 珠宝拍卖年鉴》的封面，大家都在猜测会是什么宝石能够荣登宝座。答案揭晓就是英国佳士得拍卖行在日内瓦成功拍出的世界上最大的艳彩蓝色彩钻，成交价达 2379 万美元 (约合人民币 1.48 亿元)，买主为美国顶级珠宝品牌海瑞·温斯顿。

假如白雪公主现在对魔镜问：魔镜魔镜，你能告诉世界上最贵的蓝色宝石是什么吗？那毫无疑问就是"蓝色彩钻"。

正因为如此，许多企业家大老板给他的夫人、女友送什么生日礼物，毫无疑问蓝色彩钻是炙手可热的首选。最能表达对女人的疼惜和

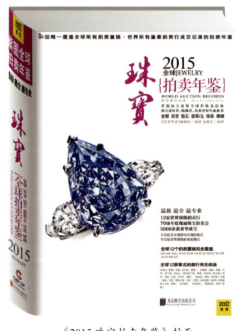

《2015 珠宝拍卖年鉴》封面

Fancy light pink 枕垫形（粉红色）彩钻（图片提供 每克拉美）

爱护，也能看出男人敏锐的投资思维。只要后方不乱，前线就可以运筹帷幄，游刃有余。

这些大老板基本上钱多到没地方放，楼盘上是一栋又一栋，不仅在国内，海外各地都有。一颗常常是无法满足他的。能够陪伴夫人、女友去名牌珠宝店选购或者是拍卖行竞标的，都是注重企业形象和热爱家庭的好男人，成功竞拍对于公司股票的指数会有正面的影响。

◈ 粉红色彩钻投资

1克拉以下

许多人的梦想就是能够拥有一颗粉红色彩钻。即使是只有很淡很淡的微粉，也能满足一个人的虚荣心。粉红色彩钻的稀有程度不输给蓝色彩钻，尤其是粉红色的浪漫温馨，俘获多少女人的芳心。挑选粉红色彩钻的重点还是颜色。如果能够达到 Fancy pink 就非常不容易了。一般来说，粉红色彩钻通常都会带一些伴色，比方说橘粉红或者是紫粉红，也都是相当受欢迎的颜色。如果是带棕红色，就会稍微影响到它的价位。

个人建议买粉红色彩钻，虽然是小于1克拉，但是颜色至少也要Fancy pink，如果是 Light fancy pink，就要在制作上费点功夫。 比方说，在周围圈上一圈粉红小钻，除了视觉效果会让钻石大一点外，也会让颜色感觉深一点。

50 分左右的粉红色彩钻的价格大概 10 ~ 20 万人民币左右，也相当于一部还不错的国产车的价钱。因此会买的人一定先有车了，事业也有一点基础了。可能是单身贵族，拿到一笔丰厚的年终奖金，除了犒赏自己出国旅游度假外，买一颗 50 分的粉红色彩钻钻戒作为厚爱自己的礼物。

除此之外，也有一些人用浪漫的粉红色彩钻钻戒作为结婚的信物，因为挑选白钻已经太庸俗了。这些人大多数是艺术家、音乐家或者是服装设计师、珠宝设计师等，因为他们追求与众不同，始终走在时尚的最前沿。

1 克拉

钻石没买到 1 克拉就会觉得有点遗憾。1 克拉的粉红色彩钻代表对自我一生的肯定。因为工作不再是像机器一样重复枯燥无味的流程，而是富有创造性和凝聚了自我的智慧，因而更有价值，回报也应更丰厚。身上戴一颗 1 克拉的粉红色彩钻，等同开了一辆保时捷。这时如果你还在为选爱马仕还是香奈儿纠结时，就弱爆了。

1 克拉的粉红色彩钻可以上国内的拍卖，对于想投资的人来说，就有一个销售的渠道。甚至有些珠宝公司在你买到两三年之后，会询问你想不想脱手，因此就不存在销售无门的问题。

1 克拉的粉色彩钻还是可以询问到价钱，它有一个公认的行情价。买之前要多问几家，至于粉红色彩钻的形状，有些人爱水滴形，有些人爱心形，也有人爱马眼形（橄榄形），这些切割形状一般不存在设计的问题，因为它几乎就是可以和红蓝宝、祖母绿可以同款设计的类型。

1 克拉的粉色彩钻已经具备投资的条件，如果颜色能够达到 Fancy pink 或 Intense pink，那真是可遇不可求。

1 克拉的粉红色彩钻价格在 120 万 ~ 200 万之间，价钱取决于颜色、形状、切工、净度等级的高低。

这 1 克拉的粉红色彩钻基本就是一辆中上等配置的保时捷。男人不是玩古董，就是玩车；而女人哪个没被漂亮包包和钻石珠宝心动过呢？

结婚选白钻已经不稀奇了，如果能够用粉红色彩钻足以秒杀所有来宾的眼球，彰显你的女神风采。

Fancy yellow　水滴形（黄钻）戒指（图片提供 每克拉美）

2～5克拉

2～5克拉的粉红色彩钻已经足以在拍卖会崭露头角，这个重量级的钻石并非是人人都能买得起。如果您问粉红色彩钻是否是奢侈品，那肯定毫无疑问。

2～5克拉的粉色彩钻价格在 200 万～1000 万不等，就等同是一栋别墅，或者一辆玛莎拉蒂跑车。你可能在北京的街头，一天可以看到一两辆，但在你的朋友圈如果碰到有人佩戴 2～5 克拉的粉红色彩钻的话，那你也一定是时尚名媛、贵妇圈子的一分子。在这些富二代的社交圈里，不外乎就是比小孩，比小孩的学校，比企业的规模；为搭私人飞机去哪儿度假、或者办封岛的 Party 而烦恼；男人就是在谈论收购哪家企业，或者是去投资哪个创新企业，抽什么雪茄，喝哪个年代的拉菲，收购哪个酒庄，买哪款限量手表，计划在国外买商业地盘，或者某个深度旅游景区的开发等等。

男人想要在众多的对手中脱颖而出，没有鸽子蛋大小的粉红色彩钻是无法得到这些国际女星的首肯。这已经不是企业高管、白领精英能够负担得起的消费，可能很多人一辈子都赚不到一千万。即使是有，你也舍不得豁出去全部家当去换一颗钻戒。当然这就不是投资了，投资是要有闲钱。能拿出一千万买钻戒的人，至少都有好几亿的资产。

这些人或许也不在意脱手钻戒卖钱，如果有的话，那就是计划性的投资。那通常就不是购买一两颗了，而是计划性地每年拨出一些预算来投资。当然有些人会退而求其次买 10 颗 1 克拉的粉红色彩钻，因为 1 克拉的购买人群相对多一些。而如果有人想要买我的 2 ~ 5 克拉的粉红彩钻，没有出到我的心理价位，一般是不会答应卖出的。

5 克拉以上（世界 1000 强企业家）

会买 5 克拉以上彩钻的人通常是世界 1000 强的企业家，这时候不是比谁家的煤炭多、谁家的黄金多，而是谁家能够在拍卖会上抢到前 5 ~ 10 名的珍宝。这些企业家多数都拥有私人飞机、游艇，甚至买下某国的小岛当岛主，也是国际连锁企业的总裁。

紫图图书发行的《2014 年全球珠宝年鉴》的封面就是一颗椭圆艳彩粉红色彩钻，59.60 克拉，堪称大自然瑰宝——粉红之星。在 2013 年 11 月日内瓦苏富比拍卖公司以 76 325 000 瑞士法郎（约相当于 4.954 亿人民币）拍出。这价钱真是石破天惊，打破了历年来所有粉红色彩钻的最高纪录。当它落锤的那一刻，全场掌声雷动，不绝于耳。直到今日，粉红色彩钻一直是国际巨星与企业主的最爱，一生中都值得拥有的随身饰品。富豪的生活我们无法想象，只能从媒体报端去揣测。

有些慈善家会在拍卖竞标后捐给博物馆，全世界各地的人都可以一览它的风采，而不是收在自己的保险箱里。这就是所谓的独乐乐不如众乐乐，散播欢乐、散播爱。

《2014 珠宝拍卖年鉴》封面

粉红色＋黄色彩钻心形婚戒　　　　粉红、黄、绿方形彩色钻戒

（图片提供 承翰珠宝）

◇ 彩钻创造钻石的神话

缪承翰/文

这两年来，不管业界专家或客人，纷纷抱怨钻石价格太高了，或者有人不断地预言价位即将崩跌。令人惊讶的是，钻石报价至今仍抱持着涨多跌少的态势继续创新高，这究竟是怎么回事呢？

彩钻行情稳定上扬，近 50 年不跌

记得翡翠老行家告诉我们许多故事，其中几则是他们在遇到战乱时，多会把上好的翡翠毛料包裹好埋起来，待战争过后再挖出来卖，这通常是兼具保本又升值的好方法。犹记得一二十年前股市大崩盘时，中、下档的翡翠价格不断地向下掉，唯有高档翡翠还一直往上涨，原因无他，就是好的料真的太稀有了。好的翡翠从清朝中期以来，几百年来除了少数战乱饥荒时的抛售外，几乎也没怎么跌价过，翡翠这种区域性的宝石已经如此，而被誉为世界性宝石之王的钻石，其中高档的彩钻的保值效果比起上品翡翠来在理论上与实际上是更加地不遑多让。

钻石是最佳的投资及避险标地之一，尤其是高档稀有的彩钻。稀有的彩钻家族从 20 世纪 60 年代初至今，除了在几次股市崩盘时有微幅修正波外，几乎没经历过什么大的跌势：原因无他，它们太美丽又太稀有了，这种世界性的宝石已深植于人心，几乎没有哪个地区的女人甚至于男人能抵挡得住它们无边的魅力，加上世上传颂着许多关于钻石的动人故事，使得高档彩钻的价格更是易涨难跌。

1987 年 4 月 28 日，纽约的佳士得拍卖会，一颗名为 HANCOCK 的

祖母绿金黄色彩钻钻戒（图片提供 承翰珠宝）

0.95 克拉紫红色彩钻，GIA 的颜色评级是 FANCY PURPLISH RED、干净度为 I1，原本估价是 10 万~ 15 万美金，结果落槌价为 88 万美金，换算每克拉单价竟高达 92 万 6300 美金。当年以 13500 美金买进这颗钻石的卖家大概也没想到会有这么精彩的报酬，一转手就 65 倍，这个消息不仅创下了纪录，也轰动了全世界，无形中也成为将彩钻价位逐渐顶上高峰的推手之一。

60 年代，一杯咖啡换一颗粉红色彩钻

妙的是在 20 世纪中期前，一般彩钻普遍是被认为不值钱、不具市场性的。被誉为彩钻界教父的 EDDY ELZAS，曾有"一杯咖啡换一颗彩钻"的故事：在 20 世纪 60 年代初，当时有颜色的钻石被认为是毫无市场价

缤纷彩钻戒指（图片提供 承翰珠宝）

值，卖不掉、不值钱的。有次有个上游盘商打开一盒装满黄色彩钻的雪茄盒给 EDDY 看，当年约 19 岁的 EDDY 一看到就深深为这些彩钻所着迷。当他把这盒黄彩钻给另一位钻石商欣赏时，这位钻石商不解为什么 EDDY 会对这些不值钱又卖不掉的钻石感到兴奋不已，于是打开保险箱要送他一颗 1 克拉的粉红色彩钻，然而在 EDDY 坚持要付费的情况下，对方也坚持要送，最后折衷就以一杯咖啡的代价成交。之后，又陆续以 5 美元及 10 美元的价格购得约 1 克拉的黄钻与蓝色彩钻。之后他就

白钻 K 金吊坠

被同行称为 CRAZY EDDY，这也开始了 Mr. ELZAS 著名的 "RAINBOW COLLECTION"，无止境地以重金收藏别人不要的彩钻。

彩钻在这三四十年来，由 1970 年至 2008 年涨了约 30 ~ 40 倍，但若以 1960 年代初起算，其涨幅则实难以估计。

千万吨中只选得一克拉 颗颗皆珍宝

我们来看看为什么彩钻会如此珍贵。专家估计，平均来说所有钻石原石只有 2% 达到彩钻的标准。也就是大概需要 1400 吨的钻石矿土才能挖出 1 克拉的彩钻，但是能做成已切磨的宝石比例那就更低了，大约每 1 万克拉切磨好的钻石中只有 1 克拉是彩钻，而颜色浓烈的彩钻平均在 25000 颗钻石中也不过只能找出 1 颗。各位可以自行去推敲挖出一克拉的彩钻需要多少吨的钻石矿土、多少辆车去载，这些耗费的成本实质上是极高的。

而彩钻中绝大多数是褐色、黑色、黄色的晶体，若要找到最珍稀的红色、蓝色、粉红色、紫色、橘色、绿色、变色龙 (Chameleon Diamonds) 天然彩钻，那更是难上加难了。顶级彩钻为何珍贵，不是没有道理的，再随便举个例子来说明好了：

GIA 在 2002 年夏季刊的 G & G 杂志中，有份专文列出历年 GIA 的 GTL 所打出的红钻报告，其中正红色只有 4 颗，红色带微紫的有 11 颗，前述的那颗 0.95 克拉的 HANCOCK，也是这 11 颗红色带微紫非常非常稀有的彩钻中的一颗。

由远古至今，钻石一共大约生产了 48 亿克拉，目前天然钻石每年生产约 1.5 亿克拉，其中多数为工业级。在这么巨大的数量中，数十年来

GIA 所打的天然红色彩钻也不过 15 颗，可见其珍稀的程度了。

彩钻颜色重要性远大于其他 3C

由于彩钻非常稀有，为了要保留重量，切工只要不太差都能接受。一般来说，干净度多在 SI－I 等级，而 GIA 的 GTL 及其他许多鉴定单位，通常对彩钻鉴定书所采取的态度是可以不打干净度的，除非是很好的 VS 级或以上才会特别强调，所以我们对彩钻的干净度不用要求太高。

再者，重量当然是大过一克拉比较好，颜色品质优者重量越重其克拉单价就会越往上攀。而评估彩钻重点就是颜色 (Color)，一般来说，任何颜色带艳彩 (Vivid) 等级都是价值最高的，带浓彩 (Intense) 次之，而带暗灰、带黑及褐色 (Brown) 都会大幅减低彩钻的价值。

评估彩钻的价值其实与评估有色宝石的方法非常相似，颜色越鲜艳越浓郁者价值越高，但若深到带黑带暗就又会减低其价值了：一般来说，带暗带棕都会大幅减低其鲜艳度，但可加深其颜色的明显度。只要把握上述这些简单的原则，相信去大致了解彩钻的行情就不太难了。

由古至今，少有女性能抗拒这种闪闪发亮、动人无比的宝石。经济学也告诉我们，在有限供给的状况下，需求不断上升即会造成价格上的上扬。最后，就以香奈儿女士的一句话作个结语吧："我喜欢钻石，因为它以最小的体积，代表着最大的价值。"

无敌彩钻套链（图片提供 承翰珠宝）

黄、粉红彩钻水滴造型胸针（图片提供 承翰珠宝）

绚烂多姿彩钻戒指（图片提供 承翰珠宝）

6 钻石的拍卖

哪个级别的钻石可以进入拍卖渠道

1. 拍卖行选择的钻石净度级别 65% 以上都是 VVS2；

2. 由于大钻颜色明显，价值高的基本都是 D 色；

3. 拍场上高价值单品的偶然性非常的大，所以存在很大的机遇。

2012 ~ 2014 年苏富比与佳士得白钻拍卖分析

表 1　2012 年苏富比和佳士得全球白钻拍卖价格情况（部分）

carat	colour	clarity	RMB	date	RMB/ct
44.09	D	IF	47,014,605	2012.4	1066332.62
34.05	D	VVS1	31,298,520	2012.5	919192.95
20.22	D	IF	25,776,100	2012.11	1274782.39
19.86	D	VVS1	19,539,885	2012.4	983881.42
15.02	D	IF	17,661,700	2012.11	1175878.83
14.37	D	IF	12,373,860	2012.5	1044207.59
11.85	D	VVS1	12,373,860	2012.5	59196.61
15.08	F	IF	8,972,685	2012.4	268093.70
18.18	D	VS2	8,549,508	2012.5	530693.51
31.89	J	VS2	8,549,508	2012.5	74050.05
15.58	E	VS1	8,268,205	2012.4	480928.31
10.69	D	VVS1	7,915,965	2012.4	320227.99
10.88	E	VS1	5,232,500	2012.11	384930.56
12.72	H	VVS2	4,073,300	2012.11	369765.64
10.08	H	VVS1	3,880,100	2012.11	151875.2
10.07	H	VVS1	3,723,540	2012.5	229637.5
20.48	L	VS2	3,110,405	2012.4	1327878.71
22.03	K	VVS2	2,914,100	2012.11	191576.04
12.69	J	VS2	2,431,100	2012.11	105931.95
10.19	K	VS2	1,079,446.62	2012.7	4053.42
10.41	K	I1	407,003.94	2012.7	

2012年10克拉以上白钻分析

等级	总平均 （万人民币/克拉）	分析	备注
D，IF	20ct以上平均117万/ ct 101 91	44ct,106万/ct； 20ct,127万/ct 15ct,117/ct； 14ct,86万/ct 34ct	
D，VVS1	92	19ct,98/ct； 11ct,104万/ct； 10ct，74万/ct	3颗
D，VS2	47		
E，VS1	50	15ct, 53万/ct； 10ct ,48万/ct	2颗
F，IF	59		
H，VVS1	38	38万/ct， 37万/ct	2颗
H，VVS2	32		
J，VS2	26	31ct	
K，VVS2	13		
K，VS2	10		
K，I1	3.9		
L，VS2	15	20.48ct	

ASULIKEIT 古董典藏系列黄金镶蓝宝石钻石戒指 1900 年　蓝宝石（未经热处理）　1pc-17.70ct　单价 1800000　（图片提供 ASULIKEIT 高级珠宝）

表2 2013年苏富比和佳士得全球白钻拍卖价格情况

carat	color	clarity	RMB	date	RMB/ct
118.28	D	FL	188,557,200	2013.11	1594159
101.73	D	FL	163,844,137	2013.5	1610578
28.86	D	FL	43,104,000	2013.4	1493555
26.24	D	VVS1	27,369,338	2013.5	1843038
30.32	D	VVS1	27,368,578	2013.4	902657
32.65	F	VS2	22,215,730	2013.11	680420
23.43	D	VVS2	22,052,138	2013.5	981949
23.3	D	VVS2	20,112,658	2013.4	263204
17.74	D	IF	17,790,800	2013.11	863204
21.54	F	IF	16,672,000	2013.4	1002863
18.28	D	VVS2	12,454,050	2013.11	774001
10.82	D	IF	12,355,600	2013.11	950690
13.1	D	VVS1	11,340,050	2013.11	1141922
16.09	D	VVS2	9,724,850	2013.11	8656526
10.5	D	VVS1	9,138,938	2013.5	604403
10.21	D	IF	7,999,538	2013.5	870375
10.45	D	VVS1	7,786,610	2013.11	783500
17	F	VS1	7,703,850	2013.11	7451
10.04	D	IF	7,616,000	2013.4	4570814
10.54	D	VVS1	7,012,058	2013.5	758566
11.64	D	VS1	6,655,970	2013.11	45532
15.99	D	VS2	6,094,418	2013.4	571818
19.31	E	SI1	6,094,418	2013.4	381139
10.32	D	IF	5,814,400	2013.12	315593
10.56	D	VVS1	5,686,850	2013.11	563410
12.55	G	VS1	5,365,290	2013.11	538527
16.21	I	VS1	4,561,410	2013.11	427513
12.49	H	VVS1	4,201,538	2013.5	281394
23.19	K	VS2	4,021,298	2013.4	336392
12.45	H	IF	3,672,000	2013.5	181168
16.49	I	SI1	3,102,530	2013.11	294939
10.12	H	VS1	2,712,000	2013.5	188146
10.02	G	VVS1	2,682,338	2013.5	267984
10.24	E	VS2	2,614,538	2013.4	267698
10.03	H	VS2	2,378,498	2013.5	255325
17.03	W	VVS2	1,971,890	2013.11	237138
14.49	Y	VVS1	1,770,818	2013.5	115789
16.47	M	VS2	1,726,058	2013.4	122209
10.02	H	VS1	1,663,200	2013.5	165988
10.11	J	SI2	1,164,000	2013.5	115133
12.86	U	VVS2	1,080,000	2013.5	83981

2013 年 10ct 以上白钻分析

等级	总平均 （万人民币/克拉）	分析	备注
D，FL	160	118ct,159万/ct;101ct,161万/ct	2颗，都上一百克拉，内部与外部都无瑕疵
	149	28ct,149万/ct	1颗
D，IF	85	56万～100万/ct	100万/ct，行情算合理；56万～78万算捡漏
D，VVS1	97	26ct,104万/ct；30ct,90万/ct	平均在100万/ct左右
	73	53万～87万/ct	5颗，同一年价差很大，与重量大小无关
D，VVS2	65	68万/ct,60万/ct	2颗，价差不大，约平均65万/ct
D，VS1	57		1颗
D，VS2	38		D、VS1,价差为20万/ct,相当大
E，SI1	31		
F，IF	77	21ct,77万/ct	
F，VS1	45	17ct,45万/ct	
F，VS2	68	32ct,68万/ct	
G，VS1	42		
H，IF	29		
H，VVS1	33		
H，VS1	21	26万/ct，16万/ct	
H，VS2	23		
I，VS1	28		
I，SI1	18		
J，SI2	11		
K，VS2	17		
M，VS2	10		
U，VVS2	8		
W，VVS2	11		
Y，VVS1	12		

表3 2014年苏富比和佳士得全球白钻拍卖价格情况

Carat	Colour	Clarity	RMB	RMB/ct
26.14	D	VS2	22803990	872379
24.2	D	VS2	15781590	652132
10.74	D	IF	12016960	1118898
19.24	F	IF	10564950	549114
21.01	D	VVS2	9060150	431230
10.06	D	IF	8768226	871593
28.13	I	VS2	8495850	302021
11.03	S	VVS1	8307750	753196
10.02	D	IF	7702360	768699
11.09	E	VVS2	6577230	593078
10.38	D	VS1	6351510	611899
11.54	G	IF	6264160	542821
10.93	D	VVS2	5537925	506672
13.28	D	VVS2	5448630	410288
17.34	H	VS1	4696230	270832
19.46	K	VS2	2858200	146876
11.3	I	VS2	2263000	200265
13.84	K	VVS2	1761870	127303
10.038	E	SI1	1733830	172727
10.1	I	SI	1295800	128297
10.58	H	SI2	1147000	108412
12.55	N	VS2	858990	68445
10.03	E	IF	379335	37820

2014年10ct以上白钻分析

等级	总平均 (万/克拉)	分析	备注
D，IF	91	91	3颗，76万—111万
D，VVS	45	45	3颗，D，VVS2，41万—50万/ct
D，VS	68	20ct以上，76万/ct	3颗，20ct以上，65万—87万/ct;
		20ct以下，61万/ct	20ct以下，61万/ct
E，VVS2	59	59	1颗，E，IF平均3万/ct不合理
F，IF	54	54	1颗
G，IF	54	54	1颗
H，VS1	27		
H，SI2	10		
I，VS2	30		
I，SI	12		
K，VVS2	12		
K，VS2	14		
N，VS2	6		

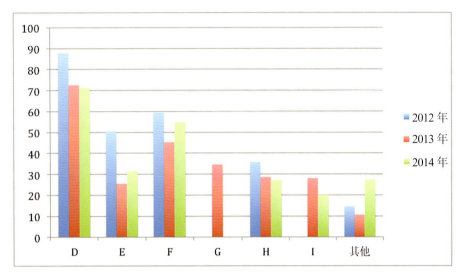

图 1. 10-20ct 白钻平均克拉单价（均为 VS2 级别以上，单位：万元）　　（图表提供 徐立）

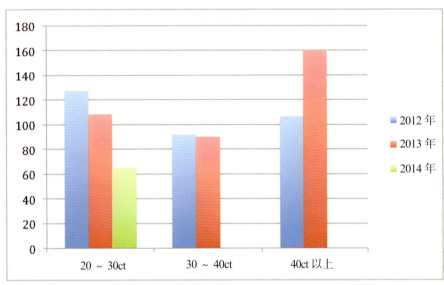

图 2.　D 色大钻平均每克拉单价（单位：万元）　　　　　（图表提供 徐立）

苏富比与佳士得钻石投资分析（10 克拉以上）

徐立 / 文

1. 拍卖行选择的钻石净度级别 65% 以上都是 VVS2；

2. 由于大钻颜色明显，价值高的 60% 以上都是 D 色；

3. 拍场上高价值单品的偶然性非常地大，所以存在很大的机遇；

4. 由于人民币对美元、瑞士法郎逐年走强，所以人民币每克拉钻石价格不升反降，证明国外买大钻的优势十分明显；

5. 2014 年共 23 颗，其中 10 ~ 20ct 的白钻有 19 颗，20 ~ 30ct 有 4 颗。

D 色 9 颗，E 色 3 颗，F 色 1 颗。净度 VVS2 以上 11 颗。

2013 年白钻超过 10 克拉白钻的有 43 颗，10 ~ 20ct 共 31 颗，20 ~ 30ct 6 颗，30 ~ 40ct 2 颗，40ct 以上 2 颗。其中 D 色 20 颗，E 色 2 颗，F 色 3 颗。净度 VVS2 以上 22 颗。

2012 年拍卖 10 克拉以上白钻共 21 颗，其中 10-20ct 共 15 颗，占了七成左右，20-30ct 有 3 颗，30-40ct 有 2 颗，40ct 以上 1 颗。D 色 9 颗，占了四成左右，E 色 2 颗，F 色 1 颗。净度 VVS2 以上 13 颗，占了六成左右。

2012—2014 年 10 克拉以上白钻价格对比

等级	2012年	2013年	2014年	备注
D，FL		154万/ct		2013年每颗钻石超过100ct
D，IF	109万/ct	85万/ct	91万/ct	有增有减
D，VVS1	91万/ct	85万/ct	45万/ct	逐年递减
D，VVS2		65万/ct		2012年和2014年都无带等级的白钻
D，VS1		57万/ct	68万/ct	这两年处于增加阶段
D，VS2	47万/ct	38万/ct		前两年处于递减状态
E，SI1		31万/ct		只有这一颗
E，VVS2			59万/ct	只有一颗
E，VS1	50万/ct			同样只有一颗
F，IF	59万/ct	77万/ct	54万/ct	有增有减
F，VS1		45万/ct		只有一颗
F，VS2		68万/ct		只有一颗
G，VS1		42万/ct		只有一颗
G，IF			54万/ct	只有一颗
H，IF		29万/ct		只有一颗

2012—2014 年 10 克拉以上白钻价格对比

等级	2012年	2013年	2014年	备注
H，VVS1	38万/ct	33万/ct		只有一颗
H，VVS2	32万/ct			只有一颗
H，VS1		21万/ct	27万/ct	后两年价格处于递增状态
H，VS2		23万/ct		只有一颗
H，SI2			10万/ct	只有一颗
I，VS1		28万/ct		只有一颗
I，VS2			30万/ct	只有一颗
I，SI1		18万/ct	12万/ct	后两年价格处于递减状态
J，SI2		11万/ct		只有一颗
J，VS2	26万/ct			只有一颗
K，VVS2	13万/ct		12万/ct	处于递减的状态
K，VS2	10万/ct	17万/ct	14万/ct	有增有减
K，I1	3.9万/ct			只有一颗
L，VS2	15万/ct			只有一颗
M，VS2		10万/ct		只有一颗
N，VS2			6万/ct	只有一颗
U，VVS2		8万/ct		只有一颗
W，VVS2		11万/ct		只有一颗
Y，VVS1		12万/ct		只有一颗

分析：从 2012 年到 2014 年苏富比与佳士得 10 克拉以上白钻价钱对比表可以发现，多数钻石的等级单一，参考的数据不多，但是仍然可以归纳出整体的每克拉平均单价。这些数据对于投资收藏大克拉白钻的收藏家来说还是有参考价值的。

整体来说，2013 年的价钱是最高的，其次这三年来有涨有跌，大体的趋势是 2014 年价钱比前两年来讲是下滑的。这肯定跟全球与国内景气有很大的关系。

最后总结：

苏富比、佳士得 2012 ~ 2014 10 克拉以上白钻拍卖分析

颜色	净度	平均单价（万人民币 /ct）
D	FL	150/ct
D	IF	90 ~ 105/ct
D	VVS	65 ~ 90/ct
E	VVS ~ VS	55 ~ 60/ct
F	VVS ~ VS	50 ~ 60 /ct
G	VVS ~ VS	40 ~ 45 /ct
H	VVS ~ VS	25 ~ 30/ct
I	VVS ~ VS	20 ~ 25 /ct
J—K	VVS ~ VS	10 ~ 17/ct
L—Y	VVS ~ VS	6 ~ 12/ct

这个价位只为给大家一个价格参考依据，让大家心里有底。投资都有风险，买卖当中难免会有损失。因此，投资要谨慎，绝对不盲从，也不要过度膨胀。祝大家都能在拍卖收藏中获利，旗开得胜。

2012～2014年苏富比与佳士得彩色钻石拍卖分析

1. 纵观 2012 年、2013 年与 2014 年苏富比与佳士得拍场，彩色钻石的占比基本不变，见下图：

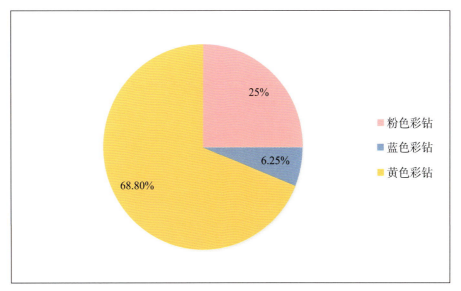

图 1　2012 年彩色钻石数量占比　　　　　　　　　　　　（图标提供 徐立）

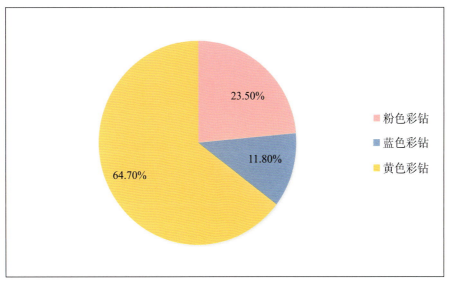

图 2　2013 年彩色钻石数量占比　　　　　　　　　　　　（图标提供 徐立）

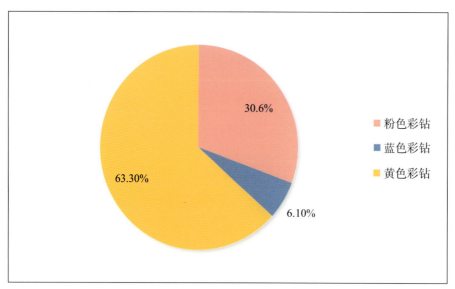

图3 2014年彩色钻石数量占比 （图标提供 徐立）

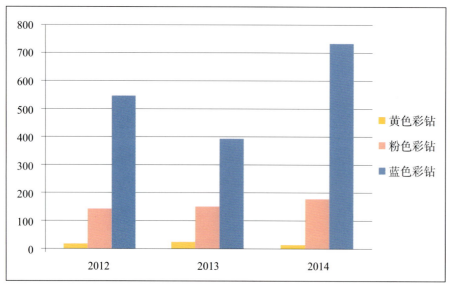

图1 彩色钻石每克拉单价对比图（万元）

（注：没有区分品质，不同颜色、不同重量、不同净度的情况下的每克拉的单价，这样粗略地计算，得出蓝色彩钻最贵；粉红色彩钻次之；排在最后的是黄色彩钻。）

◆ 粉红色彩钻

表1 2012年粉红色彩钻拍卖情况

Carat	Colour	RMB	RMB/ct
3.28	FVP	20821900	6348140
6.03	FP	6798100	1127380
3.09	FI-Orange-Pink	4838740	1565935
5	F-Orange-Pink	3972100	794420
3.56	FLP	1991660	559455
3.15	FLP	1991660	632273
1.24	LP	294375	237399
1.7	Fancy-Brownish-Purplish	274750	161618

表2 2013年粉红色彩钻拍卖情况

Carat	Colour	RMB	RMB/ct
0.51	FV-Purolish-Pink	2095315	4108461
3.09	LP	979600	317023
4.06	FLP	1453600	358030
2.35	FO-P	1813670	771774
2.54	LP	1169200	460315
4.12	FO-P	3070050	745158
5.63	FLP	2686000	477087
12.85	Fl- Purple-Pink	9146850	711817
10.61	FLP	7627650	718911
13.19	LP	9037600	685186
8.28	FO-P	4969050	600127
59.6	FIP	483137250	8106330

表3 2014年粉红色彩钻拍卖情况

Carat	Colour	RMB	RMB/ct
1.5	FIP	3283280	2188853
2.06	FVP	10016000	4862136
3.43	FLP	2401600	700175
4.02	FLP	1169200	290846
4.03	FLP	1358800	337171
5.2	FLP	195272	37552
5.91	FLP	11303600	1912623
6.27	FLP	5245600	836619
7.76	FLP	1785400	230077
8.05	FLP	3634000	451429
9.38	FLP	3637160	387757
11.11	FLP	18976000	1708011
10.11	FLP	22560000	2231454
12.07	FP	41196800	3413157
5.23	FIP	37582160	7185881

苏富比、佳士得 2012 ~ 2014 粉红色彩钻分析表格

钻石的颜色	英文	简写	数量（颗）
艳粉红色	fancy vivid pink	FVP	3
艳粉红带紫色	fancy vivid purplish-pink	FVP-P	1
浓粉红色	fancy intense pink	FIP	3
浓橘粉红色	fancy intense orange- pink	FIO-P	1
粉红色	fancy pink	FP	2
橘粉红色	fancy orange- pink	FO-P	4
淡粉红色	fancy light pink)	FLP	16
淡紫粉红色	fancy light purple-pink	FLP-P	1
粉红带棕紫色	fancy brown-purplish pink	FB-PP	1
淡粉红色	light pink	LP	3

粉红色彩钻石分析

由拍卖数量来看，2012 年 8 颗；2013 年 12 颗；2014 年 15 颗；逐年递增。

就重量分析

1 克拉下 1 颗。1 克拉, 3 颗。2 克拉, 2 颗。3 克拉, 5 颗。4 克拉, 4 颗。5 克拉, 5 颗。6 克拉, 2 颗。7 克拉, 1 颗。8 克拉, 2 颗。9 克拉, 1 颗。10 克拉, 2 颗。11 克拉, 1 颗。12 克拉, 2 颗。13 克拉, 1 颗。59 克拉, 1 颗。能上拍卖就相当珍贵，要注意的是，彩钻还是着重在颜色，克拉数为辅。从投资收藏眼光来看，一克拉以上粉红色彩钻石就可以入手。但是粉红色彩钻石光从稀有程度来看，基本上要 2 ~ 4 克拉算稀少。5 ~ 9 克拉极稀少。10 克拉以上相当罕见。可以提供给读者一个参考信息。

就颜色分析

FVP 艳粉红色彩钻 (fancy vivid pink) 3 颗

FVP-P 艳粉红带紫色彩钻 (fancy vivid purplish-pink) 1 颗

FIP 浓粉红色彩钻 (fancy intense pink) 3 颗

FIO-P 浓橘粉红色彩钻 (fancy intense orange- pink) 1 颗

FP 粉红色彩钻 (fancy pink) 2 颗

FO-P 橘粉红色彩钻 (fancy orange- pink) 4 颗

FLP 淡粉红色彩钻 (fancy light pink) 16 颗

FLP -P 淡紫粉红色彩钻 (fancy light purple-pink) 1 颗

FB-PP 粉红带棕紫色彩钻 (fancy brown-purplish pink) 1 颗

LP(light pink) 淡粉红色钻石 3 颗

从收藏眼光来看，FVP最贵最难得，这不是一般财力可以收藏，通常是身家上百亿以上有国际眼光的企业财团。对于土豪或煤老板这些人来说，钻石太小又不起眼，还不如买劳斯莱斯或者游艇与私人飞机。其次比较难得的是FIP，再来是FP，最后是FLP，FLP也是数量最多的颜色。

就粉红彩钻收藏眼光来说，投资LP获利不大，除非它大颗又干净。除了上述主要颜色外，粉红彩钻还会夹杂其它伴色。其中以粉红带紫色(purplish pink)与粉红带橘色(orangy pink)较受到欢迎。有些时候伴色也会同时带紫-橘-粉色。若是带棕(brown)粉色调就比较不讨喜，价位就会偏低。除非眼光非常挑剔。一般来说，带橘或带紫的粉红色彩钻还是有很多人喜欢的。有些人接触过一些微信圈收藏家，就不喜欢带伴色，真是见仁见智。

FVP艳粉红色彩钻分析

从2012年到2014年苏富比与佳士得只有三颗这样高等级艳粉红彩钻拍卖。2013年0.51ct FV-purolish -pink，拍出约410万/ct RMB的佳绩，真是令人乍舌。2012年3.28ct FVP拍出约634万/ct RMB，2014年2.06ct FVP拍出约486万/ct RMB。明显下降148万/ct。原因或许是克拉数小一点，以及全球经济不景气，也有可能禁奢令等因素，高端奢侈品在此时有点力不从心的感觉。这三颗彩钻平均单价为510万/ct RMB。在2015年我们将要持续观察FVP艳粉红色彩钻成交单价，看其会不会高出500万/ct。

FIP浓粉红色彩钻分析

2012～2014年共有三颗FIP彩钻拍出。2012年3.09ct，FIO-P，拍出约156万/ct RMB。2014年1.5ct，FIP彩钻拍出约218万RMB，平均187万/ct。2015年若是FIP拍出200～250万/ct就是维持正常水平。若是超过300万/ct就是买家抢标，将价格拉抬上来。另一颗59.6ct，FIP椭圆形彩钻，拍出惊人天价，约810万/ct，瞬间其他的宝石就逊色了。难得有这么大如鸽子蛋的彩钻，光彩夺目，一个世纪难得能找到一颗。因此未来价钱也是难以预估，只能说大就是任性，多数买家只有远远看的份，静静地欣赏，拥有者必定是全世界最幸运的公主。

FIP彩钻拥有者也是相当有来头，可能是知名企业家买给妈妈或媳妇当作生日礼物；或者是某国际影星、歌星的求婚钻戒；也许是名牌珠宝公司收藏作为镇店之宝……戴上它出席各种场合必定是众人艳羡眼光与镁光灯闪烁的焦点。

FLP 淡粉红色彩钻分析

　　FLP 淡粉红色钻石从 2012 年到 2014 年共拍出 16 颗。2012 年 2 颗，2013 年 4 颗，2014 年 10 颗。每年都有递增的趋势。其中，2012 ～ 2013 年 1 ～ 4 克拉淡粉红色钻石，平均单价在 358030 ～ 632733/ct RMB 之间，总平均 49 万 /ct RMB。5 ～ 9 克拉 477087/ct RMB，平均 47 万 /ct RMB。超过 10 克拉以上有两颗，平均单价在 71 万 /ct RMB 左右。

　　2014 年 1 ～ 4ct，平均单价 29 万 ～ 70 万 /ct RMB，总平均 44 万 /ct RMB。5 ～ 9ct 平均单价 23 万 ～ 191 万 /ct，删除过低 3 万 /ct 与太高价 191 万 /ct，总平均约 47 万 /ct RMB。

　　10ct 以上有两颗，平均单价 170 ～ 223 万 /ct，总平均 196 万 /ct RMB。

　　要注意 1 ～ 4ct，2013 年从 49 万 /ct 到 2014 年约 44 万 /ct，没涨反而跌。2013 年与 2014 年 5 ～ 9 克拉平均都是 47 万 /ct，是持平的局面。2013 年 10 克拉以上平均是 71 万 /ct。2014 年 10 克拉以上平均是 196 万 /ct。一年之间上涨 1.76 倍。因此投资 FLP 淡粉红色钻石还是要以 10 克拉以上为优先选择。

FO-P 橘粉红色彩钻

　　2012 ～ 2013 年共有 4 颗拍卖。重量在 2 ～ 8ct 左右。成交价在 60 ～ 79 万 /ct，平均 72 万 /ct RMB。2012 年 ～ 2013 年从 79 万 /ct ～ 70 万 /ct RMB。橘粉红色钻石本来就比较少，而且很受消费者欢迎，我觉得还是有升值空间，如果克拉数能超过 10 克拉的话，应该有机会突破 100 万 /ct。

LP 淡粉红色钻石

　　2012 年 ～ 2013 年共有 3 颗 LP 钻石拍卖。1 ～ 2 克拉单价在 23 ～ 46 万 /ct，相差一克拉，每克拉单价涨一倍。超过 10 克拉的 LP 钻石，平均约 68 万 /ct RMB。提供给未来投资者做参考。

苏富比、佳士得 2012 ～ 2014 粉红色彩钻价格分析

颜色	重量 （单位：克拉）	价格/克拉 （单位：万人民币）	平均价格/克拉 （单位：万人民币）	备注
FVP 艳彩粉红		410 ～ 634	510	
FIP 浓彩粉红		156 ～ 218	187	59.6克拉，810万/ 克拉例外

颜色	重量 （单位：克拉）	价格/克拉 （单位：万人民币）	平均价格/克拉 （单位：万人民币）	备注
FLP 淡彩粉红	1～4	44～49	46.5	1—9克拉价差不大，超过10克拉每克拉超过100万
	5～9	47	47	
	10克拉以上	71～223	154	
FO-P 橘粉红色	2～8	60～79	72	OP比LP贵，比IP便宜
LP 淡粉红色	1～4	23～46	34	LP比FLP便宜，5克拉以下平均价格30几万/克拉超过10克拉，价格超过50万/克拉
	10克拉以上	68	68	

粉红色彩钻约略的价位

等级	RMB万/克拉
Faint	6～12
Very light	18～24
Light	30～36
Fancy light	42～48
Fancy	54～60
Fancy intense 、 Fancy deep	60～180
Fancy vivid	180～1200

实际价位依条件而定，本表仅为方便记忆做约略的区分。
参考樊成老师《钻石鉴定全书》307页"彩色钻石约略价位"。

蓝色彩钻分析

表1　2012年蓝色彩钻拍卖情况

Carat	Colour	Rmb	RMB/Carat
8.01	FVB	81658060	10194514
1.15	F-Greyish-Blue	844660	734487

表2　2013年蓝色彩钻拍卖情况

Carat	Colour	RMB	RMB/Carat
1.08	FVP	3559250	3295602
1.35	FB	2630750	1948704
3.04	FIB	13303600	4376184
1.16	FLB	735062.5	633675
5.04	FVB	38619330	7662565
5.51	FIB	31529730	5722274

表3 2014年蓝色彩钻拍卖情况

Carat	Colour	RMB	RMB/Carat
1.06	FVB	2686000	2533962.264
5.5	FVB	49798400	9054254.545
13.22	FVB	137248000	10381845.69

苏富比、佳士得2012～2014蓝色彩钻分析

颜色等级	重量（ct）	平均万人民币/ct
FLB（淡蓝彩钻）	1	63
FGB（蓝色带灰彩钻）	1	73
FB（蓝色彩钻）	1	194
FIB（蓝色浓彩钻）	3	437
	5	572
FVPB（艳蓝带紫色彩钻）	1	329
FVB（艳蓝色彩钻）	1	253
	5	766～905
	8	1019
	13	1038

黄色彩钻分析

表1 2012年黄色彩钻拍卖情况

Carat	Colour	RMB	RMB/ct
23.02	FVY	11771860	511375
32.91	FY	5349500	162549
15.92	FY	4164380	261582
21.73	FIY	3738900	172062
18.44	FIY	3571820	193700
7.29	FVY	2979260	408678
14.74	FIY	2577940	174894
8.17	FVY	2313300	283146
11.88	FY	1991660	167648
12.48	FIY	1917300	153630
9.38	FIY	1600500	170629
5.2	FVY	1522900	292865
8.41	FIY	1300340	154618
3.3	FVY	769300	233121
5.36	FIY	731620	136496
6.42	FY	656260	102221

Carat	Colour	RMB	RMB/ct
7.62	FY	650100	85315
7.38	FY	610500	82724
2.07	FVY	370350	178913
3.04	FVY	324500	106743
4.62	FY	314000	67965
2.47	FVY	255125	103289

表2 2013年黄色彩钻拍卖情况

Carat	Colour	RMB	RMB/ct
20.8	FVY	30111810	1447683
74.53	FY	18059490	242312
17.66	FVY	6857200	388290
5.03	FVY	5119130	1017720
37.52	FY	4589250	122315
6.16	FVY	4582000	743831
7.03	FVY	4108000	584353
26.99	FY	3728800	138155
18.18	FY	2970400	163388
20.03	FY	2690250	134311
12	FIY	2006610	167218
7.37	FVY	1739390	236009
13.87	FIY	1322970	95384
7.39	FY	1074400	145386
7.02	FIY	1070870	152546
7.82	FIY	1019130	130324
4.25	FIY	996590	234492
6.12	FIY	996590	162842
2.63	FVY	959450	364810
9.01	FY	959450	106487
3.67	FIY	903760	246256
5.62	FIY	867210	154308
3.4	FIY	712125	209449
6.31	FY	641875	101723
5.49	FY	609715	111059
5.08	FIY	609715	120023
4.15	FIY	593438	142997
10.3	LY	592500	57524
3.08	FIY	464250	150731
4.08	FIY	328844	80599
5.01	FY	326200	65110
2.19	FVY	232125	105993
1.51	FVY	139275	92235

表 3 2014 年黄色彩钻拍卖情况

Carat	Colour	RMB	RMB/Carat
3.04	FVY	2720000	894737
6.84	FVY	2396240	350327
16.57	FIY	2105600	127073
12	FIY	1875200	156267
7.35	FVY	1730960	235505
6.6	FVY	1721600	260848
12.81	FY	1643200	128275
5.02	FIY	1548400	308446
15.15	FLY	1169200	77175
4.37	FIY	1139600	260778
6.8	FY	1028720	151282
8.42	FIY	991760	117786
5.99	FVY	843920	140888
7	FY	731500	104500
4.76	FIY	693000	145588
6.06	FIY	693000	114356
6.32	FY	654500	103560
4.84	FIY	624000	128926
7.25	FY	577500	79655
12.08	FIY	539000	44619
6.01	FY	500500	83278
6.15	FY	462000	75122
5	FIY	440000	88000
3.56	FIY	414750	116503
2.49	FIY	301800	121205
2.11	FIY	223300	105829
4.2	FY	197500	47024
1.72	FY	118500	68895
7.25	FIY	97960	13512
5.39	FIY	79000	14657
1.87	FY	44013	23536

苏富比、佳士得 2012 ~ 2014 艳黄彩钻分析

FVY	总平均 万/克拉	1~4.9克拉 平均万/克拉	5~9.9克拉 平均万/克拉	10克拉以下 平均万/克拉	10克拉以上 平均万/克拉	备注
2012	26	15	32	22	51	
2013	76	18	64	52	96	
2014	37	89	24	37	无	

苏富比、佳士得 2012～2014 黄彩钻分析

FY	总平均 万/克拉	1～4.9克拉 平均万/克拉	5～9.9克拉 平均万/克拉	10克拉以下 平均万/克拉	10克拉以上 平均万/克拉	备注
2012	13	6	9	8	18	
2013	16	无	10	10	18	
2014	8	4	9	8	12	

苏富比、佳士得 2012～2014 浓黄彩钻分析

FIY	总平均 万/克拉	1～4.9克拉 平均万/克拉	5～9.9克拉 平均万/克拉	10克拉以下 平均万/克拉	10克拉以上 平均万/克拉	备注
2012	17	无	15	15	17	
2013	14	14	14	15	12	
2014	12	14	10	13	10	

从上图可以看出，粉红色彩钻的价格是稳步上涨的。2013 年情况较为特别，黄钻价格增加；而蓝色彩钻价格下跌。

Tip

因为黄色彩钻拍卖的数量太多，再加上考虑到不同等级的净度，所以我们只能按照颜色与重量来区分，没有办法按照颜色和净度来区分。重量为 1～4.99 克拉、5～9.99 克拉、10 克拉以上的钻石区分，去比价的时候，先给自己看上的钻石按照重量、颜色定性，再比价，这样比较科学。

7 钻石鉴定去哪儿进修

有幸于 2014 年初到上海拜会了 GIA、HRD、IGI 等机构，与主要授课老师进行意见交流。常常有学员与粉丝问我想学钻石鉴定该去哪儿学好？我通常会与对方沟通，您学完之后想做什么？是想做教学鉴定，还是去珠宝店上班，抑或是自己创业。其中牵涉到学期时间长短、学费高低、学习内容难易程度等问题。

GIA 美国宝石学院

基本上时间与学费可能是最大考虑。如果经济许可，毋庸置疑当然学 GIA 钻石分级鉴定，因为它在珠宝业比较有名气。我大学同学目前就在 GIA 任职。至于是在美国学 GIA，还是在国内学就看自己的经济条件与语言能力了。每年从世界各地 GIA 毕业的学生相当多，因此 GIA 毕业证书并不代表就是就业保证。

据我了解，许多报名 GIA 课程的学员都是珠宝业第二代或者是富二代，家族有雄厚的财力支持。未来都是从事高级珠宝会所订制、珠宝连锁店的工作。如果家里不允许开业的话大多进入国内外珠宝拍卖行上班或者自己成立工作室。也有少数人学习只是兴趣，想多了解钻石分级知识，对于未来尚无规划。或许是想买钻石不会吃亏上当，跟朋友聊天有钻石的专业背景而已。

在台湾地区也有许多 GIA 毕业的校友，就开起珠宝鉴定所与教学机构，只要有营业登记就可以。店家或消费者愿意将钻石与宝石送来鉴定，就有办法运营。GIA 校友会每年都会办研讨会，邀请世界专家演讲珠宝相关专题，也会办各种宝石考察之旅，以及年会与春酒等联谊活动，不外乎就是要加强校友之间的珠宝交流，也可以增加专业知识。

美国宝石学院（GIA）是一所成立于 1931 年，集教学、研究与鉴定的非盈利的科研及教学机构，GIA 所开创的著名的 4C 钻石评估和国际钻石分级系统，至今都深受全球专业珠宝家、资深钻石买家的认同和尊重，GIA 的宗旨是通过教育、研究、鉴定服务及仪器发展，确保珠宝业能达到最高的诚信、学术、科学及专业水平，从而获得大众的信赖。GIA 被认同为世界宝石及钻石鉴定中最可信赖的名字，为世界珠宝业界所推崇。

GIA 钻石证书课程（国际合作课程）中国分部主要设在北京和上海。

北京国检珠宝培训中心是 GIA 上课地点，而在上海，GIA 自 2011 年首次在中国内地与上海交通大学开展全日制教育合作至今已三年有余，合作成果显著。课程培训内容主要包括 GIA 钻石分级体系，分级仪器的使用，净度分级特征的观察与制图，颜色分级，彩色钻石，花式切工钻石的分级等。完成系列钻石课程后将获得国际认可的"GIA 钻石毕业文凭"（Graduate Diamond Diploma）。

培训方式：函授加面授

北京招生热线：010-88187375、88187255/7355/7353/7253

上海报名电话：021 -52585880, 021 –52585800

HRD 钻石分级课程

HRD 的钻石证书在欧洲与香港有很大的占有率，全世界证书占有率与知名度仅次于 GIA 证书。假如您想拿一张欧洲有名气的鉴定执照，那我会推荐 HRD 鉴定课程。

高级钻石分级师课程是 HRD 珠宝学院的经典课程之一，HRD 安特卫普教育机构提供培训课程所需的设备及钻石样本，采用实物教学。参加培训者可在培训过程中学习理论与实践相结合的钻石知识。主讲教师来自 HRD 宝石学院，课程采用英语教授并附中文同声翻译，学员参加严格、系统的培训，通过钻石分级课程理论和实践考试后，将获得 HRD 安特卫普教育颁发的"注册钻石分级师资格证"。此证书在世界范围内获得认可，在国际珠宝界亦享有盛誉。

目前 HRD 在中国内地唯一官方培训机构设在广州，一个班总人数控制在 15 ~ 20 人，全年开课，人满即可开班，培训结束后进行理论与实践考试，理论考试主要为选择题，实践考试则是钻石分级及鉴别，考试合格的学员将获得"HRD 认证高级钻石分级师"证书。

该培训细致入微，涉及实际钻石样本检测及贸易的各方面，使学员对钻石充分理解的同时，能紧扣国际、国内钻石市场，是培养实战型知识人才的基地，性价比极高。此外，获得 HRD 证书的同时，培训者还可以参加 HRD 毕业生俱乐部，与宝石家、著名珠宝商、钻石专业人在俱乐部进行交流和会面。

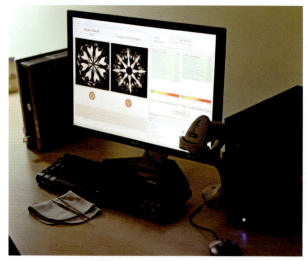

钻石内部构造图

黄光下钻石比色

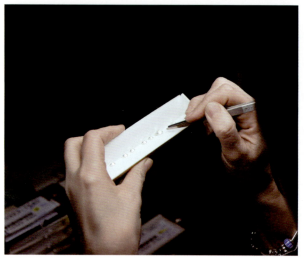

白光下钻石比色

钻石切磨

（图片提供 HRD）

IGI 钻石课程

　　IGI 除了有宝石课程外，还有钻石分级与钻石原石等课程。它优点就是上课时间较短，且注重实际鉴定操作，对于想拿到国际证照，又不想放弃现有工作者，实在是一大福音。我有几位好友，都是到上海 IGI 进修。IGI 不论设备、师资、环境都相当不错，就在上海钻交所旁。越来越多的人都选择到 IGI 进修，主要考虑学费与修课时间。详细情形得查询 IGI 教学中心。

　　IGI 也在不断致力于提高整个珠宝行业的专业水平，目前已在 10 个不同国家或地区建立了宝石学校，为业内人士和珠宝爱好者提供专业课程。IGI 坚持小班教学，不同课程人数都设有上限，每位学员都能够与导师进行充分交流。课程时长一般在一个月内，内容着重强调实践操作的能力，适合无法长期离开工作岗位，又希望在短期内提高鉴定水平的人士。数十年来，从 IGI 的宝石学校走出了众多闻名世界的珠宝大师。

目前 IGI 上海分部作为 IGI 在内地的唯一官方机构，为各位学员提供精钻鉴定师、彩色宝石鉴定师和钻石原石鉴定师课程。修完所有三门课程并通过考核的学员将获得由 IGI 比利时总部签发的研究宝石学家证书（IGI, G.G.），该证书是世界上接受程度最广泛的行业资格认证之一。

除了针对个人的课程，IGI 也开设讲座和定制课程，客户包括各国政府机构和国际著名珠宝品牌。从 2008 年开始，IGI 上海分部在中国内地地区开展"零售支持计划"，为众多珠宝品牌培养了大批专业的销售精英和珠宝管理人才，有效提高了中国珠宝行业的整体水平。

IGI 官网： http://www.igiworldwide.com

IGI 上海分部联系方式： Tel: 021-38760730　　Fax: 021-38760731

E-mail: shanghai@igiworldwide.com

IGI 钻石原石课程 钻石原石标本

钻石原石标本分类

各种不同结晶形态的钻石原石

钻石表面三角形的生长纹

钻石原石在紫外荧光灯下的荧光反应，有强烈的黄绿荧光和蓝紫荧光

IGI 在安特卫普的鉴定室（LAB Antwerp）

IGI 在曼谷的鉴定室（lab_bkc）

学员在练习看钻石的结晶与分类

精钻鉴定课程

珠宝设计课程

珠宝设计课程绘图

（以上图片均为 IGI 提供）

FGA 英国皇家宝石学院 DGA 钻石课程

英国宝石协会和宝石检测实验室 (Fellowship of Gemological Association and Gem Testing Laboratory of GreatBritain) 成立于 1908 年。1931 年成为独立的机构。它是世界上最老的宝石协会。目前坐落在伦敦市靠近海顿公园的一座建筑中，有教育办公室和辅导中心、会员资格办公室、宝石检测实验室以及宝石仪器公司。

通过学习钻石鉴定分级课程可获得钻石学证书，成为英国宝石协会会员后可以使用 DGA 称号。宝石检测实验室是世界上最早成立的，它开展了早期的珠宝专门鉴定并继续到今天。目前 FGA 全球毕业人数与 GIA 毕业生都在珠宝业举足轻重。1990 年协会与宝石检测实验室合并，成为英国宝石协会和宝石检测实验室 (GAGTL)，2001 年起以 Gem-A 标示取代了原来的缩写。这个机构致力于推动宝石学研究，学员通过考试获取证书的教育体系。

英国宝石协会于 1913 年颁发了首份宝石学证书，1921 年首次开设了宝石学函授课程，1990 年起开设了独立的钻石学课程。目前，英国宝石协会在全球共设有 50 多个联合教学中心（ ATC ），其中设在中国的有：中国地质大学武汉珠宝学院 开设 FGA 和 DGA 课程；中国地质大学（北京）珠宝学院 开设 FGA 课程；桂林理工大学 开设 FGA 课程；上海同济大学 开设 FGA 课程；广州中山大学 开设 FGA 课程；北京中国工美总公司高德珠宝研究所 开设 DGA 课程。

以上各联合教学中心均使用由陈钟惠老师翻译、中国地质大学出版社出版的英国宝石协会教程中译本，全程用汉语教学。参加英方每年两次（一月和六月）全球统一的考试，目前考试由英国宝石协会委托英国驻中国大使馆派专人监考。阅卷人员有专门的汉语阅卷者，当然你也可以用英文作答。每次考试后成绩合格者由英方颁发证书。在考试中成绩特别突出者或获得当次考试全球最高分者，经阅卷人员讨论通过会给予一定的奖励和一封成就函。凡申请成为会员并每年缴纳会费者，可在自己姓名后面加上 FGA 或 DGA 头衔，可收到英国宝石协会提供的每年 4 期的宝石学杂志《 The Journal of Gemmology 》和珠宝快讯《 Gem &JewelleryNews 》。

在中国香港和中国台湾的台北、台中市、高雄以及在新加坡也设有用汉语教学和考试的若干个联合教学中心。在台北，吴照明老师是最早将

ASULIKEIT 古董典藏系列古董铂金镶钻石蓝宝石手镯 Deco
1930 年　钻石 25ct　蓝宝 Pt　单价 877500 元人民币（图片提
供 ASULIKEIT 高级珠宝）

FGA 与 DGA 课程引进来教授学员的。

　　TIP 英国宝石协会的 FGA 课程分为基础课程和证书课程两部分，只有通过基础课程考试的考生才有资格参加考试获取 FGA 证书。但经英方认可，凡获得武汉珠宝学院颁发的 GIC 证书者可免试基础课程，直接参加证书课程考试。学习 FGA 课程之前需要经过仔细考虑，很多朋友都中途而废。也有许多朋友考了两三次都没通过。我很佩服有些学员请假或者离职专心考试，甚至挺着九个月大肚子来应考。早年我也有荣幸受邀在台湾地区当 FGA 的监考老师，知道这考试理论基础要相当强，其中需要记忆熟背的光谱、折光率、比重、光学特性、致色原因、钻石的分类等，相信对超过四十岁以上的朋友都是脑力考验。尤其是证书课程需要写申论题，如果没有全盘融入，恐怕难以通过严格考试。

　　以上 FGA 相关资参考网站：http://baike.baidu.com/link?url=3TQcj7kZPabzOycHJ9KnB8r3ifUFsXYd7nsQZTdYkK0geKQHQFj1Gil_1KZvkZUwM4gkunwzJDwnO7lIhLKBEa

FGA 每一年全球培育了无数的珠宝与钻石鉴定师，论严格与课程内容深度，FGA 兼而有之，想挑战自己实力者，可以来报名。毕业的这些精英都投入珠宝行业，与 GIA 毕业生不相上下。课程主要介绍钻石成因、开采、回收、原石分级、加工到钻石挑选、钻石 4C、优化处理、合成钻石制造与鉴定、仿冒品的区分。

课程将近四个月，每周上课两次，实习一次。在没比色石辅助下，只能靠记忆色石颜色做比色。瑕疵分级是用十倍放大镜。

考试分理论与鉴定两部分，理论是申论题，鉴定考十三颗钻石。目前台湾吴照明老师有教 DGA 课程。有课程问题可以联络 info@fga-fga-gem.com 咨询。

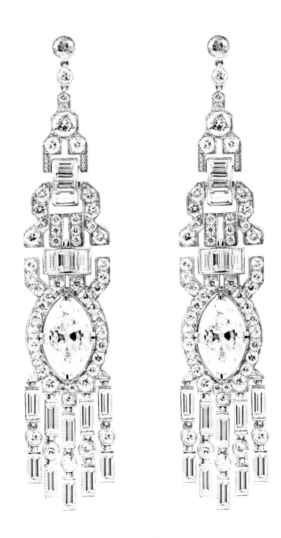

ASULIKEIT 古董典藏系列古董铂金钻石耳坠 Art Deco　钻石　1pc-1.69　F VS1　单价 768000 元人民币（图片提供 ASULIKEIT 高级珠宝）

8 进修行

◈ HRD 钻石的分级课程

DIAMOND COURSES

Certified Diamond Grading

钻石课程

认证钻石分级

　　HRD Antwerp认证钻石分级师课程提供理论和实践相结合的培训。通过此课程，学生将学会用显微镜和放大镜进行钻石4C分级。

　　通过培训，学生将会了解大多数的钻石仿制品，合成钻石及颜色、净度处理的钻石，认识并掌握一定的鉴别方法。

　　完成课程学习后，学生将参加理论和实践方面的考试，通过考试的学生将获得全世界认可的HRD Antwerp"认证钻石分级师"证书（CDG）。

课　　时	中　　国：2周（13天，休息1天） 安特卫普：3周
学员要求	至少年满18岁
目标群体	钻石交易商，珠宝商，设计师 钻石专家，评估者和分级师 钻石行业的销售经理，买手和求职者
学生数量	15～20人
课程简介	**第一周** • 钻石性质的基本介绍及4C概述：正确清洁钻石 • 钻石的光学理论：HRD钻石显微镜的应用 • 钻石有利和不利的观察方向：系统的检查每颗钻石 • 钻石的称重原则 • 钻石内部特征和外部特征的区别，画图所需的对应标记和符号 • 钻石的颜色分级 • 钻石净度处理的鉴别 • 钻石内含物大小，位置，对比度和影像数的测量 **第二周** • 钻石净度分级，及显微镜的应用 • 钻石10倍放大镜的应用 • 钻石切工分级与评估 • 切工比例，对称，抛光参数的评估 • 10倍放大镜下钻石评级 • 钻石仿制品，处理品与天然钻石的鉴别特征 • 异形钻基本概念 • 钻石实践训练巩固 　　- 运用显微镜的分级技巧；颜色和净度分级；10倍放大镜的运用；钻石仿制品和处理钻石的鉴别
上课时间	每天9:00～16:30（12:00～13:00午餐）
考试方式	理论考试：选择题 实践考试：钻石鉴定与分级（9颗石头）
证书/文凭	HRD Antwerp认证钻石分级师 证书
配套资料	钻石教科书 + 钻石工具包

HRD Antwerp 2015 课程时间表（安特卫普）

课程名称		期间	时间（英文）	上课地点	价格（含税）（/人）
成品钻课程	认证钻石分级	3周	2015/05/04-2015/05/22	安特卫普	2480.5欧元
			2015/06/29-2015/07/17	安特卫普	2662欧元
			2015/08/31-2015/09/18	安特卫普	2662欧元
			2015/11/16-2015/12/04	安特卫普	2662欧元
	钻石分级实践周	5天	2015/05/11-2015/05/13	安特卫普	339.3欧元
			2015/06/15-2015/06/19	安特卫普	665.5欧元
			2015/09/21-2015/09/25	安特卫普	665.5欧元
毛坯钻课程	成品钻分选课程/统包货	1周	2015/07/20-2015/07/24	安特卫普	822.8欧元
	毛坯钻基础分选	2周	2015/07/20-2015/07/31	安特卫普	2069.1欧元
			2015/09/21-2015/10/02	安特卫普	2299欧元
研习课程	彩钻、处理钻石和合成钻石	2天	2015/05/26-2015/05/27	安特卫普	653.4欧元
			2015/12/07-2015/12/08	安特卫普	653.4欧元
	红宝石、蓝宝石和祖母绿	5天	2015/08/24-2015/08/28	安特卫普	1028.5欧元
	钻石	1天	2015-6-29	安特卫普	121欧元
			2015-9-7	安特卫普	121欧元
			2015-11-9	安特卫普	121欧元
宝石学课程	宝石学基础课程	3周	2015/09/21-2015/10/09	安特卫普	3206.5欧元
	宝石学高级课程	3周	2015/10/12-2015/10/30	安特卫普	2904欧元
钻石首饰设计课程	基础课程	5天	2015/06/01-2015/06/05	安特卫普	907.5欧元
			2015/08/24-2015/08/28	安特卫普	907.5欧元
	高级课程	5天	2015/06/08-2015/06/12	安特卫普	907.5欧元
			2015/08/31-2015/09/04	安特卫普	907.5欧元
钻石首饰销售课程		2天	2015/12/07-2015/12/08	安特卫普	635.25欧元
钻石抛光课程		6周	2015/10/05-2015/11/13	安特卫普	4235欧元
珍珠课程		4天	2015/06/23-2015/06/26	安特卫普	968欧元
			2015/09/14-2015/09/17	安特卫普	968欧元

HRD Antwerp 2015 课程时间表（中国区）

课程名称		期间	时间（英文）	地点	价格（含税/人）
认证钻石分级		2周	2015/06/01-2015/06/13	沈阳	13500元
认证钻石分级		2周	2015/07/13-2015/07/25	北京	13500元
认证钻石分级		2周	2015/07/27-2015/08/08	北京	13500元
认证钻石分级		2周	2015/08/17-2015/08/29	广州	13500元
认证钻石分级		2周	2015/10/12-2015/10/24	武汉	13500元
宝石学基础课程		2周	2015/11/02-2015/11/14	广州	18800元
宝石学基础课程		2周	2015/11/30-2015/12/12	深圳	18800元
毛坯钻课程	毛坯钻基础理论	6天	2015/11/23-2015/11/28	上海	待定
	毛坯钻实践课程	6天	2016年2月	安特卫普	待定

HRD Antwerp 官方网站
www.hrdantwerp.com

HRD Antwerp Education 网站
www.hrdantwerp.com/en/education/

HRD Antwerp 总部联系方式
E-mail：education@hrdantwerp.com
Tel:32 (3) 222 07 01

HRD Antwerp 上海办事处联系方式
Tel:021-50988966
地址：上海浦东新区世纪大道 1701 号 A805b

◈ IGI 精钻鉴定师课程

钻石的历史及产地、采矿进程

课程内容：

4C：克拉重量、颜色、净度及切工；

钻石的净度分级：精准定位各种净度特征、注重显微镜在高净度级别时的正确使用；

钻石的颜色、荧光分级：模拟国际标准颜色分级环境，钻石样本覆盖各色级；

彩色钻石简介；

圆形明亮式钻石切工、讨论理解钻石切工和钻石光芒在理论和商业应用领域的关联；

钻石切工发展史解析、常见花式切工评级、深入理解异形钻的特色和市场潜力；

结合业界最前沿的科技革新，对仿制品、优化处理钻石和合成钻石进行辨别鉴定；

国际钻石定价体系，掌握国际钻石报价规则；

全程呈现钻石行业产业链；

稳定并熟练掌握各类钻石的鉴定评级技巧，完成实践考核可获得 IGI 精钻鉴定师证书。

课程特色：

模拟 IGI 实验室环境，国际珠宝教育领域认可为实践性操作最强的宝石学课程；

全面严格的钻石切工体系，国际领先的花式切工评级体系；

紧密切合世界钻石市场对钻石切工要求与日俱增的趋势；

对中国市场研究历时数年，融入国内市场情况；

全程 IGI 资深导师，始终坚持 IGI 标准的小班授课模式，确保与学员的深入沟通；

教授钻石鉴定的同时，更有对全球钻石产业链的梳理分析。

课程咨询：

IGI 课程报名联系人；姜老师

IGI 官方网址：www.igiworldwide.com

IGI 中国分部上课地点：上海市浦东新区世纪大道 1600 号陆家嘴广场 1505 室

IGI 中国分部联系电话：021-38760730

Email: shanghai@igiworldwide.com

IGI 精钻鉴定师证书的样本

TGI
同济宝石培训体系

专业而灵活
满足多方需求

如果你能排出4–5天
希望深入了解
某类宝石的鉴定和采购技能
以及全球顶尖珠宝资讯

推荐 Ⓐ ▸ TGI珠宝鉴定师/评估师

同济宝石资深专家通过深入解剖市场热点珠宝的鉴定难题和评估技巧，结合TGI实验室最新研究成果来安排强针对性的专业训练，以提升学员直面市场的专业采购技能。为TGI珠宝鉴赏家的进阶课程。

推荐 Ⓑ ▸ AIGS·TGI联合进阶课程

联合亚洲珠宝学院AIGS实验室主任Dietmar Schwarz博士（曾执掌古柏林实验室20年）等全球顶尖权威，集30年服务佳士得、苏富比和各国皇室顶级彩宝鉴定功力而专门开设的高端专业培训课程。课程还致力于传授产地鉴定、颜色评价、彩宝市场等全球前沿信息，为适合于各珠宝职业鉴定资格证书获得者进修的高级进阶课程。

如果你能排出一整段时间
希望系统学习
宝石学知识

推荐 ▸ FGA–英国皇家宝石协会
和宝石检测实验室珠宝鉴定师

FGA是全世界珠宝鉴定师的鼻祖，证书在全球范围内通用。同济宝石1994即获GEM-A授权，并由超过15年FGA资质认定的资深教授领衔。学员经过560学时（为期1年）的培训依次通过基础和高级证书考核，即可获得由GEM-A颁发的FGA珠宝鉴定师资格证书。二十多年来TGI以超过90%的累计通过率领先全球。

如果你有1整天
希望快速掌握
某类珠宝的鉴赏常识

推荐 ▸ TGI珠宝鉴赏家

课程通过对市场热点宝玉石深入浅出的讲解，让零基础学员在1天的课程中了解并掌握某个珠宝话题相关的基础知识，并通过亲自上手品鉴大量收藏级珠宝(首饰)了解相关珠宝的鉴赏技巧。

课程	课时	证书	授课地点	适合
TGI珠宝鉴赏家	1天	TGI课程结业证书	同济大学/同济宝石联合教学基地	珠宝爱好者
TGI珠宝鉴定师/评估师	4~5天	TGI鉴定师证书	同济大学	珠宝企业家、鉴定师/高端珠宝收藏家
AIGS·TGI联合进阶课程	4~5天	AIGS·TGI国际联合证书	同济大学/同济宝石联合教学基地	珠宝职业鉴定师
FGA	560学时（1年）	FGA国际证书	同济大学	

更多课程信息，进入「通济宝石」微信服务号 ▸ 点击左栏「涨知识」 ▸ 进入课程简介或点击「我要预约」了解和预约

☎ 021 65982357

📍 上海市闸北区中山北路727号
同济大学沪北校区

	专业及课程设置	报名及联系方式	网站	著名教师（师资力量）
北京工业大学耿丹学院	产品设计专业	北京市顺义区牛栏山镇牛富路牛山段 3 号 邮编：101301 电话：010-60411788	http://www.gengdan.cn/	林子杰　张伟
石家庄经济学院宝石与材料工艺学院	产品设计（珠宝首饰方向） 首饰工艺学、宝石镶嵌工艺、宝石加工工艺等 宝石及材料工艺学 珠宝首饰基础、宝石鉴定技术、有色宝石学、钻石学、宝石工艺学、首饰工艺学等	河北省石家庄市槐安东路 136 号 邮编：050031 电话:0311-87208114	http://www2.sjzue.edu.cn/sjyzs/index.asp	
四川文化产业职业学院文博艺术系	珠宝首饰工艺及鉴定专业 钻石鉴定与分级、宝石学、宝石鉴定仪器、宝石鉴定、珠宝市场营销学	成都市华阳镇锦江路四段 399 号 邮编：610213 院办：028-85769208 招办：028-85766716、85769752	http://wbxg.scvcci.cn	
广州番禺职业技术学院珠宝学院	珠宝首饰工艺及鉴定专业、珠宝鉴定与营销专业、首饰设计专业	广东省广州市番禺区市良路 1342 号珠宝学院 邮编：511483 电话：020-34832885	http://zb.gzpyp.edu.cn/	
华南理工大学广州学院	宝石及材料工艺学专业 宝石学、宝石鉴定原理与方法、宝石琢形设计与加工、首饰鉴赏等	华南理工大学广州学院 邮编：510800 电话：020-66609166	http://www.gcu.edu.cn/	赵令湖　张汉凯
深圳技师学院	首饰设计与制作 珠宝鉴定与营销	深圳市福田区福强路 1007 号招生就业处 电话：0755-83757355 　　　83757353 传真：0755-83757353	http://www.ssti.net.cn/main/	
桂林理工大学地球科学学院	宝石及材料工艺学 宝石学、宝石工艺学、首饰工艺学、珠宝市场及营销等	桂林理工大学材料科学与工程学院 电话：0773-5896672 邮编：541004	http://zj.glut.edu.cn/zsw/detail.aspx?articleid=2058	冯佐海　付伟
昆明理工大学材料科学与工程学院	宝石及材料工艺学专业 珠宝鉴定、玉器设计与雕琢工艺技术、首饰设计及加工工艺技术、珠宝市场营销	云南省昆明市学府路昆明理工大学教学主楼 8 楼 邮编：650093 电话：0871-5109952 邮箱：clxyxsb@163.com	http://clxy.kmust.edu.cn/index.do	祖恩东　邹妤
瑞丽国际珠宝翡翠学校（中国地质大学网络教育瑞丽学习中心）	珠宝玉石鉴定与设计 珠宝玉石鉴定与营销 珠宝玉石鉴定与加工	云南省瑞丽市姐告边境贸易区国门大道 76 号（姐告大桥下 100 米） 邮编：678700 电话：0692-4660661 邮箱：4667858@qq.com QQ：1571382654	www.zbfcxx.net	彭觉（缅甸） 王朝阳
新疆职业大学传媒与设计学院	宝玉石鉴定与加工技术	乌鲁木齐北京北路 1075 号 邮编：830013 电话：0991-37661112	http://www.xjvu.edu.cn/cmsj/view.aspx?id=142	阿西卡　张文弢

◈ 宝石的进修机构

名称	专业及课程设置	报名及联系方式	网站	著名教师（师资力量）
中国地质大学（武汉）珠宝学院	**宝石鉴定、商贸类课程：** GIC宝石基础课程 GIC宝石证书课程 GIC翡翠鉴定师课程 FGA宝石证书课程（英国） GIC珠宝首饰评估课程 GIC翡翠商贸课程 **首饰工艺类课程：** GIC首饰设计师（手绘）课程 GIC电脑首饰设计师课程 GIC首饰制作工艺师课程 GIC宝石琢型设计及加工课程	报到地点：中国地质大学（武汉）珠宝学院学苑珠宝学校办公室（珠宝楼304室） 地址：武汉市洪山区鲁磨路388号中国地质大学（武汉）珠宝学院 邮编：430074 电话：027-67883751 67883749 （传真：027-67883749 87482950） 联系人：董夏 谢俊毅 E-mail：gic@cug.edu.cn	http://zbxy.cug.edu.cn/	**宝石系：** 杨明星 袁心强 包德清 尹作为 **首饰系：** 张荣红 卢筱等
中国地质大学（北京）珠宝学院	英国FGA基础课程及证书课程、宝石鉴定课程等	北京市海淀区学院路29号， 邮编：100083 办公电话：82322227	http://www.cugb.edu.cn	余晓艳 白峰 李耿等
北京北大宝石鉴定中心	**珠宝鉴定师(GAC)基础班培训** 矿物学、岩石学、矿床学专业 **硕士研究生课程进修班**（矿产资源管理方向、珠宝学方向） **珠宝玉石鉴定培训班**（兴趣班）	北京大学新地学楼（逸夫二楼）3711室 联系电话：010-62752997 13910312026 唐老师 QQ：1159422357（北大珠宝培训） Email：pkugem@163.com	北大珠宝教育培训网 http://www.pkugem.com/	欧阳秋眉 崔文元 王时麟 于方
同济大学宝石学教育中心	宝石学概论、宝玉石鉴定与评价、宝玉石资源、珠宝鉴赏、中国玉石学等课程。 英国宝石协会会员（FGA）资格证书班、同济珠宝鉴定证书班、TGEC宝玉石鉴定师资格证书	上海市闸北区中山北路727号（靠近共和新路）博怡楼703 电话：65982357 联系人：陈老师 马老师	http://jpkc.tongji.edu.cn/jpkc/tjgec/homepage/all-index.html	廖宗廷 亓利剑 周征宇等
南京大学继续教育学院	珠宝鉴定及营销培训班 珠宝玉石首饰高级研修班	江苏省南京市汉口路22号南京大学南园教学楼二楼 邮政编码：210093	http://ces.nju.edu.cn/	
北京城市学院	（珠宝首饰工艺及鉴定）首饰设计	北京市海淀区北四环中路269号 邮编：100083	http://dep.bcu.edu.cn/xdzyxb/	肖启云
FGA课程	**珠宝首饰类培训：**翡翠鉴定与商贸课程、珠宝玉石鉴赏培训班，首饰设计与加工制作培训班，珠宝鉴定师资格证书（GCC）培训班，HRD高级钻石分级师证书课程，和田玉的鉴赏与收藏培训班，贵重有色宝石的鉴别和评价	许宁：电话13810974486	www.gem-y.net www.pxzb.net	许宁

◈ 阿汤哥短期彩宝进修班

这两年时间，本人受邀各大学珠宝学院、电视与杂志媒体、各地珠宝学会、金融机构单位、各地珠宝会所等进行演讲与教学。毕竟不是每一个对珠宝有兴趣的朋友都有时间去学四年珠宝鉴定与花半年时间考鉴定师资格，有些只是想单纯了解如何买宝石才不会买到假的，怎样才能买到性价比高的宝石，如何提升自己的宝石鉴赏能力，了解选购宝石的误区，宝石流行趋势与选购注意事项，珠宝投资项目与管道，珠宝投资风险，提升收藏鉴赏能力。这些金融机构也想通过宝石投资理财讲座，来帮助 VIP 客户做更多理财规划，珠宝会所想透过珠宝流行趋势与投资演讲来经营回馈客户群，珠宝杂志与学会是要让读者与会员了解更多的珠宝新知识与消费信息。

有鉴于此，阿汤哥就针对不同族群提供每场 2 ~ 3 小时演讲，或者 2 ~ 5 天的短期珠宝、翡翠研习营。希望通过面对面沟通，向内地更多珠宝爱好者提供更全面的帮助。对于想进入珠宝行业与想收藏投资珠宝的学员，每两个月举办一期 8 天泰国曼谷尖侨纹彩色宝石经营研习班。通过教室学习与珠宝市场经验交流，就能帮助他们在短时间内对珠宝领域有全面的了解。

泰国曼谷彩宝经营研习班

许多人学完珠宝鉴定课程，对于珠宝种类与珠宝价钱还是完全不了解。对于未来工作与创业更是迷茫。许多年轻学子缺乏资金想创业不知所措，也有许多人退休后与朋友合伙或自己创业却不知道如何开始。首先这是在学校鉴定老师没有办法教您，另外也缺乏这样的学习管道，因而珠宝行业投资创业对很多人来说都是摸索之路。没错，读万卷书，不如行万里路。也只有勇敢踏出第一步，才能够往珠宝开店买卖逐步靠近。

课程安排主要让您在一周内分辨 50 ~ 80 种贵重与常见宝石，了解宝石质量好坏、如何挑选，各种宝石市场销路分析，不同宝石切割形态与等级、批发市场行情分析，宝石优化处理种类与实务教学，看懂 GRS、GIA 彩色宝石鉴定证书内容，宝石的切割与研磨过程，宝石加热处理方式等。每天强迫自己看将近上万颗宝石，学习宝石买卖术语，买卖双方进行杀价心理战，学员之间学习经验互动交流，宝石选购后交流与优缺点点评，在短短七八天时间，让学员耳濡目染，打通宝石任督二脉，这是最直接也最快捷的方式。

有关于各种教学演讲与潘家园淘宝半日游、泰国彩宝经营研习班的时间与消息请私信，或关注微博 @ 阿汤哥宝石（http://weibo.com/u/1858394662）、或加微信：

阿汤哥斯里兰卡彩宝游学掠影

在拉特纳普勒宝石城，笔者与学员、当地矿工在蓝宝石矿区合影。

挑选蓝月光石时都要衬一个黑底，才能看到蓝晕，而且主要形状是蛋面。

斯里兰卡出产大量的粉色刚玉，挑选时先放在手指上，看看颜色与大小适合不适合。

买卖双方经过一番讨价还价，最后终于握手成交，双方皆大欢喜。

经过一整天就只淘出这么多原矿，今天总算没有白做工。

内含有月光石的白色黏土矿，一桶一桶挖出来的情形。

你知道这一堆都是宝吗？这一地全是淘选出来的月光石原矿。

月光石筛选平台

水泵将竖井里的地下水抽出来，方便井下矿工挖泥巴的作业，最后再以人力用轳辘将泥巴矿卷到井上做淘选。

已经挑选出来的月光石原矿，准备就要卖给买家。

月光石矿区全景，后面是竖井，接着是淘洗和筛选的平台，然后出来成堆的月光石原矿，人工细挑。

两位矿工正在竖井下拼命地工作，可以看到他们的腿有一半是在地下水里。

致谢

这本书能顺利完稿，简直是不可能的任务。因为这实在是太大的工程整合了。首先，通过吴嘉蓉老师联络吴舜田老师，经过初步沟通，笔者特地南下高雄与吴舜田老师说明我写书的目的。

《实用钻石分级学》是吴舜田与缪承翰两位老师呕心沥血的巨作，是笔者学生时代学钻石分级鉴定最具权威的一本教科书（目前已经出到第四版）。能够得到两位钻石珠宝大腕鼎力相助，愿意将书中内容分享给内地更多读者，这真是大家仰首期盼的。有了两位老师首肯，有了钻石 4C 分级的基础下，我才敢接下这艰巨的任务，因为这是一本全方位的钻石书籍，如果不能巨细靡遗写好，那就干脆不要写。

虽然之前已经写了四本宝石书籍的经验，但是还是战战兢兢，努力地把每个环节扣紧。感谢上海钻石交易所副总裁颜南海博士、NGTC 上海实验室副主任刘厚祥博士、同济大学宝石中心（TGI）主任周征宇博士、钻石小鸟创始人及联合总裁徐磊等钻石珠宝业领导百忙当中拨冗对本书撰写推荐序，铭记在心。

在同济大学珠宝中心（TGI）主任周征宇博士的引荐下，我认识了上海钻交所的颜副总裁与几位高层领导，详细参观上海钻交所的各部门与交易过程。通过刘英明先生在钻交所内拜会阿斯特瑞雅钻石公司负责人罗悦先生与钻石小鸟公司，参观它们在钻交所的交易作业情况。另外，感谢国检宣传推广部孟晓均主任提供中国国际珠宝展（北京）上海国际珠宝首饰展览会图文、2014/2015 年中国珠宝首饰设计与制作大赛获奖作品。

我在上海特地拜会 GIA、HRD、IGI 等钻石教学中心，发现内地学生对于钻石知识的需求日增，几乎都是班班客满，甚至都要两三期后才能排到课。为了了解钻石的整体营销，我特地参观了上海钻石小鸟总部，由董事长徐潇亲自接待，并了解品牌创业由来，设计、营销、体验店各部门。为了了解钻石拍卖这一环节，特别参观香港保利在台北的预展，感谢香港保利拍卖公司与何文浩先生对本书支持；同时也感谢北京匡时拍卖公司Ryan Luo提供解说与精美钻石图片，感谢苏富比与佳士得拍卖公司提供钻石拍卖的资料，特此致谢。

感谢苑执中博士提供合成钻石的方法与钻石未来的评估文章，并且让我有幸参观位于河南郑州硕达钻石有限公司和河南郑州台钻科技有限公司，了解钻石切磨与合成钻石的繁复过程。感谢国检宣传推广部孟晓均主任、上海宝玉石行业协会副秘书长郭林雪两位热心的领导，以及孟主任的助理杨晓漪、范筠对于本书所做的联系工作，让许多细节迎刃而解。钻石设计师林晓同、蒋喆、郑志影、李雪莹、Jone zhang优秀的设计师，给所有读者新的设计飨宴。另有HRD为我们提供的钻石设计比赛得奖作品，真是精采可期。

感谢《中国宝石》孙莉主编与陈蔚华老师、钻石小鸟（许晓雪、何林、黄阳、小末、张之境）、阿斯特瑞雅钻石公司、ASULIKEIT高级珠宝公司、老凤祥、Enzo、骏邑珠宝公司、Bestforu、侏罗纪珠宝公司、每克拉美珠宝、佐卡伊钻石、曼卡龙珠宝公司、深圳诺瓦宝石贸易有限公司、王进登金工教室、程思老师、FGA吴照明老师、许宁老师、于方教授、三和金马、东华美钻、六顺斋桂总、Stellaenzo、韩相宜、吴嘉蓉、吴宜鸿、侯桂辉、李兆丰、Jasmine冯、李淑婷、刘英明、时慧老师、吴君、乔玉、徐世宗理事长、关鸿雁部长、林妙龙、潇月、匡时拍卖公司Nancy等提供精彩的照片。另外，Sora对于古董钻石珠宝作解说；徐立女士对于苏富比与佳士得拍卖数据作分析；卢威任对于星座、五行与钻石的关系作文章一并致谢。

紫图公司高层万夏总经理、黄利总经理、郑玮副总、曹莉丽副总、秦水红副总、机场负责人兰志梅总监、网络负责人柴清泉总监、第一编辑中心李媛媛总监、编辑申蕾蕾（两位美丽的妈妈）、李圆（最认真编辑），制作团队（翟总、聂晶晶、王娟、翟志达）；色彩制作（李景军总监）等工作团队成员，没有你们夜以继日地幕后工作，无法将最美的视觉效果呈现给众多读者。

　　对于看了我四本书的读者，我真的要再一次地感谢你。阿汤哥这四年在内地对珠宝教育的推广，认识了来自全国各地的好友，也增加许多珠宝知识与见闻。这本书希望帮助想对钻石分级进一步了解与挑选婚钻、钻石投资收藏的粉丝有所帮助，若是您有得到启示或帮助请您也不吝在微博或微信与我及其他朋友分享。

　　最后感谢上帝引领，我知道自己能力有限，只有靠主得胜。在台南的爸妈，无法长时间陪伴在旁，儿子实在不孝。一年有半年时间在外，感谢老婆与儿子的体谅。还有许许多多帮助我，鼓励我，没有提到您名字的朋友，阿汤哥在此一并致谢。

　　母亲节前夕，愿天下所有妈妈健康快乐。

汤惠民

2015/05/04 于台南

参考书籍、期刊与网站

英文书籍

1.Andreson,B.W. (1974) Gem Testing

2.Bruton, Eric (1978) Diamond

3.Balfour, lanFamous Diamond

4.Canes, Jules J. (1964) Basic Notes on Diamond Polishing

5.C.S.O. The Central Selling Organization

6.Diamond Promotion Service Notable Diamond of the World

7.Gubelin, E. (1983)Internal World of Gemstone

8.Gemological Institute of America (1977) Diamond Dictionary

9.Gemological Institute of America (1986) Diamond Course

10.Gemological Institute of America (1982)Internaitonal
Gemoogical Symposium Proceeding

11.HRD Institute of Gemmology HRD Diamond Course

12.Krashes, Laurence S. (1988) Harry Winston

13.Liddicoat, Richard T. (1989) Handbook of Gem Identification

14.Maillard, Robert (1980) Diamonds

15.Shinsoshoku Co., Ltd. (1988) The Best of Diamond

16.Theisen, Paget (1980) Diamond Grading ABC

17.Vleeschdrager, E. (1986) Hardness 10 Diamond

18.Watermeyer, Basil (1980) Diamond Cutting

中文书籍

1. 吴舜田和缪承翰《实用钻石分级学》

2. 连国焰《钻石投资购买指南》江西科学技术出版社 紫图图书出品

3. 高嘉兴《彩色钻石》宝之艺文化事业有限公司出版

4. 樊成《钻石鉴定全书》布克文化

5. 汤惠民《行家这样买宝石》江西科学技术出版社 紫图图书出品

6. 张晓晖《钻石分级与营销》中国地质大学出版社

7. 张瑜生 (1987) 4C 钻石评价

8. 黄尹青《钻石，最华丽的相遇》皇冠丛书

9. 严隽发、王进益 (1988) 如何阅读钻石鉴定证书

10. 并木正男 (1978) ダイヤモト

11. 保利香港拍卖图录 2015 年 4 月 7 日

12. 2013—2015 年《全球珠宝拍卖年鉴》紫图《名牌志》编辑部

13.《2013 年高级珠宝年鉴》紫图《名牌志》编辑部

14.《2015 年奢侈品年鉴》紫图《名牌志》编辑部

15.《经典名牌大图鉴》紫图《名牌志》编辑部

16. GIA《钻石与钻石分级》手册

17. IGI 国际宝石学院钻石手册

18. 上海钻石交易所手册

参考英文杂志

1.Antwerp Faces HRD

2.Diamond International   Diamond Research and Publishing Ltd

3.Diamond World Review   IntemaitOnalDimond Publication Ltd

4.Gem& Gemology   GemologicaI Institute of America

5.Gemmology   日本全国宝石协会

6.INDIAQUA   De Beers Industrial DiamondDevision

7.Journal of GemmologyGemmological Association of Great Britian

8.JeweIlery News Asia   Jewellery News Asia Ltd.

9.JCKChilton Company

10.New York DiamondS   1nternational Diamond Publication,Ltd.

11.Rapaport Diamond Report

12.Scientific America

13. 宝石学会志日本宝石学会

中文期刊：

1.《中国宝石》杂志第 96、97、98、99 期

2. 宝石通讯美国宝石学院校友会中国台湾分会

3. 珠宝界杂志经纬图书公司

4. 科学月刊杂志社

参考网站

1. 阿瑞斯特郎公司：http://www.asteriadiamonds.com/

2. 十大名钻：http://www.360doc.com/content/14/0227/17/13437387_356207977.shtml

3. De Beers 戴比尔斯：http://www.debeers.com.cn/

4. Harry Winsto 海瑞温斯顿：http://www.harrywinston.cn/

5. Cartier 卡地亚：http://www.cartier.com/

6. Tiffanny 蒂芙尼：http://www.Tiffanny.cn/

7. Graff 格拉夫：http://www.graffdiamonds.com/zh-hant/

8. 金伯利：http://www.kimderlite.com/

9. 周大福：http://www.ctf.com.cn/zh-hans

10. 周生生：http://cn.chowsangsang.com/sc/Home

11. 钻石小鸟：http://www.zbird.com

12. 谢瑞麟 TSL：http://www.tslj.com/zh-cn/home.aspx

13. 彩钻颜色成因 http://news.52shehua.com

包括佐卡伊、曼卡龙等公司，以及钻石十大知名品牌、彩钻与产地，等等网站。

图书在版编目（CIP）数据

行家这样买钻石 / 汤惠民，吴舜田，缪承翰著.
—北京：北京联合出版公司，2015.5
ISBN 978-7-5502-4778-9

I.①行… II.①汤… ②吴… ③缪…
III.①钻石—投资②钻石—
鉴赏 IV.①F768.7 ②TS933.21

中国版本图书馆CIP数据核字（2015）第040469号

BRAND|名牌志
行家这样买钻石

项目策划 紫圖圖書ZITO®
丛书主编 黄利 监制 万夏

作　者 汤惠民 吴舜田 缪承翰
责任编辑 王 巍 陈昊
特约编辑 李媛媛 申蕾蕾 李 圆 徐 立
装帧设计 紫圖圖書ZITO®
封面设计 紫圖装幀

北京联合出版公司出版
（北京市西城区德外大街83号楼9层 100088）
北京联兴盛业印刷股份有限公司印刷 新华书店经销
150千字 889毫米×1194毫米 1/16 28.25印张
2015年5月第1版 2015年5月第1次印刷
ISBN 978-7-5502-4778-9
定价：158.00元

精品畅销书出版专家

BEIJING ZITO BOOKS CO., LTD.

紫图全球拍卖年鉴系列

北京联合出版公司　定价：199元/册

中国收藏家协会会长 罗伯健 审定推荐

紫图全球拍卖年鉴精选版

北京联合出版公司　定价：88元/册

ZITO 意见反馈及质量投诉

　　紫图图书上的 ZITO® 专有标识代表了紫图的品质。如果您有什么意见或建议，可以致电或发邮件给我们，我们有专人负责处理您的意见。您也可登录我们的官网，在相应的每本书下留下纠错意见，纠错人将得到一定奖励。如果您购买的图书有装订质量问题，也可与我们联系，我们将直接为您更换。

联系电话：010-64360026-103　　联系人：总编室　　联系邮箱：kanwuzito@163.com　　紫图官网：www.zito.cn

ZITO 官网试读：先读后买，买得放心

强烈建议您进入官网试读 http://www.zito.cn/

试读其他高清晰电子书，先看后买！

紫图淘宝专营店：http://ztts.tmall.com（直接买，更划算）

紫图微博：@ 紫图图书（每日关注，阅读精彩）

名牌志微博：@ 名牌志 BRAND

订购电话：010-84798009 64337183

"爱读"每天为您分享好书、精选书摘！
扫一扫，加入爱读，收听精彩生活

进入紫图官网每本书都有高清晰试读！

◎ 提供全球最经典、最奢华、最值得购买珍藏的名品市场价格和全球购买方法指导

定价：99元　　定价：99元　　定价：99元　　定价：99元　　定价：99元　　定价：99元　　定价：99元

定价：99元　　定价：99元　　定价：99元　　定价：99元　　定价：159元　　定价：99元　　定价：128元

定价：99元　　定价：99元　　定价：199元　　定价：158元　　定价：128元　　定价：128元　　定价：128元

定价：128元　　定价：199元　　定价：128元　　定价：199元　　定价：199元　　定价：199元　　定价：199元

定价：99元　　定价：99元　　定价：198元　　定价：399元　　定价：99元　　定价：99元　　定价：199元

定价：199元　　定价：99元　　定价：68元　　定价：599元　　定价：99元　　定价：128元　　定价：128元